龍谷大学国際社会文化研究所叢書第22巻

女たちの翼

アジア初期近代
における女性のリテラシーと
境界侵犯的活動

青木恵理子 編
Eriko Aoki

Wings for Women

ナカニシヤ出版

高かった。20世紀初めに一般化してきた「私」という一人称使用を翼として，身の上相談という言説空間の中で，顔の見えるコミュニティから想像上離脱した女性たちは，山田の回答によって，近代的ジェンダー・セクシュアリティと近代家族へと背中を強く押されることになった。

20世紀初め，朝鮮では近代化と被植民地化が並行して急激な変化をもたらし，近代家族外の性が排斥されるようなった。前近代においては，王室進宴の歌舞を担当する官職という社会的地位にあったと同時に性的存在でもあった妓生（キーセン）は，彼女たちを排斥するようになった初期近代の植民地朝鮮において，『長恨』という雑誌を発行して，性だけを売る女性との差異を主張し，自らの境遇を「身世打鈴」し（嘆き），「人間」として同等の扱いを求めた。妓生というと売春をイメージしやすい現代日本においてだけではなく，当時の朝鮮においても，妓生が雑誌を発行することを，身の程知らずのこととみなす社会の目があった。しかしながら，江戸時代の花魁がある種の教養人であり，近代的新聞の初期の女性投稿者は芸妓であったことを考えると，妓生に対するこのような排除的なまなざしは，近代のセクシュアリティ転換によって生み出されたものといえる。

東南アジアでは唯一被植民地化を免れた，タイにおける最初の女性小説家の挑戦は，西洋的な生活習慣を取り入れながらも，伝統的仏教的価値と調和を崩さない女性像を描くことだった。これが，タイが植民地化されなかったことと関係があるのかを彼女は私たちに問いかけているように思われる。

植民地インドネシアにおいて，オランダ人と現地人の間にあり，支配の対象というよりも経済活動において支配に協力する位置にあった華人たちは，比較的自由に出版活動を行った。しかし，儒教的な価値観の影響で，女性の小説家は男性と比べると極端に少なく，初期においては，父権的な儒教的価値観に収まる，男性作家と区別できない小説を書いていた。1930年代になると，儒教的な価値を侵犯する女性小説家が現れたが，彼女は，西洋の価値観との差異を明確に記していた。

政治的に，一般現地人と植民者の間に位置づけられたジャワ貴族の娘カルティニは，オランダ人学校でリテラシーを得たが，その後，その身は婚前閉居などのジャワ貴族の伝統に従属させ，思考は，ヨーロッパからほぼリアルタイム

まえがき

　それは，出会いからはじまった。出会いあるところ，境界の侵犯がともなう。侵犯とは，変化の様態によって，越境，溶解，混淆，融和，浸食と言い換えることもできる。研究対象と専門が異なる執筆者たちも，シンポジウムと執筆を通じて，そのような出会いを果たした。そして，本書の対象となったアジア各地の初期近代の女性たちも，西洋近代との出会いを通じて，さまざまな境界侵犯を行うことになった。境界侵犯というと，踏み越え困難な確立された境界があり，それを取り崩して境界のない世界を標榜するというイメージを与えるかもしれないが，現実はもっと重層的であり複雑である。執筆者たちは，異なる対象をそれぞれの専門の特性を生かしながらも，専門の境界を開いていくような視座で，重層的で複雑な現実を炙り出した。

　初期近代とは，民族／人種とジェンダー・セクシュアリティという二つの軸を特権化する権力場が形成される中で，それらの結び目として一夫一婦恋愛結婚による近代家族を生きることが，新鮮なものとして，多くの人々，特に女性たちを魅了しはじめた時代である。アジアにおいても19世紀末から20世紀初めにかけて，そのようなジオポリティックな権力場が作動するが，本書を通読するとわかるように，女たちの軌跡は，実にさまざまである。

　「元始女性は太陽であった」という創刊の辞とともに，花火のように輝き，燃え尽きた『青鞜』。そこに集った「新しき女」たちの過激ともいえる恋愛模様。彼女たちにとって読み書きすることは急速に高みへと羽ばたくための翼であったかもしれないが，自ら乱気流を引き起こし，着地点を失ってしまった感がある。それに対し，「新しき女」の象徴的存在であった平塚らいてうは，国民国家と親和性の高い「母性」という着地点を見つけ，かつて彼女の批判者であった「矯風会」と歩調がそろうようになった。

　「矯風会」はプロテスタント女性たちの団体であったが，若いときにアメリカの娼家に売られた山田わかも，キリスト教（長老派教会）に入信し読み書きに習熟することを翼として苦境を乗り越え，平塚とともに「母性」を中心化する発言と活動を展開する。ことに新聞の身の上相談の回答者としての人気は

で運ばれてくる書籍や雑誌を読むこととオランダ人たちとの文通，さらに，オランダ語雑誌への記事の執筆によって，遥かに飛翔した。その実りを，女子教育などの実践に移しつつあった矢先に彼女は短い一生を終えた。彼女がなしとげたことは，当時のジャワ貴族女性に課された制限を考慮に入れると，想像を絶するようなエネルギーと意志の力を必要としたことがわかる。

　植民地インドネシアの中でも異郷といえるフローレス島では，19世紀末から20世紀初めに，カトリックのヨーロッパ人修道女たちが，女子教育を開始した。それが，現代におけるフローレス島女性の，男性に劣らない高学歴傾向の礎となった。修道女たちは，来たるべき有文字社会において生きていくために必要な，リテラシーという翼をフローレスの女性たちに与えたが，聖女たち自身の声はまったく聞こえてこない。この点を探求してゆくと，民族／人種，ジェンダー・セクシュアリティ，近代家族という権力場に同調しない，聖女たちの姿が浮かび上がってくる。

　以上のように本書は，それぞれの女性たちが書き遺したものや彼女たちの社会的背景に接近することによって，初期近代アジアを生きた多様な軌跡を浮かび上がらせ，権力と抵抗のパラドクシカルな関係，初期近代およびアジアの位置づけ，リテラシーと声の関係など，社会理論にとって根本的な問題を照らし出している。

2017年10月
青木恵理子

目　次

まえがき　*i*

序　論 ———————————————————————— *1*
青木恵理子

　　1　全体の趣旨　*1*
　　2　各論文の趣旨　*5*

第1章　「新しい女」平塚らいてうと西欧母性主義との出会い —— *15*
　　　　「矯風会」をフィルターにした考察
今井小の実

　　1　はじめに　*15*
　　2　「新しい女」たちによる「事件」と世間の批判　*17*
　　3　矯風会と「青鞜社」　*19*
　　4　矯風会の「新しい女」たちに対する反応　*23*
　　5　らいてうの母性主義への接近と矯風会との和解　*29*
　　6　結びにかえて　*34*

第2章　〈私〉を書くことがもたらした境界の揺らぎ ———— *39*
　　　　1930年代『東京朝日新聞』「女性相談」と山田わかの回答
桑原桃音

　　1　はじめに　*39*
　　2　山田わかと『東京朝日新聞』「女性相談」　*40*
　　3　身の上相談欄の境界侵犯性　*44*
　　4　「私」への呼応：名づけと定義づけ　*48*
　　5　おわりに：山田と読者の共闘・共犯関係　*52*

第3章　植民地朝鮮における妓生の社会的位置と自己変革 ——— *57*
　　　　妓生雑誌『長恨』を中心に
井上和枝

　　1　はじめに　*57*
　　2　大韓帝国期〜植民地期における妓生の社会的位置　*59*
　　3　雑誌『長恨』の発行　*72*
　　4　『長恨』における自己認識と仲間への呼びかけ　*82*
　　5　妓生たちは社会とどう向き合ったか？　*91*
　　6　おわりに　*98*

目 次　v

第 4 章　「新鮮な花」の誕生 ―――――― 101
タイ近代文学女性作家ドークマイソットの『彼女の敵』『百中の一』と時代背景

平松秀樹

1　はじめに　*101*
2　近代女性作家誕生のコンテクスト　*102*
3　ドークマイソット作品のテクスト分析　*111*
4　おわりに　*126*

第 5 章　花開くダリア ―――――― 131
植民地時代のインドネシアにおける華人女性小説家たち

エリザベス・チャンドラ／青木恵理子［訳］

1　はじめに：華人女性は何を書いたか？　*131*
2　女性作家の出現　*132*
3　女性たちが書いた物語　*138*
4　ダリア　*145*
5　結　論　*158*

第 6 章　カルティニの読書ネットワーク ―――――― 163

富永泰代

1　はじめに　*163*
2　20 世紀転換期ジャワの読書環境：運輸・通信の発達とヨーロッパで刊行された出版物の入手状況　*164*
3　東西に架ける橋：ジャワを語るオランダ人作家　*167*
4　読書の翼を広げて：女性解放，平和主義，福祉活動への目覚め　*172*
5　カルティニと読書ネットワーク　*183*
6　むすびにかえて　*188*

第 7 章　何が聖女を飛翔させたのか？ ―――――― 199
19 世紀末から 20 世紀初めのインドネシア・フローレス島における修道女たちの活動

青木恵理子

1　はじめに　*199*
2　フローレスにおけるカトリックと修道女の付置　*201*
3　修道女はどのように活動したか？　*206*
4　フローレス発修道女会 CIJ 創立と民族／人種およびジェンダー・セクシュアリティ　*213*
5　オランダ領東インドにおける，民族／人種とジェンダー・セクシュアリティの変容　*216*

6 近代と修道女　　220
7 何が聖女を飛翔させたのか？　　223
8 おわりに　　230

あとがき　　237

事項索引　　239
人名索引　　241

序　論

青木恵理子

1　全体の趣旨

　本書は，初期近代を迎えたアジアのいくつかの地域において，新たな世界を切り開こうとした女性たちのリテラシーをめぐる活動に関する七つの論文からなる。

　社会史家のナタリー・デーヴィスは，その著書『境界を生きた女たち（*Women on the Margins: Three Seventeenth-Century Lives*)』（デーヴィス 2001）において，女性がものを標して後世に残すということがほとんどなかった17世紀，「ものを標した」という点で境界を越えた三人のヨーロッパの女たちを取り上げ，彼女たちがいかに生きたかを鮮明に記している。三人の女たちとは，さまざまな物語が織り込まれた自伝を著したハンブルグ生まれのアシュケナージ女性グリックル・バス・ユダー・レイブ，11歳の息子を置いてウルスラ修道女会にはいり，新世界へと渡り先住民女性たちと現地語を通して交流をもった受肉のマリ，絵画職人の家系に生まれ，離婚したのち50代にして娘と共にスリナムに渡り，先住民男女を導きとして博物画における独自の新境地を開いたマリア・シビラ・メーリアンである。デーヴィスは，彼女たち三人とデーヴィス本人による架空の会議という形をとったその序文において，「わたしは，あなた方が，地上の楽園を求めて世界を作り変えたいと願った，その希望を書きたかったのです。もちろんそれは，私がそうした希望をこれまで描いてきたからでもあります」と記している（デーヴィス 2001：7）。

　本書の執筆者たちも，ものを読み書きすることを通じて既存の境界を越え

世界を作り変えたいと願った女性たちの活動について，デーヴィスと同じ希望をもって論じている。デーヴィスの著書と明らかに異なるのは，現代に連なる19世紀末から20世紀初めの時代にアジアにおいて活動した女性たちを対象にしているところだ。19世紀後半からアジアの多くの地域において，西欧近代教育や活字メディアを通して，リテラシーを獲得し，自ら読むこと書くことにいそしむ女性たちが登場しはじめた。時代的に多少の前後があるものの，この時代をアジアにおける初期近代と呼ぶのは，そういった理由からだ。

　この時代は，現代を考察するうえでも重要である。例えば，現代の社会批判の源流であるマルクスの『資本論』が1867年に，性，自我，家族の考え方の源流であるフロイトの『夢判断』が1900年に，聖職者とその組織を否定し，近代的個人の誕生のさきがけともいえるプロテスタンティズム倫理が，資本主義社会を起動したことを跡づけたウェーバーの『プロテスタンティズムの倫理と資本主義の精神』が1904，1905年に出版された。人類学や社会学の基盤が築かれ，フェミニスト運動が具体的な形をとるようになったのもこの時代である。第一次世界大戦や世界恐慌などによって象徴的に示されるように，地球上の多くの人々や社会が，一つの巨大な政治経済的連鎖系に取り込まれていくようになった。少なくとも，他者の領域に暴力的に権力を拡大する，欧米を中心とした列強にとって，近代になって人間自身が生み出したものであるにもかかわらず，外に向けられた合法的国家暴力と資本主義経済のコントロール不能性が露呈した。いずれも近代の産物である社会主義思想と国民国家が接合され，ロシア革命がこの時代におこった。植民地管理が拡大され，それに反応して，被植民地化された地域には，「民族（nation）」独立への機運が胚胎されてきた時代であった。植民地管理にしろ国民国家管理にしろ，優生学的な人口管理が重要となり，グローバルな政治経済的連鎖系を駆動させた重要な原理は，民族／人種およびジェンダー・セクシュアリティ[1]という二つの境界設定の特権化であった。

　アジア史の観点からいえば，1869年にスエズ運河が開通し，これを期に，

---

[1]「民族／人種」および「ジェンダー・セクシュアリティ」の表記について説明しておこう。民族は，なんらかのかたちで自然化されているという意味を込めて，民族／人種と表記する。それに対し，後者は，ジェンダーとセクシュアリティは連動していることを表した表記の仕方である。

より短期間で，情報がやり取りされ，女性を含め，より多くの西洋人がアジアに植民し，より多くの産物がアジアから西洋にもたらされるようになった。東南アジアでは，キプリングの「白人の責務」（1899年）や蘭領東インド政府によって発布された「倫理政策」（1901年）に端的に表れているような温情主義支配が武力を背景に展開され，植民地支配が拡大された。東アジア世界も，19世紀半ばから，欧米優位の世界に否応なく巻き込まれるようになった。日本についていえば，西洋からの脅威を裏返して東アジアへの侵出を急激に展開していった。本書の各章が取り上げる地域は，共通点をもちながらも，それぞれ独自の初期近代を経験した。

　徳川幕府は，1854年，黒船来航の翌年，欧米列強と次々と不平等条約を締結した。もはや，西洋の知識や技術の獲得は，欧米列強の脅威を避けるためにも喫緊の課題とされた。1868年に始まった明治政府は，東アジアを巻き込んで成立しつつあった，欧米中心の国際関係の中で，新生の民族＝国民・国家の領土の境界を明確にし，北端と南端の民族に対し同化政策を実施した。さらに，不平等条約を李朝朝鮮や清に結ばせ，1895年には台湾を，1910年には朝鮮を植民地とした（小熊 1998）。日本による植民地化以前から，朝鮮では近代化が進められるようになっていたが，植民地化により変容のプロセスは複雑となった。1870年代以降，女子教育を含む日本の教育制度の整備が進むが，植民地においても，日本語教育が施行され，同化が促進された。日本における女性解放思想が，朝鮮半島における「新女性」の諸思想や「賢母良妻」思想にも影響を与えた。また，朝鮮の「新女性」たちは，恋愛結婚・母性・平和主義などを説いたエレン・ケイの著作やイプセンの『人形の家』など，日本やインドネシアにも影響のあった欧米の女性解放思想の影響をうけた（徐 2012；井上 2013）。

　タイ・バンコク王権は，1855年，列強との不平等条約締結を受け入れ，欧米列強間のパワーバランスのおかげで，独立を保ち，領域を拡大し，国境を定め，民族＝国民を創造してゆくことになった。中央集権的国民国家への転換が始動したのは，モンクット王（在位 1851-1868年）の時代であった。彼は，親族や夫婦に関する多くの布告を発布し，身分の低い者たちと高い者たちを明確に区別した。身分の低い者たちに限って，結婚に関する女性の意思の尊重を認め，身分の高い者たちには，父権を明確化し，結婚に際しての女性の意思は父親の

意思に従属するものとした。また，身分の高い者たち，とくに王家の一夫多妻を擁護し，系譜の継承に関しては，父系と同時に母親の正統性が重視され，王家内の位階が構造的に規定される方針を打ち出した。西洋近代化は，西洋留学経験をもつ身分の高い人たちを多く輩出した，彼の息子チュラーロンコーン王（在位：1868-1910年）の時代にさらに推し進められた（小泉 2001；玉田 2001）。

　オランダ領東インドにおいても，19世紀後半から20世紀初めには，初期近代の胎動が起こっている。1830年からジャワにおいて施行された強制栽培制度が，1870年には自由主義経済へと移行し，引き続き農民を搾取した。1901年には女王の名のもとに「倫理政策」が施行されたが，その倫理はあくまでも西洋中心的なものであり，武力を背景として植民地支配拡大という結果をもたらした。植民地支配強化の流れの中で，19世紀後半から，「原住民」のための学校が植民地政府によって建設された。「原住民」教化は，同時に彼らの抵抗の基盤を与えた。ジャワにおける女子教育は，ジャワ人だけでなく華人にとっても二義的な位置づけであった。19世紀末には，ヨーロッパ人を対象にした学校に特別に許可されて通うジャワ人女性や華人女性がいたが，現地女性を対象とする学校の創設は20世紀を待たなければならなかった。それに対して，フローレス島では，19世紀末に現地女性のための学校教育が開始された。出版事業についてみれば，19世紀末のジャワ島において，華人やオランダ人たちによってマレー語やオランダ語による出版がみられ，「原住民」による出版も世紀の変わり目から行われるようになった。1854年に東インド統治法が変わり，それまでの宗教の区分に代わり，「民族」の区分によって分類されるようになった。同時期にジャワ人を中心とした民族主義の台頭もあり，統治者側からも「原住民」側からも，「民族」間の性関係や結婚が批判されるようになったが，「民族」を越境する結婚は減少していなかった。20世紀初頭に中国で起こった辛亥革命や傀儡国満州の成立に，蘭領東インドの華人たちの民族意識は高まった（永積 1980；弘末 2013；本書第5-7章）。

　植民地化されたか否かにかかわらず，19世紀末から20世紀初めにかけてのアジアにおける近代化は，政治経済的諸事についてだけでなく，文化，社会，芸術，科学の領域においても生じた，植民地主義的ヘゲモニー生成の過程であった。アジアの人々は，西洋的なものを仰ぎ見，それに魅せられ欲望するとと

もに反発し，抵抗することによって，植民地的近代を生成していった。

　以上のような状況の中で，女性解放思想に触れ社会の変革を目指し，あるいは，時代の潮流に翻弄されながらもよりよく生き抜くために，行動していった女性たちがいた。本書は，当時のアジア各地の女性たちの，ジェンダー，民族，国家，言語の境界を越えようとした生きざまを，読むこと書くことに焦点を当てて照らし出そうとする試みである。

　本書の特徴を述べておこう。一つは，学際的な共同研究に基づくという点である。学際的な共同研究では，専門の慣習によりかからずに説明することが要求され，相互に知的刺激を与え合い，豊かな成果を得ることが期待できる。本書は，社会福祉学，社会学，歴史学，文学，文化人類学という多様な学問的ディシプリンからの参加を得た。第二の特徴は，アジアの多様な地域とそれらの地域における多様な社会層の女性たちの活動を視野に収めている点である。現在の国民国家というくくりでいえば日本，韓国・北朝鮮，タイ，インドネシアがその視野におさめられている。また，視野におさめられている多様な階層のあり方は，それぞれの国家の社会層のあり方や変化の状況を逆照射する。

2　各論文の趣旨

　社会福祉学研究者の今井小の実による，第1章「「新しい女」平塚らいてうと西欧母性主義との出会い――「矯風会」をフィルターにした考察」は，平塚らいてうが西欧母性主義に基づき社会活動を展開するまでの軌跡を，日本基督教婦人矯風会（以下，矯風会）の言説と活動を対比的に照らし合わせながら明らかにし，平塚らが標榜した日本の母性主義の限界を指摘した。

　矯風会は1886年に，「平和」「純潔」「禁酒」を目標に掲げて創設されたキリスト教女性団体である。西洋の女性解放思想に影響を受けた青鞜社（1911–1916年）が多様な社会階層の女性たちからなり，女性解放に関連して激しい論争と行動を展開したのに対し，矯風会は中流以上の社会階層の女性からなり，女性解放について明確な議論をすることなく，アメリカ発の「万国基督教婦人禁酒会」をイデオロギー的祖と仰いで活動した団体である。青鞜社メンバーの言動は，往々にして一般社会の理解を得られず，「新しい女」に対する反感を醸成

したばかりでなく，青鞜社の内部分裂を引き起こし，青鞜社を短命に終わらせることになった。一方，キリスト教的良妻賢母思想を掲げ，性のダブルスタンダードの撤廃以外は，社会的常識をなぞるような理念しかもたなかった矯風会は，活動を継続的に行った。

青鞜社解散以前に実質的に活動から退いていた平塚は，スウェーデン人のエレン・ケイによる母性保護思想と出合った。自らの育児経験も踏まえて，1920年，「新婦人協会」を設立し，母性保護と政治的権利の獲得という具体的で明確な目標をもった社会運動に着手した。長いこと，青鞜社と「新しい女」，その代表であった平塚に対し批判的であった矯風会は，母性主義を掲げた「新婦人協会」，そして平塚に対しても，好意的な態度をとるようになった。このようにして，母性主義の下，日本の婦人運動はある種の統一をみるようになる。しかし，スウェーデンでは，母性主義が個人の自由の尊重に結びつき，エレン・ケイの掲げた平和主義を実現したが，平塚たちによる日本の母性主義は，戦時体制に積極的に協力する結果に終わった。

今井は，以上のような，西洋近代的リテラシーの獲得と，活字メディアなくしては実現されなかった一連の過程を，矯風会機関紙『婦人新報』や平塚の自伝などの資料を丹念に参照して明らかにし，それらの過程が示す現代への問いかけに光をあてている。

歴史社会学研究者の桑原桃音による，第2章「〈私〉を書くことがもたらした境界の揺らぎ―1930年代『東京朝日新聞』「女性相談」と山田わかの回答」は，1931年から1937年まで続いた『東京朝日新聞』の「女性相談」の一般匿名読者による投稿と山田わか（1879-1957）による回答に光を当て，書くことと読むことがいかに社会的境界を侵犯し解放をもたらすか，と同時に，社会的拘束を生成するかを明らかにする。

山田の前半生は，「百姓の女」ゆえに教育を受けることをあきらめ，家族の経済的理由から結婚・離婚させられ，アメリカに売られて娼婦となるというものであった。娼館から長老派教会娼婦救済施設へと逃亡し，日本語と英語のリテラシーを同時に獲得していった人生の転換期を経て帰国し，婦人運動家，批評家，翻訳家としての後半生に至った。女性ゆえの過酷な人生の経験を乗り越え，西洋の恋愛至上主義と母性至上主義をすでに身をもって吸収していた50

代の山田の回答は，自信に満ち断定的である。

　山田の回答とは対照的に，読者の投稿は，悩みの相談であり，迷いに満ちている。対照的なのはそれだけではなく，投稿記事は，投稿者をはじめとする匿名の人物たちの物語となっている。「女性相談」という名称が示すように，新聞の「身の上相談」は，1930年代には女性を主な読者とするようになった。投稿者と潜在的な投稿者である女性読者たちは，自然主義文学と同時期に成立した「私」語りによって，「悩み」を共有し，山田を師と仰ぐ幻想の共同体を形成した。私的領域における悩みを，活字メディアという公的媒体に投稿すること自体が，社会的境界侵犯行為であり，そのようにして成立した幻想の共同体は，既存の規範を超えていく女性たちを勇気づけると同時に，回答者の山田によって主導される西洋近代に影響を受けた女性規範の拘束を生成すると，桑原は指摘する。

　朝鮮の近代史研究者である井上和枝による，第3章「植民地朝鮮における妓生の社会的位置と自己変革―妓生雑誌『長恨』を中心に」は，近代化と植民地化が同時に進行した未曾有の時代に，社会的環境や価値観の劇的な変化の中，妓生たちはどのように自己を認識し，変革を試みたのか，と問う。そのために妓生たち自らが1927年に刊行した雑誌『長恨』第1号と第2号の内容を検討している。

　井上は，大韓帝国期から日本による植民地期初期，すなわち，19世紀末から20世初頭にかけての妓生の社会的地位の変化を，西洋近代的思潮の影響と政策・制度の変化から詳細に跡づける。妓生に関連する西洋近代化は，大韓帝国期から進められ，妓生は，身分制度廃止に伴い，賤民身分から解放された。しかし一方で，西洋近代的家族観と衛生観によって近代的一夫一婦婚外の性関係が排除され，特にそれを担う女性が排除されることにより，彼女たちは，前近代において保証されていた社会的居場所さえも失うという危機に瀕した。20世紀に入ると，朝鮮半島に侵出した日本政府が日本国内の公娼制度に準じて，娼婦たちをセクシュアリティと衛生という点から管理し，その対象に妓生が入れられた。前近代には，妓生は技芸や識字を含む教養と性を満たす役割を融合していたが，このような危機的状態の中で，彼女たち自身がその二つを分離したものと捉えようとした。自らを技芸者として位置づけるために，近代家族観

と齟齬をきたすヒモのような妓夫制度を退けて無妓夫妓生組合を形成し，内地芸妓組合と大旨同じ方法で営業し，慈善の演奏会を開催したり，音楽機関の指導者から指導を受けたりする努力を怠らなかった。しかし，一方，娼婦のカテゴリーに入れられた娼妓たちの中には，歌舞の精進に勤め，朝鮮声楽伝習所に請願し，妓生と同等の社会的地位を達成する女性たちも現れ，妓生の自己認識と社会的地位を複雑にした。そのような状況の中で，雑誌『長恨』は発刊された。

井上は，『長恨』が出版に至るには生涯を流浪と貧困の中で送り31歳で夭逝した男性作家の編集が重要であったと同時に，『長恨』が文字通り妓生たち自身の手になる雑誌であったことを強調している。2000年を超えたあたりから研究者の注目をひき始めた『長恨』は，第2号までしか知られていない。『長恨』には，わが身に対する痛烈な悔恨や反省に加え，拝金主義・貞操のダブルスタンダード・朝鮮人としての自覚などに関する社会批判が展開されている。それらの文章は，極めて硬派であり，エロティシズムを微塵も感じさせない。『長恨』の発行は，植民地化と近代化により激変する状況の中で社会的危機に瀕した妓生たちが，自らの教養を知らしめ，社会的地位を上昇させると同時に，「新女性」でさえ難しかった，明日を見つめた領域侵犯的行為であったと，井上はまとめている。

タイ文学研究者である平松秀樹による，第4章「「新鮮な花」の誕生―タイ近代文学女性作家ドークマイソットの『彼女の敵』『百中の一』と時代背景」は，タイ近代文学誕生のコンテクストを踏まえて，タイ文学史上初の女性作家ドークマイソット（ペンネーム：「新鮮な花」）が1929年に出版したデビュー作『彼女の敵』と1935年に出版した，より成熟した作品『百中の一』のテクスト分析を行っている。

1929年は，ドークマイソットのほか，2人の男性がそれぞれ近代小説を出版し，タイの近代小説誕生の年だといわれている。それまでのタイ古典文学――多くの場合インド神話のタイ版翻案――では，女性は主人公である男性を彩る「花」として，従属的な役割しか与えられていない。彼女には厳しい貞操が要求された。奇想天外でパタン化された古典文学とはまったく異なる近代文学誕生前史には，18世紀後半から19世紀前半にかけてのタイブルジョア・カルチ

ャーの隆盛の中での文学的趣向の変貌と，19世紀後半にヨーロッパに留学した王族子弟などによる西洋文学の翻訳翻案があった。これらは西洋近代との関係の中で生じたが，タイ古典文学が韻文であったのに対し，近代小説の散文形式成立に寄与したのは，18世紀末から始まった中国歴史物語の翻訳や，それを模したタイ版歴史物語であった。

　タイ近代文学の共通のテーマは，見合い結婚や一夫多妻婚の否定，自由（恋愛）結婚への希求と女性の地位向上であったが，そのテーマへの社会的関心は，20世紀に入り徐々に上中流階級の女性向けの雑誌の中などで準備された。同時に，1920年代，30年代には，パリ風の服装が上流社会で流行り，個人として躍動する近代小説の女性主人公の姿形を供給するようになった。また，教育の普及やブルジョア階層の出現とともに近代小説の読者層も拡大していったと思われるが，読者層や書き手の中心は，王族や上級貴族であった。ドークマイソットも王族の家系に生まれ13歳まで王宮で育てられ，その後ミッションスクールで8年間教育を受けた。タイ古典文学にも西洋文学にも造詣が深かったと思われる。

　『彼女の敵』(1929)の女主人公は，服装や持ち物が西洋的なだけでなく，13歳から10年間アメリカに滞在しアメリカ人と同じ発音の英語を話し，モダンな教育を受け，西洋人に対しても物おじせず，社交的でダンスパーティーの花形であり，同時に高位貴族の家系に属するが，タイ旧社会が女性に課す規範とは無縁であり，容貌までもが西洋的である。彼女の恋愛は紆余曲折を経るが結局は父親の決めた相手と結婚をする。

　ドークマイソットの成熟期の作品『百中の一』(1934)の始まりと終わりには仏教箴言が記されている。女主人公は大金持ちであり，物質的な暮らしのすべての側面において西洋的である。旧社会のジェンダー規範とは無縁に，自由に暮らしている彼女ではあるが，留学帰りの西洋化した若者ではなく，仏教的善行のもち主である年長の男性に自らを捧げると，申し入れる。

　平松は最後に，「20世紀初め，タイ女性は，書くこと・読むことを「翼」として境界を越えたか」と問う。ドークマイソットは，伝統的なリテラシーと西洋近代的リテラシーを翼として作品を書いたが，西洋的価値観とのせめぎあいの中で，仏教的価値のよさを再発見し，人生の飛行と着地を無事にやりおおせ

るとしている。この仏教的価値観こそが，外から内へ侵犯してくる西洋的近代の皮相な部分から女性たちをも守ってくれる「翼」とされていると，平松は結論づける。

インドネシア近代文学研究者であるエリザベス・チャンドラによる，第5章「花開くダリア―植民地時代のインドネシアにおける華人女性小説家たち」は，マレー語文学作品を出版した華人女性作家の世界を探求することにより，彼女たちの小説の中に表れている，20世紀初頭のオランダ領東インドにおける女性の主体性について明らかにした。チャンドラは，女性たちによって書かれた文学テクスト，中でも小説について考察を行い，男性作家とは異なる女性作家固有のテーマ・モティーフ・ジャンル，あるいはその他の創造的要素のパタンがあるか否かを明らかにする試みをしている。また，同時代において例外的に際立った女性エージェンシーを書いたことから，最も将来が嘱望された，「ダリア」というペンネームの夭逝の女性小説家に焦点をあてている。

その結果以下のことを明らかにしている。男性作家がより広範な領域の題材について作品を書いたのに対し，女性作家はたいてい，彼女たちに直接関係する問題を主題とした。一般的に，女性作家たちは，華人社会における男女不平等や女性の地位に関してより単刀直入であることを期待されていた。オランダ領東インドにおいては，女性たちは1920年代になって小説を書き始めた。しかし，初期の頃の女性作家たちの声は，男性作家たちの声とほとんど区別ができなかった。小説の主な登場人物たちは一般に女性であり，彼女たちは，先の時代の男性作家が作りだしたのと同じ鋳型から出てきたようである。そこでは，それ以前の作家たちによっても無数の切り口で探求されてきた，旧弊な両親と近代的な娘の間の世代間衝突が提示された。

1930年代になって初めて，父権秩序に異議申し立てをするため，教育などの近代的属性をうまく利用する女性主人公が登場する。ダリアというペンネームの女性作家は，縁組婚と職業における男女不平等を主題として，父親に反論することにひるみをみせず，自らの幸福をつかみ取る，近代的主体を確立した若い華人女性主人公を描く。彼女たちは，服装，ふるまい，教育歴・職歴においては，オランダ人女性と区別できないような人物であるが，内面においては東洋の礼節をもち，愛の対象は華人である。ダリアの小説は，近代性は西洋性

と同義語ではないし，東洋性と背反的ではないとジェンダー・セクシュアリティの問題を通して示した。チャンドラは，1930 年代以降に華人女性によって書かれたマレー語小説の中に，小説家にとっては書くことが，読者にとっては読むことが，既存のジェンダー規範を覆してゆく可能性をもっていることを探り当てる。また，書くことと読むことは，「民族」の境界が暴力的に明確化される 1930 年代の世界情勢の中で，華人アイデンティティを確立し，西洋近代に抗する契機ともなったであろうことを示唆している。

インドネシア近代史研究者である富永泰代による，第 6 章「カルティニの読書ネットワーク」は，婦人運動や民族運動の先駆者とされてきた，ジャワ貴族の娘カルティニの経験と活動を，彼女の読書を検証することによって探求している。

カルティニ（1879-1904）はジャワ貴族の家庭に生まれ現地人女性としては最も早く西洋人子女を主な対象とした教育を受け，西洋人のペンパルに宛てた膨大なオランダ語書簡を残した。女子教育への貢献などが顕彰され，1964 年に「インドネシア共和国国家独立英雄」に列せられた。以降，カルティニは婦人運動や民族運動の研究対象とされ，民族運動史の初期段階に位置づけられた。しかし，カルティニが実際に生きた時代は独立運動が始まる以前の 20 世紀転換期であり，婦人運動の先駆者とするには，彼女の行動は，ジャワの貴族の伝統により制約され，西洋人ペンパル以外理解者をもたなかった。逆にいえば，読書と文通によって彼女が育んだ思想や女子教育の計画，故郷の伝統的木彫技術を生かした西洋人向け商品の開発は，ジャワ人やジャワ貴族の同胞に閉じてしまうことを不可能とし，西洋人との相互理解の上に成り立つものであった。

1869 年のスエズ運河開通をはじめとして，西洋とオランダ領東インド間の，人とモノの行き来が格段に加速し，1870 年代には，電報による情報の即日伝達が可能になった。東インド内領における交通通信網も発達し，1879 年生まれのカルティニは，交通情報革命ともいえる状況の恩恵を受け，西洋人ペンパルとオランダ語で文通し，オランダ語の出版物を読み思想を育んだ。彼女は，オランダ人の学友と机を並べて教育を受けた後，13 歳から，ジャワ貴族女性に課せられる慣習である婚前閉居に従い，屋敷内から外に出ることができなくなった。婚前閉居の間，オランダ語の出版物を読むことと，西洋人と，特にオ

ランダ人と，オランダ語で手紙のやり取りをすることが，彼女を捕らえた屋敷の境界を越えてゆく，ほぼ唯一の翼であった。また，オランダ人の思想や，オランダ語に訳された西洋人の思想を知ることは，彼女を拘束するジャワ貴族の規範を対象化し，ときには否定することであり，規範の定める境界を侵犯してゆく行為に他ならなかったと，富永は指摘する。

　カルティニは，オランダ植民地文学を読んでいたが，それらの多くが，ジャワ人をはじめとするオランダ領東インドの人々を単なる風景画や舞台装置の一つのように描き，読者にとって彼らは「いない」に等しかった。このようなまなざしは，西洋人一般に共通するものであると彼女はみなしていた。そのような状況の中で，エドワルト・ダウエス・デッケル，ペンネーム「ムルタトゥリ」（「大いに苦しんだ」の意）」による小説『マックス・ハーフェラール』は，ジャワ人に十分な理解を示しているとして，カルティニは書簡の中で称賛を惜しまなかった。しかし，この段階では，理解あるオランダ人にジャワ人を描いてもらい，それを読み高く評価するという，受動的で私的なリテラシーの使用であった。

　1899年に，読者の投稿を積極的に促すオランダ語雑誌『デ・エホー』が中部ジャワの都市，ジョグジャカルタで発刊された。彼女はそれを愛読し，西洋のフェミニズムや平和主義思想，社会福祉思想を吸収し，やがて『デ・エホー』に執筆する機会を得た。このようにして，それまで受動的で私的だったリテラシーの使用を超えて，活字メディアを通じて公的領域に向けて積極的発信を行った。カルティニは，ペンネームで執筆したが，そのような発信をすること自体が，ジャワ貴族のジェンダー規範を侵犯する行為に他ならなかったと富永は指摘する。

　インドネシア・フローレス島を対象に文化人類学研究を行ってきた筆者による，第7章「何が聖女を飛翔させたのか？―19世紀末から20世紀初めのインドネシア・フローレス島における修道女たちの活動」は，19世紀末から20世紀初めにヨーロッパ世界の境界を越えて，インドネシアの南東部に位置する，過酷な生活環境の異郷の地フローレスへと赴いた修道女たちの視点に近づき，何が彼女たちのそのような飛翔を可能にさせたのかを問う。

　そのために，フローレスがカトリックの島になっていく歴史的流れと，その

潮流の中での彼女たちの実践を提示し，それらの実践をオランダ領東インドと近代西洋世界の歴史的コンテクストの中に位置づけている。それらを踏まえて，彼女たちの視点に接近したうえで，何が彼女たちを飛翔させたのかを考察している。論文全体の考察を通じて，私たちが無意識のうちに行っている修道女たちに対する他者化と，修道女たちや少女たちの「飛翔」に両義性を見出す現代の私たちにも通底する「近代の眼差し」を，逆照射している。

　現在フローレスでは，高学歴化が急速に進み，大学程度の高等教育を修める女性たちは男性に劣らず増えている。彼女たちは，村から町へ，フローレス島から別の島の大きな都市へと高等教育を受けるために境界を越えている。識字率を向上させ，高学歴化をもたらしたフローレスに学校教育の普及は，カトリックなしにはあり得なかった。特に女性の高学歴化と公的職業の保有という，近代的な基準における女性の高地位という点から考えると，19世紀末から20世紀初めにフローレス島で女子教育を開始した修道女たちがその礎を置いたことになる。西洋から飛翔してきた聖女たちはフローレスの少女たちが翼をもつことの発端を形作った。しかし，修道女たち自身は，古くからラテン語をはじめとするヨーロッパ諸言語のリテラシーを可能にしてきた環境で暮らし，現地においては現地語を書字化したが，彼女たちの飛翔を可能にしたのは，近代的生のあり方とは異なる生のあり方そのものである。それを理解することによって，私たちの眼差しや主体のあり方，生の経験の仕方を相対化することは，現代の私たちが遭遇している生きることの困難に対して新たな地平を開く可能性があることを示唆している。

　以上，「女のリテラシーは，境界侵犯的活動をもたらしたか」という本書に共通の問いに照らして，各論文の趣旨を述べた。各論文は，この問いに還元できないさまざまな問題を論じあるいは示唆し，豊かな記述を内包している。各論文および本書の読みの可能性と，執筆者たちの書いたことが成し遂げる境界侵犯の可能性の一翼は，ひとえに読者に委ねられている。執筆者一同，本書を手にとってくれたあなたとの出会いに深く感謝するとともに，一人でも多くの人々に本書が読まれることを願ってやまない。

● 引用・参考文献

井上和枝 (2013).『植民地朝鮮の新女性―「民族的賢母良妻」と「自己」のはざまで』明石書店

小熊英二 (1998).『〈日本人〉の境界―沖縄・アイヌ・台湾・朝鮮 植民地支配から復帰運動まで』新曜社

小泉順子 (2001).「もう一つのファミリー・ポリティクス―ラタナコーシン朝シャムにおける近代の始動」斎藤照子［責任編集］『東南アジア世界の再編』岩波書店, pp.75-102.

徐智瑛／赤枝香奈子［訳］(2012).「近代初期韓国における「新女性」の困難―「女性解放」と「賢母良妻」との関係に焦点を当てて」落合恵美子・赤枝香奈子［編］『アジア女性と親密性の労働』京都大学学術出版会, pp.113-124.

玉田芳史 (2001).「タイ近代国家形成」斎藤照子［責任編集］『東南アジア世界の再編』岩波書店, pp.213-235.

デーヴィス, N. Z.／長谷川まゆ帆・北原 恵・坂本 宏［訳］(2001).『境界を生きた女たち―ユダヤ商人グリックル, 修道女受肉のマリ, 博物画家メーリアン』平凡社 (Davis, N. Z. (1995). *Women on the Margins: Three Seventeenth-Century Lives*. Harvard University Press.)

永積 昭 (1980).『インドネシア民族意識の形成』東京大学出版会

弘末雅士 (2013).「20世紀前半期のインドネシアにおける現地人妻妾をめぐるイメージと男女関係」弘末雅士編『越境者の世界史―奴隷・移住者・混血者』春風社, pp.277-296.

第1章
「新しい女」平塚らいてうと西欧母性主義との出会い
「矯風会」をフィルターにした考察

今井小の実

1 はじめに

　1911（明治44）年「青鞜社」は，平塚明（以下，らいてう），保持研子，中野初子，物集和子，木内錠子の5人を発起人に，女流文学の発達と自己の解放を謳い誕生した。多くの女性が家父長制とそれを支える男尊女卑の価値観にみあった生き方を強いられてきた社会にあって，その機関誌『青鞜』で発信された自由で主体的な言動，西欧の思想は，女性たちに「太陽」としての光を取り戻すオルタナティブな生き方を提示した。それは強力な求心力となりやがて当初の会員たちの思惑を超え，フェミニズム運動の拠点としての役割を求められるようになる。地方からの参加も増え，個性豊かで多様な顔ぶれが集まるようになる一方，従来の女性像を打ち消すような彼女たちの自由奔放な言動・行動は，「新しい女」として世間から注目され，嘲笑・批判の対象になっていく。

　女性ばかりでなく進歩的な男性陣からも一定の評価と支援を受けてきた『青鞜』が終焉を迎えたのは，資金難，弾圧，多忙という状況，社会の厚い壁を前に，休養が必要になるほど追い込まれらいてうが発行権を伊藤野枝にゆずったことに直接的な原因がある。けれども「新しい女」への世間の中傷・誹謗を受けて社内で深まった亀裂が，らいてうをはじめとしたメンバーたちの心身をむしばみ，解体を早まらせたことも否定できない。

　世間や社会から身を隠すようにして私生活に入り女性運動にも背を向けた平塚らいてうが，大正時代後半，再び社会に目を開き，女性解放運動に携わっていく背景には，西欧の母性主義思想の出会いと，育児経験による思想の受容の

深化があった。そして女性組織である新婦人協会を設立し、以前のような観念的な運動ではなく、母性保護と政治的権利の獲得という明確な目標をもった社会運動に着手する。新婦人協会が「青鞜社」時代よりもいっそう多くのさまざまな立場の女性たちを引き寄せたのは、らいてうという女性解放運動のシンボル的な存在と、婦人参政権だけでなく、労働問題を射程に入れた母性や児童保護の実現という間口の広い目的が磁力となったことは間違いない。だがもう一つの理由は、この組織の基盤となった母性主義思想が、「新しい女」らいてうへの世間の誤解を解き、女性解放運動への拒否反応を薄めたからであった。

本章は、「青鞜社」員たちの足並みを乱れさせ、崩壊の危機に追い込んだ「新しい女」に対する世間の評価とその背景にあったもの、そしてそれがやがて母性主義という媒体を通じて軟化していった状況を、「新しい女」の代表的存在、平塚らいてうを中心に、当時、すでに活動を精力的に行っていた女性組織、日本基督教婦人矯風会（現日本キリスト教婦人矯風会。以下、矯風会と略）をフィルターに検証する[1]。また、その過程で明らかにされるエレン・ケイの母性主義の日本的な受容が、その後の日本にもたらした負の側面を矯風会の限界から考察し、現在へのメッセージを読み解きたい。

ところで矯風会をフィルターに選んだのは、後述するように、女性問題に関心をもち、活動を展開するという点で、「新しい女」の母体ともいえる「青鞜社」と共通点があること、また機関誌『婦人新報』が残されており、その思想・主張を辿ることができるという理由による。さらにさまざまな背景をもった女性が参加した「青鞜社」とは異なり、一定の価値規範を内面化したキリスト教者による組織であることから、そのコントラストがより鮮やかにみられるのではないかと考えられるからである。

なお、本章では「女性」をはじめ、用語についてばらつきがあるが、それは文脈によって資料や当時の表現に基づいた使用をしているためであり、あらかじめお断りしておきたい。

---

1) 本章は、今井（2002）に加筆、修正を加えたものである。

2 「新しい女」たちによる「事件」と世間の批判

　「新しい女」とは，らいてう自身の自伝によれば，もともと明治末期，盛んに紹介されたヨーロッパ文学，ことに近代戯曲のヒロインの生き方をめぐり論議が行われる中で誕生した当時の流行語であった（平塚 1992：34）。それが「青鞜社」の女性たちの代名詞のような存在となるのは，イプセンの『人形の家』のノラや，ズーデルマンの『故郷』の主人公マグダについて『青鞜』誌上で取り上げたことに対し，「ノラを礼賛し，マグダを理想とする」「新しい女」と受け取られ，「和製ノラ養成所青鞜社」とジャーナリズムから揶揄されたことがきっかけであった。

　のちには社員尾竹紅吉（本名一枝，のちに富本憲吉と結婚）の若さゆえの多少軽率な発言もあって，いわゆる「五色の酒事件」や「吉原登楼事件」が新聞で中傷され（芳賀ほか 1998：251），従来の男性の領域にまで侵入する「新しい女」のイメージを規定した。この二つの事件について少し説明しておこう。「五色の酒事件」とは，『青鞜』誌掲載の広告をとりにレストラン兼バーを訪ねた紅吉が，フランスで流行しているという五色の層にわかれた酒を出され，誌面で積極的に紹介したのが世間の目にとまり，非難をあびることになったものである。らいてうによれば，実際に飲んだわけでもなく，洋酒の美しさ，その醸し出した新しい感覚に引かれ，「よほど酒好きのようなこと」を書いただけの他愛のない話であった（平塚 1992：37）。「吉原登楼事件」もかなり脚色されて世間には伝えられたらしい。真相は，紅吉の叔父の有名な画伯から吉原見学への誘いを受け，中野初子も含めた三人で出向き，花魁とは別の部屋で一泊しただけというものだったのだが，噂の常で，やがて尾ひれがついて大げさな話に変わっていったのだとらいてうは説明している（平塚 1992：38-39）。1912 年，らいてう 26 歳のころである。

　このように「新しい女」のイメージを作ったエピソードが風評被害的なものだったとしても，その発端にあった行動はやはり従来の女性のものからはかなり逸脱したものであり，世間からは受け入れがたいものだったのであろう。中でもらいてうへの攻撃は強く，自宅に石が投げられたこともあったという。当時，東京を離れ闘病生活中だった「青鞜社」発起人の一人，保持研子もらいて

うに抗議の手紙を送ってきた。吉原行きについて「自分が侮辱されたやうで悲しかった。さうしてたまらなく不快だった」と，「青鞜社」に発足当初の真面目さや誠実さがないと批判したのである（平塚1992：41）。ただ，外部からの「青鞜社」への非難に対しては，「どこまでもたたかってゆくという，つよい態度と気力を示し」（平塚1992：41）てくれたために，らいてうにとっては変わらず頼もしい存在であった。しかし社内にいる社員たちの意思は，発起人ほど強くはなかった。そして「社の内部には，「わたくしは新しい女ではない」という逃避的な声がつよまり，みんなで泥をかぶろうというより，われ一人よしとする逃げ腰の態度が，社員の中で目立つようになっていた」（平塚1992：90）のである。

　その後，「青鞜社」の社員たちは，「新しい女」として世間の無責任で好奇な目にさらされ続けることになる。その渦中にあって，『青鞜』誌上でらいてうがエレン・ケイの『恋愛と結婚』を翻訳紹介したことも（平塚1992：89），世間の人々に，以前，森田草平との間で引き起こした心中未遂事件，いわゆる「塩原事件」の想起を誘い，「新しい女」とは自由奔放な恋愛に生きる女という新たなイメージを植えつけたのであろう。ケイは，同著において，制度上の結婚よりも，愛による男女の結びつきを主張したからである。らいてうの奥村博との入籍をしない結婚（1914年）は，その実践でもあった。また少しのちにはなるが，『青鞜』の発行権を譲り受けた伊藤野枝と既婚者大杉栄，そして神近市子のいわゆる「多角恋愛」の実践とスキャンダルも，そのイメージを決定的にしたと思われる。この三人の愛憎の結果，神近が大杉を刺した葉山の「日蔭茶屋事件」（1916年11月）は，『青鞜』の最後の発刊以後のことではあるが「青鞜社」にかかわった二人の女性がもたらした事件ということで，「新しい女」への世間の嫌悪感をいっそう増幅させたことであろう。らいてう自身はこの事件を知り，「恋愛の自由ということを踏みはずしたあの多角恋愛の破綻が，古い封建道徳に反対し，新しい性道徳を打ちたてようと努力するものの行く手の大きな支障となることを，おそれずにはいられませんでした」（平塚1992：285）と心中を吐露している。

3　矯風会と「青鞜社」

　ところで本章でフィルター役を務める「矯風会」とはどのような組織だったのだろうか。1886（明治19）年，矯風会は「万国基督教婦人禁酒会（World Woman's Christian Temperance Union）」の特派員メリー・クレメント・レビットの来日を機に女性キリスト者たちによって東京婦人矯風会として結成された。「我が国総体の風を矯めん」という立場から Temperance（節制，禁酒の意味）を「矯風」と訳して，「平和」「純潔」「禁酒」の三大目標を掲げて活動を開始した。1893年には全国組織に発展し，日本基督教婦人矯風会となり，初代会頭には矢島楫子が選ばれている。禁酒運動は当然のこと，特に男女の貞操問題を重視し，一夫一婦の確立のために民法，刑法の改正運動や廃娼運動に尽力した。また全国組織となってすぐに東京に慈愛館を設立（1894年）し婦人保護事業にも取り組むなど，実践面でも積極的に活動を行っている。

　このようにキリスト者であり，また組織の設立目的から，その事業や活動は女性を取り巻く環境，そしてその背景にある社会問題と密接な関係にあった。出発点にある飲酒問題はむろんのこと，廃娼運動として取り組んだ売春問題も背景にあるのは貧困問題，そして後者の場合はさらに男尊女卑の慣習・制度が影響していることは容易に想像できたと思われる。「青鞜社」の社員たちと，その問題意識において共有できる部分も少なくなかったのではないだろうか。しかし実際は，この当時，そのような協同，連携は行われていない。

　井出（1979）は，矯風会と「青鞜社」を次のように比較している。すなわち，矯風会は，「売春の根本的な問題，家族制度や婦人労働問題へ切りこむことはなかった。また売春問題を自身の痛みとしてというより，救済者の立場から近づい」たとする一方で，「青鞜社」については「火花のように輝きながら，婦人問題の本質に肉迫して，短い命をおえている」としてその運動を高く評価している。この井手の分析を，『婦人新報』の記事の中から例を挙げ確認しておきたい。

　社会問題に対する矯風会の意識をみるために，「青鞜社」と同時代の1914年に書かれた小橋三四子の「我が工女課の働らき」（『婦人新報』第209号）という論文をみてみよう。小橋は，まず「工場に入つて見ますと，顔色の蒼ざめた，垢で縞目の塗られた筒袖に，縄のやうな細帯を結んで，坐れば両膝を抱え

て，カラカラと笑ひながら，人の話を聞くやうな人か猿かと思はせる沢山な女の子が居ります。これも人の子，誰が思ひ子であつたか，同じ世に生れながら，このみぢめな有様をと思へば，同情の涙の湧き出づるを覚えます」と女工たちの姿を描写する。その視線は，決して同じ目線にはなく一段高いところにある。しかも小橋は，このような女工たちの労働条件の改善をもたらす工場法改正に対しては科学的に考えなければ的外れの運動になると，きわめて冷静である[2]。それは彼女が，「実際の改良は法律のよくこれを完うし能ふ所ではありません。工場主の良心に訴へ，工女等の教育訓練に須たなければならぬ事が多分を占めて」いると信じるからであり，訓練の前に慰安が必要だと考えていたからであった。この彼女の主張を支えるのは，「真の安心立命は，神の道を除いては他に求めやうもありませぬ」とのキリスト者としての信仰である。それが女工の境遇改良を望みながらも，その背景にある社会問題には目がいかない限界をつくりだしている。つまりこの限界は小橋ひとりに限られたことではなく，キリスト者である矯風会の会員なら，その信仰ゆえに社会問題を精神的な問題にすりかえる危険性をもっていたのである。

　また矯風会の社会事業に対する姿勢で，先行研究の中でしばしば挙げられるエピソードに，大正天皇の即位式への芸娼妓参列に対する反対運動がある。この矯風会の態度に対して当初から与謝野晶子は，強い嫌悪感を抱き，矯風会のメンバーとの間で論争を巻き起こしている。醜業婦に対する蔑視観とその愛の対象の排他性を非難した晶子に，久布白落実は反論を試みる[3]。しかし「如何に立派に着飾つて居ても，あゝ云ふ職業をする人は賤き者だ，つまらぬものだと云ふ事をしつかりと婦女子の心の底に打ち込むことは，堅実なる家庭を造り，国家の基礎を据うる上に於いての最も大切な事柄」だとし，また「手鍋さげても一家の主婦は貴いもの，錦着てもかゝる業務は賤しいのだと云ふことを目に

---

2) 実は，1919年に愛知県の工場で児童労働の実態を目の当たりにした平塚らいてうも，その表現においては小橋のそれとさほど変わりはない。だが，その対応について児童の権利から社会的な解決を求めている点で，決定的に異なっている（今井2005）。むろん，両者の間に5年という時間差があることは考慮に入れる必要はあろう。
3) 久布白がここで引いているのは与謝野晶子が大阪毎日新聞に寄せた「自己に生きる婦人」であるが，例えば晶子は「婦人を侮辱する矯風運動」（1915年6月『人及び女として』に収録）と称する小文でも矢島をはじめとした矯風会の姿勢を非難している。

指さし込むやうに知らしめることは大切な事」として，最後に「御大典は清く祝したい。賤業者は康らかに助けたい」とする主張（久布白1915）には，どうみても晶子の批判に対する弁明の余地はない。ここからみえてくるのは，対象者は哀れむべき，更正すべき，指導すべき他者という認識であり，同じ女性という視点は欠落している。晶子の非難は的を射ているのである。このような矯風会の女性観にあって，男性社会において「月」として生きることを強いられてきた女性という視点が共有されることは難しい。当時の矯風会にとって，売春は男性の放蕩同様，憎むべき行為であっても，その背景にある社会問題まで見極める想像力は乏しかったのである。したがって，「青鞜社」の活動は，矯風会の会員にとってゆきすぎた行動と映ったのも当然のことであった。

　次にこれから検証の対象とする機関誌『婦人新報』の読者層を把握しておこう。『婦人新報』の読者層については，その頃の同誌の目次を追うだけで容易にその姿が想像できる。そこから浮かび上がってくる読者像は，生活に喘ぐ経験をもたない富裕層の女性たちである。例えば『婦人新報』の当時の記事には，女性の経済的自立を認めた発言が少数派であり，その希少な存在であった久布白の主張でさえ，当時女性の就労の圧倒的多数を占めていた工場労働者ではなく，職業婦人という知識層の女性たちの就労を意識している。要するに『婦人新報』には女性が働かなくても生活が維持できる階層の読者が多かったのである。やがてこの層の若い構成員たちは当時の一般家庭では困難な性別役割分業の価値規範を内面化した，いわゆる「近代家族」を形成していく。

　例えば，「近代家族」が一部の恵まれた階層で広まりをみせた大正時代中期には，『婦人新報』は浅田みか子の「家を持たんとする若き人々に」というエッセイをシリーズものとして連載している。その中に描かれた若い人たちに勧める家庭像は，専業主婦でいられることが可能な中流家庭である。米騒動が起こる直前，1918年7月に発表されたエッセイ（浅田1918）では，「下層社会の家庭では，夫妻殆ど同等で，夫も妻も同じ稼業を励んで共に働きますから，妻にも夫と同等の権利があつて［略］家庭には礼儀など余り行はれず，従つて夫を尊敬するといふことが」あまりないが，「上流社会は資産があるとか，或は夫の収入に依つて生活する」ので「夫はお上として大に尊敬し，言語作法も礼儀を尽し」誠に見よいという。中流社会では，夫の収入あるいは資産で生活す

る妻は上流社会風だが,妻の収入あるいは資産により生活する家庭では夫への態度が下層社会流ではないかと注意を促し,まず言葉から夫に対する態度を改めるよう奨める。この主張は,明らかに読者として中流家庭の女性を想定している。したがってこの文面からうかがえるのは,結婚後の女性の就労にはむしろ否定的でさえあり,女性の経済的自立という視点はみられず,極端にいえば扶養者である夫に上手に依存していく方法が説かれているのである。

『婦人新報』を流れる中流意識は,女性の仕事観にもつながっている。例えばガントレット恒子は1919年に発表した「改造の期に際して」(ガントレット 1919)という一文において,従来の婦人の仕事は家庭の内に限られていたとしており,その論旨は女性の社会進出を促しているかのようにみえる。しかしその主張を支えるのは,女性はあらゆる善事に手を借し多方面な活動をせねばならないというウイラード女史の言葉である。「社会は婦人の手を要して」いるという女性の社会進出の内容は,「病毒に充ちた世を真白に沈ひ清めて,其處に清純な美を生れ出でさせるものは,白き婦人の手であり,紅き女性のハートであると思ひます」という発言からみても明らかなように,就労というよりは社会事業に近いイメージであった(ガントレット 1919)[4]。これもやはり『婦人新報』の読者層が,中流家庭の女性たちだったことに起因している。

つまり彼女たちは,生活のための労働とは無縁の富裕層,知識層に属する女性たちだったのである。これらの主張は大正時代中期,「青鞜社」の時代よりは少し後の主張になる。しかしそれゆえに矯風会の代表的な論者が展開する主張には,「青鞜社」で発信されてきた女性の自我解放の意識が希薄なことがいっそうくっきりと映し出されるのである。要するに当時の家父長制社会にむしろ従順に従い,良妻賢母としての生き方をまっとうすることを良しとする『婦人新報』の読者層にあって,「虚飾や陰湿な策謀,御都合主義,あるいはタテ前の立派さと自己の空虚への無自覚といったものから脱却した」(小倉 1981:295)女性たちが集まった「青鞜社」の存在は,同時代にいたってはより理解の範囲を超えた存在であったと思われる。

---

[4] 矯風会の発足に影響を与えたアメリカの女性たちでさえ,高学歴女性が活躍する場所は限られており,女性が社会進出する方法としては社会事業か伝道師,教師になるほか,道がない時代が続いた。

4 矯風会の「新しい女」たちに対する反応

　さて前節までみてきたように，矯風会では男女の性別役割分業を理想とした価値観が多数派を占めていた。その背景には，経済的に恵まれた階層が多く，性別役割分業の規範を実践する「近代家族」形成のパイオニア的な存在となりえたという前提条件がある。しかしもう一つには，キリスト教の媒介によって，欧米社会で熟成された良妻賢母主義のイデオロギーの価値観が受容されてきたという背景があった。さらに「新しい女」に対する当時の批判には，その評判のもとになったいわゆる「五色の酒事件」「吉原登楼事件」に対する生理的な拒否反応がある。矯風会の設立はアメリカの活動に触発されたものであったが，その発端はアルコールに対する問題意識にあり，活動の中心は禁酒運動であった。そのような歴史をもつ矯風会にとって，「五色の酒事件」を伝える報道は，たとえ誤った認識の上になされたとしても，とても受け入れられないものであったことは想像にかたくない。

　また設立の際，テンペランス（temperance：禁酒）という名称を入れずに日本で独自に矯風会と名乗ったのは，日本の売春制度，また一夫多妻制に対する強力な批判があったからである。その矯風会にとって，単なる興味本位で「吉原遊郭」に行くことは，まさに理解と忍耐の限度を超える行為だったに違いない。実際，らいてうは自伝において，「吉原遊郭」に行ったのは，「そのころすでに，救世軍や婦人矯風会などの廃娼運動がさかんに行われて」いたが，「廃娼問題と結びつけて，吉原に出かけるといったような目的意識的なものでなく，いわば珍しい世界を，せっかくの機会に一つ見ておこうといったくらいの気持」（平塚 1992：39）だったと伝えている。らいてうにとっては単なる好奇心，社会勉強の一環だったのであろうが，矯風会にとっては，特に「青鞜社」が女性の解放を目的とした団体であっただけに，これまでの活動を全否定されたような，屈辱的な行動であったに違いない。

　それでは，その批判の声に耳を傾けてみよう。まず男性側の反応からみてみたい。男性側の反応は「新しい女」への中傷・誹謗が始まった翌1913年に集中している。例えば釘宮牧師は「新しき女，旧き女，理想の女」（釘宮 1913）の中で，「新しき女の心と云ふは自分の思ふまゝをしたいと云ふ我侭心，自己

中心思想である。男の様にやつて見度と思ふ奇妙な心である」とし，不平不満でいっぱいの女性だと決めつける。一方，「理想の女」は感謝と満足と讃美で満たし，夫や子ども，親のため辛い生涯を送る奉仕の喜びを味わえばこそ，「大君の為め，国家の為め尽くす志士も出る」と，その犠牲的な生き方に国家的な貢献の可能性をみるのである（釘宮 1913）。そして最終的には「理想の女とは全く基督の心を得た女」と結論づけている（釘宮 1913）。また田島牧師も「基督教より見たる新らしき婦人」（田島 1913）という論文の中で，忍耐と犠牲精神は共に神様が日本婦人に与えた美徳とたたえる。そして「大正の新しき婦人とはキリストイエスの御精神を受ついで，楽な処は誰でもする，人の出来ない困難な所を仕て夫を助け，家庭を救ふとの大精神を実地に行ふて初めて家庭が救はれる」と家庭における女性の立場の重要性を強調するのである（田島 1913）。続いて貴族院議員江原素六も「新らしい女」（江原 1913）という一文で，格言にもあるように「古いものが一ばん新らしい」とし，「どうか永遠に新らしい女となつて家の模範，母の手本となつてくちざる神の言葉を基礎として行くならば神の栄をあらはす事が出来得ると信じます」と結んでいる。

　以上三点が男性側の反応であるが，一見それぞれ温度差，主張の微妙な違いがみられながら，三者には共通点がある。それは従来の女性像の喪失への危機感であり，その結果もたらされるであろう家族のあり方に対する漠然とした不安である。そして彼らは，女性たちを従来の，彼らにとっての美徳をもった女性に引き戻そうとするとき，その普遍性を証明する拠り所を信仰に求めキリストの名を挙げるのである。

　では女性たちの「新しい女」に対する反応はどのようなものだったのであろうか。それは，設立当初から一夫一婦制の実現に向けて尽力してきた婦人矯風会の女性陣ならではの反応であり，恋愛とセクシュアリティの問題に注目が集中している。それは，「恋愛の自由」と，「自由恋愛」のあり方に対する混合が招いた拒否反応であった。両者の違いは，前者が従来の家族制度への反抗から生まれたものであり，制度による形式的な結婚よりも恋愛による結婚を主張したとすれば，後者は何ら社会的制約を伴わず，個人の責任という名において幾人とでも自由に恋愛し肉体関係をもつ"性的放縦"に近いイメージであったと考えられる[5]。

そして前者の例としては，エレン・ケイを信奉する「青鞜社」の社員らによって支持され，らいてうが実際に結婚制度によらない奥村博（史）との同居生活を実践した例が挙げられる。また後者はそれが彼女たちの意にかなったものであったかどうかは別にして伊藤野枝，神近市子といった「青鞜社」社員による妻帯者大杉栄との「多角恋愛」の実践例にみられる。いずれにしても，両者とも「新しい女」たちの恋愛のかたちであったことには違いない。しかし矯風会の会員たちは，その両者を混合し，すべてを「新しい女」＝自由恋愛＝"性的放縦"の図式でみたのではないか，女性たちの反応はそう思わざるをえない。

例えば矢島楫子は，「新しい女」と「自由恋愛」を結んで露骨に嫌悪感をあらわにする。1916年「母等の叫び」（矢島 1916）という小文の後半部分で，「近来はまた自由恋愛等と新らしい理屈をつけて，昔の畜妾と同じ関係を保つ人々をも見受くるやうになりました」とし，「どうか若い人々が，「新らしい」といふ衣を着た悪魔の声に耳を傾けずに，常に神の聖前に額いて，其の御指導に縋りつゝ歩むことを忘れないやうにお願ひしたい」と訴えている。この矢島の文面から想像できるのは，「新しい女」＝自由恋愛＝"性的放縦"というイメージの連鎖である。

久布白落実も翌1917年，「矯風会の内的歴史（平塚明女史の評論を読みて）」（久布白 1917）という論文の中で，「今日では恋愛本位で恋愛さへ有れば親も兄弟もかまはぬ，甚だしきは，他人の良人でも，妻でも頓着せぬと云ふやうな，動物主義さへ平然として行ふ人が有る」と人道に劣る倫理観の欠如の状態として自由恋愛の風潮を激しく非難する。それは久布白が，「新らしき婦人等の所説及び実行に徴するに，従来の屈辱的なる婦徳を打破して，男子同様に自由放縦ならしめ度いと望まるゝやうに見受けます」（久布白 1917）として，「新しい女」のセクシュアリティのあり方について男性の従来のあり方をまねただけのものだという単純な理解にたっていたからである。それは婦人矯風会の「純潔」を重視した「貞操」観念からは理解できないものだったのである。そして「我々としては，女子の屈従的貞操を破壊するよりも，むしろ，それに生命を吹き込み，同時に男子に真の意味に於ける貞操を守つて貰ふ事を要求するに有ります。つ

---

5) 以下の論文を参照した。山川（1923），神近（1997），平塚（1917a）。

まり破壊と建設の差が根本に横はつて居る」と主張する（久布白 1917）。最後に「人類の美と真と善の極み，其本源は，人格的神，凡べての人類の父なる神を除いて何処に求めませう」として，残念ながら「新らしき婦人の根本運動に対しては未だ至らずと見る外は在りませぬ」と断じるのである（久布白 1917）。この文からうかがえるのも，やはり「新しい女」＝自由恋愛＝"性的放縦"である。

　このような受けとめ方をしている限り，「新しい女」は，男女の貞操を求め家庭の重要性を説く矯風会にとって，自分たちの価値観を揺るがす目障りな存在であったに違いない。また先述したように，それ以前にも，禁酒運動，廃娼運動を進めてきた矯風会が素通りできない「五色の酒」「吉原登楼」といった青鞜社の「新しい女」たちの行動への抵抗感がある。

　しかしそれは同時に当時の矯風会の限界を物語っている。それは女性解放運動に対する理解の限界である。例えば先に紹介した田島牧師の一文の片隅に囲いに入った小さな記事がある。「新しい女」に貞操観をインタビューした記事には，「新しい女と云ふても其思想が個々別々に分れて居りますから一概には申されませんが，何でも婦人たる者は自己の価値を自覚して，其天性を発揮すると云ふのが其大体の主意」で，「今までの婦人方の様に習慣に囚はれて，理も非もなく之に服従するのを破りたいのであります。故に貞操問題も，婦人が自覚して之を守ると云ふならば決して差支のない事」などといわれたと報告されている（田島 1913）[6]。この尺度から計れば，「恋愛の自由」「自由恋愛」が一見，異なる主張，実践にみえたとしても，その根底に流れるのは，男性に服従を強いられてきた女性たちの人としての覚醒，その解放への意識であり，自らのセクシュアリティを自律的に決めるという意志であろう。当時のジャーナリズムが「新しい女」を必要以上に揶揄し，センセーショナルに取り扱ったとしても，彼女たちの言動の底に流れるのは，女性たちを縛ってきた古い因習に対する挑戦であり，打破であったことは間違いない。男尊女卑の思想，慣習，制度に虐げられ，息を潜めて生きてこなければならなかった女性たちの，人間としての

6）この記事は，逆に 1913 年のこの時点では矯風会のある層においては，「新しい女」についてまだ一定の理解があったことを示しているとも受けとめることもできる。実際，本文ですぐ後に考察するように，矯風会の女性陣による「新しい女」批判はこの時点では記事を見る限りみられない。

解放をめざした運動的立場から出た言動であり，現象であったことは明らかであった。

　矯風会の「青鞜社」に対するこのような無理解は，矯風会の抱える本質的な問題を浮き彫りにする。それは，矯風会の運動が女性たちの組織による女性たちにかかわる運動であったにもかかわらず，それが決してらいてうが意味した女性運動ではなかったということである。久布白が反論を試みたらいてうの評論（平塚1917b）には，その点に対する不満がはっきりと書かれている。矢島を論ずるよう依頼を受けたらいてうは，「氏の事業の多くは直接婦人に関係することのみ」であり，「決して私どもが意味するところの婦人運動者ではない」という結論に達する（平塚1917b）。それは，矢島と彼女が統率する婦人矯風会の事業の背景となっている思想，信仰が，「私どもが人類自覚運動の一つとして婦人運動と呼ぶところの一つの運動のすべてを貫くある共通精神」とはほとんど直接関係をもたないものであり，「したがって欧米婦人運動の心霊はもとより，我国における少数婦人運動者のそれをもついに揺り動かした人間そのもの，同時に婦人そのものの生活に対する個人主義的な深い自覚，言い換えれば人間である婦人の自己の尊厳，その欲望才能の価値の自覚にもとづく思想，感情とは全然その源を異にした別種の流れ」であるという，らいてうの見解からきたものであった（平塚1917b）。

　らいてう自身のこの見解は，当時の『婦人新報』の記事の思潮をみる限り当を得たものといえる。しかし矢島たちが，女性運動にまったく無関心であったわけではない。実は『青鞜』が世をにぎわし婦人問題が盛んに論議されるようになった1914年の時点で，矢島は最も過激な婦人参政権運動といわれる英国の運動について「必要な権利を得るには，止むを得ない運動」とし社会の進歩した証拠との見解を『婦人新報』で示している（矢島1914）。また同じ号で廣岡淺子も，当時の婦人問題を論ずるのが男性のみであり，女性たちが「何故自身の自由の天地を見出す為めに奮闘致さぬのであらうかと切歯に堪へぬ」と憤慨し，そればかりか「間違った良妻賢母主義を以て婦人の自由に延びんとする者を挫き，或は貞婦淑女の意義を誤つて，何事にも男子の云ふが侭に服従して，彼れの堕落腐敗を益々甚だしからしめんとして」いると女性たちに覚醒を呼びかけている（廣岡1914）[7]。婦人矯風会のメンバーが皆，後ろ向きだったわけ

ではない。

しかしその前後に「青鞜社」社員たちが歩んだ方向，すなわち，らいてうがとった未入籍同棲，伊藤らが実践した「多角恋愛」といった恋愛と性に関する「新しい女」たちのあり方は，一夫一婦制を請願し貞操問題にコミットしてきた彼女たちにとっては，同じ女性として連帯意識をもつことを躊躇させるほど理解できない存在だったのではないだろうか。それ以降の久布白をはじめとした矯風会のメンバーたちの発言からは，そのような印象を受ける。実際，男性の反応が「新しい女」が中傷非難の的になった1913年周辺に集中しているのに対して，女性側の直接的な批評はこのころみられない。ところが伊藤と大杉，神近の「多角恋愛」に象徴的な「自由恋愛」が世に報じられるようになると，その実践者と目された「新しい女」への批判が始まっている。

矯風会のこのようなスタンスは，らいてうにその貞操問題についても「矯風会の運動のごとくその理論的方面を欠いた運動があるでしょうか」と指摘させる（平塚1917b）。らいてうの矯風会に対する不満は，貞操問題に対する取り組みが「単なる形式的な一夫一婦制がその裏面にどんな虚偽と醜悪と堕落とを包んでいるか」（平塚1917b）をまったく不問にした運動であるという点でさらに強くなる。それは「今日の婦人に経済力のないこと，今日の結婚は男女の恋愛的関係でなく，経済的関係」であり「芸娼妓とその根本においては大差のない一種の売淫婦」ではないかとの問題意識からであり，理論的背景を持たないがゆえに問題の本質に迫ることができない矯風会の姿勢を問うているのである（平塚1917b）[8]。そしてこの問題を真に解決したいのであれば，「何よりも先にまず婦人に実力を与えること」や，「家」制度を基礎にした婚姻ではなく「結婚の基礎もしくは中心を恋愛におくこと」ではないかと提言し，「性的道徳としての高き恋愛の理想を説き，真の恋愛をまだ知らない我国民を恋愛に目醒め

---

[7] ちなみにこの廣岡淺子とは，NHK朝の連続ドラマ「あさが来た」で一躍脚光を浴びたヒロインのモデルとなった人物である。
[8] 一見，晶子が矯風会を非難したように芸娼妓を見下しているかのような表現だが，らいてうの真意はそこにあるのではない。それは本文で紹介したように，あとに続く言説からも理解できよう。要するに，エレン・ケイの『恋愛と結婚』を支持するらいてうにとっては売春を行う芸娼妓も愛のない結婚をした妻も，どちらも認められない存在なのである。

しめるような方針」をとるように奨めている（平塚 1917b）。

　実は，エレン・ケイが人間性変革の重要性を説き，その基礎に形式だけの結婚ではなく真の恋愛による結婚，それによる生命の誕生に希望をつないだ新性道徳を提唱したのは，「人間が自己は完全に創られたものと信じ，その後霊と肉との間の永遠の戦いに陥っ」ている従来の「キリスト教の道徳的理想の絶対価値」，その性道徳に対する挑戦だった（ケイ 1973）。ケイの信奉者であるらいてうが，キリスト者たちの集団である矯風会の貞操観，恋愛観，結婚観[9]に対して，不満を懐くのも当然であったともいえる。御大典への芸娼妓の参加への態度を批判した晶子の主張も的を射たものだったのである。

　そしてらいてうのこれらの諸批判に対して，久布白をはじめとしたメンバーは何ら有効な反論をなし得なかった。当時の矯風会では，らいてうが指摘したように，西洋から入ってきた個人主義思想，そこから発展した女性解放運動を自らのものとして消化するまでに，その理解が進んでいなかったのである。

5　らいてうの母性主義への接近と矯風会との和解

　らいてうの矯風会への反論は，「新しい女」が社会で良くも悪くも非常に大きな関心を集めていたそのとき，彼女がすでにそこから一歩先に，歩を進めていたことを示している。「青鞜社」社員たちが「新しい女」として騒がれはじめるようになったのが1912年春頃，しかし翌1913（大正2）年にはらいてうはエレン・ケイの思想に出会い，自分の研究の中心を婦人問題に置くと決めている。

　それまでのらいてうは，婦人問題には直接の興味がなく，「自分がとくに女性であるという意識をもたず，いつも自身の内的な心の要求にしたがっていた」（平塚 1992：93）のであった。つまり「新しい女」とは「男の様にやつて見度と思ふ奇妙な心」（釘宮 1913）の持ち主だと批判されるような部分が，らいてうの中にも確かにあったのである。しかし，ケイの思想と出会うきっかけを作ってくれたのも「新しい女」であった。というのも，らいてうは当時，一種の流行現象となってきた「新しい女」について，社員たちと『青鞜』誌上で

9）当時のキリスト者の恋愛観などについては，サイドマン（1995）を参照のこと。

意見を書こうと考え，婦人問題の文献を探していたときにケイの『恋愛と結婚』と出会ったからである。1912年暮れ，『帝国文学』に掲載された石坂養平の「自由離婚説」を読み，それがケイの本の一部をベースにまとめたものと知り，ケイの文献を翻訳することになったのであった。

　ここで，らいてうを大きく変えたエレン・ケイの思想とそれを生み出した背景について簡単に説明しておきたい。ひとことでいえば，それは自国スウェーデンでみてきた母子の悲劇による応答であった。19世紀末，農耕社会から工業化・都市化への変貌を遂げようとしていたスウェーデンにおいて，女性解放運動の主流だったのは，女性も男性と同等の権利を要求する，いわゆる女権主義運動であった。この運動は伸展する資本主義社会にあって，女性を産業界へ誘致するのに大きな貢献をした。しかしその結果，女性とその子どもに待っていたのは，不妊や流産・死産，高い乳幼児死亡率や，過酷な労働条件が招いた育児放棄，その負の連鎖によって広がる少年非行の問題であった。けれども女権主義運動は，女性の社会進出とそのための環境問題には目を向けても，家庭内の母子に起こった問題については冷淡だったのである。

　そのため20世紀初頭，ケイは母性の崇高な使命を根拠に，女性を家庭に戻すための母性保護の提案を行う。しかしケイの主張は女性解放運動の一環としてなされたものであり，単純に従来の家父長制下にある家庭への復帰を呼びかけたわけではなかった。出産・育児が社会的に評価を受ける正当性を述べ，ある一定の育児期間中，国がその対価として経済的保護を女性に与えることを提案した。それによって女性は過酷な労働の場から撤退し一定期間，育児に専念できる。それは健康に生んでもらい，育ててもらうという児童の権利からも必要なことであった。また一定の育児期間が終了しても家庭に留まり家事に専念したい女性については夫が分業の対価として妻にお金を支払うことを主張している。これによって女性は経済的自立が可能になり，夫への隷属状況から解放されるとしたのである。

　そのケイの思想に出会ったらいてうがどれほどの衝撃を受けたのか，1913年1月に発行された『青鞜』（第3巻第1号）でらいてうが執筆したのは，当初予定していた「新しい女」論ではなく，エレン・ケイの『恋愛と結婚』の翻訳の序文であった。実際，次号から翻訳を掲載しはじめている。当時，のちに生

涯のパートナーとなる奥村博ともすでに出逢っていた26歳のらいてうにとって，ケイのこの本は恋愛の指南役でもあった。そして，「わたくし自身は少なくともケイのものを読まなかったら，おそらく恋愛はしても，結婚生活には入らなかったと思います。［略］むろん，子どももたずに一生を終わったことでしょう」(平塚 1992：163)と述べている。つまりこの本との出会いがなければ，らいてうのその後の人生はまったく別のものだったのである。少し長くなるがらいてうの受けとめたケイの思想をその言葉のままに紹介しておこう。

> ケイを知るまでのわたくしは，恋愛と結婚というものを，全然別個のものと考えていて，恋愛の価値は認めてはいても，結婚に対しては否定的であり，むしろ，頭から無視しておりました。／ところが，ケイは恋愛と結婚の一致を説き，恋愛の精神的な，情緒的な要素と，肉体的というか官能的な要素との合一に，人格的に完全な大恋愛を認めております。つまり「魂をも感覚をも裏切らない」一元論です。そして，恋愛は当事者個人の幸福の追求や，それによる生命の増進であると共に，種族の保存と，種族の質を向上させるものであり，人類への奉仕と一致します。／恋愛によって自己主義と他愛主義の一致がみられ，現在と未来の出会いとなり，超個人的なものに，恋愛がひろがってゆくことになります。(平塚 1992：162-163)

このように恋愛とそこから生まれた生命を人類の奉仕と捉えるケイの立場は，出産・育児を神聖な女性の使命とし，母性の尊重を訴える主張につながる。すなわち男性とは異なる機能をもった性として，特別な母性保護が必要になるというのである。らいてうの言葉を借りれば，「人間としての女性の，男子と同じ権利の要求のほかに，それと併せて女性のみの特殊な権利が，当然要求されてくる」(平塚 1992：163)のである。

そして実際にらいてうは，その後の人生をその要求の実現に向けた運動に傾けていくのである。最初のステップは，1918年に開始された母性保護論争であった。このとき，すでに『青鞜』は無期休刊状態，実質的には消滅しており，らいてうは二児の母親となり，女性運動から遠ざかっていた。けれども，ケイの母性主義と児童中心主義の思想の重要性を実際の育児経験から感じて，日々

を送っていたのである。そのようなとき，明らかにケイの思想をベースにした母性保護の政策を不要と退けた与謝野晶子の主張が眼にとまる。そしてケイを擁護する立場から反論を試み，やがて山田わか，山川菊栄も参加して1919年まで約1年にわたる論争に発展したのである。就労による経済的自立が女性解放には必要不可欠という信念をもつ晶子と，育児と就労の両立は困難であり，未来の国民を育てる社会的な仕事の対価として国家による経済的保護を主張したらいてう・わかが真っ向から対立したのであった。

　実は，らいてう，わかの母性保護の主張は，同じケイの思想に影響されながらも，微妙に異なっている。その両方ともケイの主張に含まれているのだが，その切り取り方の違いが両者の対象の違いを生み出したのである（今井 2013）。らいてうの示した対象は一定の育児期にあるすべての女性であったが，わかの場合は，夫婦の性別役割分業を認め，まずは夫が妻に育児の対価を直接支払うことを主張したのであった。そして夫不在の母子家庭あるいはそれと同様の状況にある家庭に対しては，国家による経済的保護を求めたのである。このように両者の主張はつきつめれば異なるが，少なくとも幼い子どもには母親の愛情を込めた養育が必要であり，そのために家庭を重視するという点では一致していた。それは，男女の性別役割分業の上にたった家庭を最上のものと理想視する矯風会のメンバーたちのこれまでの主張と重なるものでもあった。

　したがって矯風会の姿勢は，らいてうの恋愛の主張の真意が明らかになるにつれ軟化していく。そして誤解は，らいてうが母性保護論争で示した母性保護思想を具現化するために結成した新婦人協会の活動によって完全に解かれることになる。新婦人協会は，論争終焉後の1919年夏頃よりらいてうの中であたためられ，市川房枝，奥むめおを理事に迎え翌年3月には正式に発足の声をあげた女性団体である。その綱領には「一 婦人の能力を自由に発達せしめるため，男女の機会均等を主張すること／一 男女の価値同等観の上に立ちて，其の差別を認め協力を主張すること／一，家庭の社会的意義を闡明にすること／一 婦人，母，子供の権利を擁護し，彼等の利益の増進を計ると共に，之に反する一切を排除すること」という四つの項目が示され，婦人参政権運動と母性保護運動を併せて求めていくことを表明した。具体的な運動としては，婦人参政権運動の第一歩としての女性の政治結社加入などを禁じた「治安警察法第五条修

正」と，母性保護運動の第一歩としての「花柳病男子結婚制限法制定」の議会活動を中心に活動を進めていくのである。

このように，らいてうの新婦人協会構想の真の意図が女性と子どもの福祉の実践であったのならば，その先駆者ともいえるべく矯風会が，らいてうに対する態度を軟化させるのも時間の問題であった。特に「花柳病男子結婚制限法制定」については，その先に続くのは男性の貞操問題であり，それは矯風会が主張し続けてきた問題であった。そのような協調ファクターに加え，矯風会の会員には，かつてらいてうにその活動は婦人運動ではないと批判されたことが刺のようにささっていたに違いなく，女性解放運動との接点を模索していた結果ともいえよう。

そして矯風会のらいてうに対する変化は，『婦人新報』の論調に現れる。新婦人協会が発会式を迎えた 1920 年 7 月には，守屋東が「婦人を守護する権利」（守屋 1920）という論文の中で，東京部会の仕事として東京婦人ホームを開設し学んだこととして，婦人，特に未亡人に対する処置など婦人を守護する権利がないこと，「此種の泣は母の思となつて遂に家庭の為に，国の為に婦人に参政権を獲得する迄戦はなければならぬといふ決心を持たしめます」と述べている。そしてホームの経験から「此社会がまた家庭が何よりも次代を作るべき子供本位でなければならない事を確信させられまして，禁酒運動でも，公娼全廃でも，また平塚明子女史等によつて唱導されて居る花柳病と結婚といふやうな事にも，当然此立場から私は運動を開始して行くものゝ一人です」と，新婦人協会の活動を支持する立場を表明している（守屋 1920）。協会が同時に婦人参政権運動も開始していたことを考えあわせれば，この守屋の主張をそのまま実践化している団体が新婦人協会であったといっても過言ではないだろう。

また同 1920 年 10 月には久布白が，「動瀾の中心に立つて」（久布白 1920）という一文において，「雷鳥氏及び市川氏の手に成つた女性同盟の第一号は，堂々と婦人参政権の必要を叫んでこの秋婦人界に生れ出でました，そして其実行の第一歩として，治安警察法第五条の法律改正に関する請願を始められました，私共はこの人々の労を多とするもので喜んで其調印に応じました」と新婦人協会と連帯していく意思を表明している。

この久布白の意識は，1921 年矯風会内に日本婦人参政権協会を誕生させる。

また1926年婦女新聞社の母子扶助法制定促進会の発足に際しては，久布白も守屋もその活動を支援し，法律の早期実現に協力する姿勢を示すのである。らいてうも会員に登録した同会のめざした法律とは，まさに母性保護論争でらいてうとわかが主張した母子への国家的経済保護を求めるものであった。そして1934年の母性保護法制定促進婦人連盟の誕生に際しては，婦選獲得同盟らとともに母性保護運動に従事していくことになる。

6　結びにかえて

　このように，らいてうに対する矯風会の冷たい態度は徐々に溶けていった。それは，同時にかつてらいてうが象徴とされた「新しい女」たちとの和解の一つの契機となり，矯風会のメンバーたちが女性として他の女性たちと共闘できる位置にまで進化したことも意味していた。そして，その後，新婦人協会や，婦選獲得同盟，母性保護連盟の活動では，女性同士の連帯を築いていったのである。らいてうが「青鞜社」時代におくった矯風会への批判は，的を射ていただけに矯風会のメンバーの心の奥底に深く刻み込まれたのではないか。その後の矯風会の活動の軌跡はそれを示している。
　本来，らいてうが神聖視した「恋愛」は，エレン・ケイの『恋愛と結婚』から影響を受けたものであり，愛のない形式的な結婚制度には異議を唱えても，家庭の重要性を否定したものではなかった。けれども大杉と伊藤の「自由恋愛」，その結果起きた神近の大杉に対する傷害事件（「日蔭茶屋事件」1916年）などが，当時の矯風会のメンバーに「新しい女」の恋愛観のイメージをうえつけ，らいてうらの唱導する「恋愛の自由」に対する認識まで歪めたことは想像に難くない。だが実際は，らいてうはかれらの三角関係を「一種の一夫多妻主義」（平塚1917a：256）だとし，夫，妻，子どもの存在を度外視した無責任，無制限な願望であり，「恋愛の自由」とは異なる「自由恋愛」のあり方だと非難している。
　誤解が解けるのは時間の問題だったのである。ただ個人主義を基本にした西欧母性主義が，この時代の女性たちの間でどれほど正確に受容されたかについては疑問が残る。らいてうの未入籍結婚については，ともにエレン・ケイの信奉者であり，母性保護論争，新婦人協会とらいてうのそばに寄り添ってきた山

田わかでさえ，理解できなかったようである（今井 2005）。しかし恋愛による男女の結びつきを神聖視し，婚外子差別を告発したケイの思想は，彼女の母国で根づいている。例えばスウェーデンでは，婚姻制度によらない同棲，いわゆる「サンボ」の形態を選んだカップルの間に誕生した子どもと結婚によって誕生した子どもとの間に制度的な差別は一切ない。どちらの形態によってパートナーとの生活を選ぶかは，カップルに委ねられている。ジェンダー平等な福祉国家として国際社会で高い評価をされるスウェーデンの，その礎の核心にはケイの母性主義の理念があったのである（今井 2016）。

それが可能となった背景の一つには，スウェーデンにおける福祉国家建設の時代に，ケイがその推進政党であった社会民主党の熱心な支持者であったことが挙げられる。また当時，ナチスドイツの脅威を目前にし，民主主義の防波堤として，あるいは全体主義への対抗として，個人の自由を尊重する機運があったことも有利にはたらいている。すなわちスウェーデンの場合，ケイの母性主義は社会民主主義，そして個人の自由の尊重といった理念と結びついたのだが，隣国のドイツも日本も母性主義を全体主義と結びつけ，戦争遂行に利用したのである。日本の母親たちが「軍国の母」「靖国の母」として，戦時体制に協力していったことはこれまでの研究で明らかにされてきた。戦争という狂気に国全体が向かう中で，母性主義が利用されたことは間違いない。スウェーデンは第一次大戦にも第二次大戦にも参戦しておらず，その国土や人口規模，風土の環境，文化，歴史的な背景も日本とは異なっており，その分析にはよりいっそうの慎重さが求められるだろう（今井 2016）。けれども，日本がスウェーデンと同じ条件に置かれたと仮定しても，そのときに同じ選択をするかについては，やはり心もとない。

文化や宗教の違いはむろんある。しかし西洋の母性主義が，女権主義が一定の成果をみたのちに生まれてきたという歴史的な必然の産物であったという点，それは後進国として両思想を一度に摂取しなければならなかった日本と決定的に異なった点であった。またそのベースにある個人主義の理念についても，儒教の原理を内面化してきた日本人にとって，そのまま受容するのは困難なこと

---

10) この点について，今井（2005）で当時の優生学，進化論との関係で一定の分析，考察は行ってはいるが，まだ不十分だと考える。

であっただろう。らいてうを筆頭とする「新しい女」たちの言動は，それらの価値観への挑戦であった。そしてそれに対する当時の社会の反応が，日本における女性解放への障壁がいかに高かったのかを教えてくれる。さらにキリスト教を媒介にして西洋の価値観，文化を一定，摂取してきた矯風会の反応は，当時の日本における西洋思想の受容の限界を雄弁に物語っている。

けれども日本の女性たちの西欧母性主義の受容が，その後の運動につながり，一定の限界の上にではあるが，母子の生きづらさの解消のために貢献したことは覚えておいてもよい。矯風会と「新しい女」らいてうとの和解も，誰もが母になる可能性にあった女性たちの共通の関心でもあった母性，児童への問題意識が媒介となっている。そのことを記憶にとどめながら，だが一方でなぜ母性主義が，ケイの最終的な目標でもある平和思想を飛び越え，戦争に荷担していくことになったのか，問い続けなければならない[10]。

● 引用・参考文献

浅田みか子 (1918)．「家を持たんとする若き人々に」『婦人新報』252（1918 年 7 月）
井手文子 (1979)．「矯風会と青鞜社」『歴史公論』5(12)
今井小の実 (2000)．「日本キリスト教婦人矯風会」加茂　陽［編集代表］『福祉重要用語 300 の基礎知識』明治図書出版
今井小の実 (2002)．「『婦人新報』と母性保護論争—矯風会の婦人界における位置づけを検討する指標として」『キリスト教社会問題研究』51, 63-84．
今井小の実 (2005)．『社会福祉思想としての母性保護論争—"差異"をめぐる運動史』ドメス出版
今井小の実 (2010)．「平塚らいてう—女性福祉思想の源流をたどる」室田保夫［編著］『人物でよむ 社会福祉の思想と理論』ミネルヴァ書房，pp.69-75．
今井小の実 (2013)．「エレン・ケイ—女性・児童福祉へ影響を与えたスウェーデンの思想家」室田保夫［編］『人物でよむ 西洋社会福祉のあゆみ』ミネルヴァ書房，pp.104-110．
今井小の実 (2016)．「ケアの社会化・ジェンダー平等化と福祉国家—スウェーデンの歴史から何を学ぶか」国立社会保障・人口問題研究所『季刊社会保障研究』51(3・4), 302-317．
江原素六 (1913)．「新らしい女」『婦人新報』197（1913 年 11 月）
小倉襄二 (1981)．『社会状況としての福祉—発想を求めて』法律文化社
神近市子 (1997)．『神近市子—神近市子自伝』日本図書センター
ガントレット恒子 (1919)．「改造の期に際して」『婦人新報』263（1919 年 6 月）

釘宮牧師（1913）．「新しき女，旧き女，理想の女」『婦人新報』189（1913年3月）
久布白落実（1915）．「矯風漫録（与謝野晶子女史に対ふ）」『婦人新報』219（1915年9月）
久布白落実（1917）．「矯風会の内的歴史（平塚明女史の評論を読みて）」『婦人新報』241（1917年8月）
久布白落実（1920）．「動瀾の中心に立つて」『婦人新報』279（1920年10月）
ケイ, E.／小野寺信・小野寺百合子［訳］（1973）．『恋愛と結婚　上・下』岩波書店（原著：1911）
小橋三四子（1914）．「我が工女課の働らき」『婦人新報』209（1914年11月）
サイドマン, S.／椎野信雄［訳］（1995）．『アメリカ人の愛し方―エロスとロマンス』勁草書房
田島牧師（1913）．「基督教より見たる新らしき婦人」『婦人新報』192（1913年6月）
芳賀　登・一番ヶ瀬康子・中嶌　邦・祖田浩一［監修］（1998）．『日本女性人名辞典』日本図書センター
平塚らいてう（1917a）．「いわゆる自由恋愛とその制限」『大阪毎日新聞』（1月4日）（平塚らいてう著作集編集委員会（1983）．『平塚らいてう著作集　第2巻』大月書店）
平塚らいてう（1917b）．「矢島楫子氏と婦人矯風会の事業を論ず」『新小説』（1917年6月号）（平塚らいてう著作集編集委員会（1983）．『平塚らいてう著作集　第2巻』大月書店）
平塚らいてう（1992）．『元始，女性は太陽であった―平塚らいてう自伝2』大月書店
廣岡淺子（1914）．「迷信の打破」『婦人新報』210（1914年12月）
守屋　東（1920）．「婦人を守護する権利」『婦人新報』275（1920年7月）
矢島楫子（1914）．「婦人と権利の要求」『婦人新報』210（1914年12月）
矢島楫子（1916）．「母等の叫び」『婦人新報』232（1916年10月）
山川菊栄（1923）．「プロレタリアと婦人問題」（初出『種蒔く人』3月号）
米田佐代子（2002）．『平塚らいてう―近代日本のデモクラシーとジェンダー』吉川弘文館
らいてう研究会［編］（2011）．『わたくしは永遠に失望しない　平塚らいてう―写真集　平塚らいてう　人と生涯』ドメス出版

第2章
〈私〉を書くことがもたらした境界の揺らぎ
1930年代『東京朝日新聞』「女性相談」と山田わかの回答

桑原桃音

1 はじめに

　日本において身の上相談欄が雑誌，新聞に登場したのは近代以降である。身の上相談欄には読者が投稿した相談と，記者や有識者による回答が掲載される。そして，現在ではどのような悩みごともインターネット上にある相談掲示板サイトで検索すれば，その解決策を探し当てることができるようになった。これらの身の上相談欄には人間関係，特に恋愛，結婚，家族の問題が多く掲載されている。

　人間関係に関する相談は，投稿者の身の上に起こった困りごとであり，かつ込み入った個別事情が問題の要因となっていることが多い。これらの個別事情をすべて文字に起こすことは不可能である。そうであるにもかかわらず，公共メディアは個別の相談と回答を掲載しつづけている。マスメディアやインターネット上の身の上相談欄は，読者にとって娯楽であると同時に，問題の解決策を共有する言説空間でもある。

　そもそも，身の上相談欄は相談を書く〈私〉と，それを読む〈私〉の同一化が可能だからこそ，今日までさまざまなメディアで連載され続けているのではないだろうか。身の上相談欄に向けて相談内容を書くこと，解決策を書くこと，それを読むこと，さらに，そこに自分の問題を見出すことはいかにして可能になったのであろうか。特に，20世紀初頭の日本の女性たちにとって，身の上相談欄において相談を書く〈私〉と，読む〈私〉の同一化はどのような効果をもたらしていたのだろうか。

本章は身の上相談欄に相談を書くことと，読むことがいかに当時の女性たちにとって，境界侵犯性をもった行為であったのかをみていく。そのために，山田わかが回答者を担当した1930年代『東京朝日新聞』「女性相談」欄を資料として，投稿者が「私」を語ることと，山田の回答との境界侵犯性を考察する。特に，投稿者女性と山田が用いる主語と登場人物の呼称に注目しながら，身の上相談欄におけるカテゴライズをみていく。

2　山田わかと『東京朝日新聞』「女性相談」

1914（大正3）年，『讀賣新聞』で「身の上相談」欄の連載が開始された。この欄は男女問わず多くの投稿者を獲得し，自分の身近に起こった問題，特に恋愛，結婚，そのほか家庭にかかわる悩みを多く掲載していた。この欄は名前を変え，休載がありつつも，長期にわたって連載することに成功している。1930年代になると，このような新聞相談欄は，より人気を獲得するために有名人や識者を回答者に迎えるようになる[1]。例えば『讀賣新聞』は1931（昭和6）年に「身の上相談」から「悩める女性へ」と名称変更し，宗教家の賀川豊彦や文化学院教授の河崎夏子らを迎えることを写真付きで告知している[2]。誰が回答者を務めるかは新聞社にとって宣伝材料になっていたのである。

1931（昭和6）年5月から1937（昭和12）年2月まで『東京朝日新聞』において連載された「女性相談」は，有識者を迎えた新聞紙上相談欄の中でも多くの反響を集めた。そこで回答者を務めていたのが，婦人運動家，批評家，翻訳家である山田わか（1879-1957）だった[3]。

本章において山田が回答を担当した「女性相談」を取り上げる理由は3点ある。第一に，山田は20世紀初頭に時代の潮流に翻弄され，女性として国と文化，さらに苦境を越えた経験をもつからである。第二に，このような経験によって，

---

1) それまで『讀賣新聞』「身の上相談」では，回答者は記者が担当しており，回答欄には単に「記者」とのみ記載されていた。
2) 「読者のご相談あひ手に「悩める女性へ」欄 新設」『讀賣新聞』1931年6月20日。
3) 「女性相談」には掲載から1年間は1日に平均70から80通の相談の手紙が寄せられていた。しかし，掲載される相談は1日に1件だけであった（東京朝日新聞社 1996：4）。

読むことと書くことは女性を苦しみから救うことにつながると山田が自覚していたからである。第三に，大正期，昭和初期において著名な評論家として活躍する中で，山田が西欧思想に影響を受けていたことにある。山田の生涯を題材にした山崎朋子『あめゆきさんの歌』や，山田の著書を読むと，これらの山田の経験と読むことと書くことへの志向がわかる。

　第一の理由である国と文化を越境した山田の経験についてみていこう。山田は 1879（明治 12）年，神奈川県三浦郡（現横須賀市）に生まれる。1896（明治 29）年頃，山田は横浜[4]で出会った女にだまされて渡米し，その後，シアトルの娼館に売られてしまう。1905（明治 38）年，山田は 26 歳になってようやくサンフランシスコにあるキリスト教長老派教会娼婦救済施設キャメロンハウスへ逃げることができた。その後，山田嘉吉（1865-1934）と出会い，結婚する。1906（明治 39）年，山田夫妻はカリフォルニア大地震を機に帰国し，東京の四ツ谷に移り住む。そこで嘉吉は外国塾を開いた。1913（大正 2）年，塾生で社会運動家の大杉栄（1885-1923）の紹介で，彼女は『青鞜』に原稿を載せる。その後，評論家として活躍していった。このように山田は国境だけでなく，女性としての苦境や社会的立場を越えた女性だったのだ。

　第二の理由である山田の読むことと書くことに関する経験をみていこう。山田は 1886（明治 19）年に久里浜尋常小学校[5]に入学して以来四年間首席であった。しかし，「百姓の女」の進学に否定的な両親によって，山田の高等小学校進学志望は断たれてしまう（山崎 1981：52-56）。そのため，読み書きの能力を確実に獲得することは難しかった[6]。文字から遠ざかっていた山田は，キャメロンハウスで聖書と出会う。

---

[4] 16 歳になった山田は同郡横須賀町に住む 10 歳上の荒木七治良と結婚し，すぐに離婚する。山崎によると結婚の背景には山田の実家の経済的危機があった。七治良は家督相続人ではないものの事業によって小資産を築いていたため，その援助を期待しての結婚であった。しかしながら，かなりの倹約家であった彼は 1，2 年ほどにわたる山田の経済的援助の懇願を拒絶した（山崎 1981：59-64）。そしてすぐに離婚してしまう。実家に戻った山田は家計を支えようと上京を試みた往路で，横浜に立ち寄ったのだ。

[5] この頃，教育令によって尋常小学校の 4 年間は義務教育であった。ただし，1885（明治 18）年の尋常小学校の就学率は 49.6％とまだ低く，女子に限ると 32.1％であった（桑原 2013：86）。すべての少女たちが義務教育を修了できていたわけではなかったのである。

山田は読み仮名を拾いながら聖書を読んだ感動を次のように語っている。聖書を読むことで「目の前にふさがっていた霧が少しずつ晴れ」「夜が明けたような心持」を抱き，初めて「考えること」ができた。また，聖書によって「自分達の手には到底届かない階級にぞく」し，「全く別な世界の人間が親しむもの」であった「文字」に親しむことができた（山田 2000：8-9, 107-108）[7]。聖書によるリテラシーの獲得は山田にとって意義深いものであり，自分を苦しみから助けるものであった。この感動と意義深さを共有するためであろうか，山田はキャメロンハウスで同じ境遇にあった女性たちに読み書きを教え，文字に親しませていたという（山崎 1981：143）。

山田は貪欲にリテラシーを伸ばそうとした。まだまだ未熟な日本語と英語の力を伸ばそうと，彼女はキャメロンハウスから嘉吉が経営する英学塾に通う。嘉吉と出会い，共に生活する中で，リテラシーと知識を獲得していったことについて，山田は次のように述べている。「文明生活に無くてはならぬ文字を，殆んど其の最初から彼は私に教えました。以来約二十年一日の如く彼は私の蒙を啓く事につとめて参りました。もし，彼女の仕事にいくらかでも価値があるならば，それは皆，彼の努力の結果であると私は信じて居ります」（山田 2000：巻頭）。山田が評論家になることを助けたのは，一緒に生活しながら読み書きを叩き込んだ夫の嘉吉だったのだ。

第三の理由である山田の西欧思想による影響についてみていく。山田が『青鞜』に寄稿した翻訳は，南アフリカの作家・思想家オリーブ・シュライナーの『三つの夢』(1913)，社会学者レスター・ウォードの『女子の教育について』(1915)，スウェーデンの社会運動家エレン＝ケイの『児童の世紀』(1915-1916) などだ[8]。特にケイの『恋愛と結婚』(Key 1903) の恋愛至上主義[9]と母

---

6) 1907（明治40）年に義務教育が6年間と延長されてもなお，義務教育のみの者は卒業後のリテラシーの低下が著しかったという（永嶺 1997：19-20；木村 1992：234-235）。
7) ただし，『恋愛の社会的意義』を著したころ，世間に自分が娼館に売られた経験をもつことを山田は公表していなかった。そのため，この本の中ではどこで『聖書』を初めて読んだか，あるいはキャメロンハウスについては触れられていない。
8) そのほかにも山田は，自著の小説，感想，評論を何本か『青鞜』に掲載していた。
9) 例えば，「結婚は恋愛を基礎としなければならないと同時に恋愛は必ず結婚にまで行かなければならない」（山田 2000：15）と恋愛至上主義の主張を繰り返していた。

性主義に影響を受けていった。ウォード，イギリスの性科学者ハブロック・エリスなど母性を強調する思想にも傾倒していった。母性保護論争では，与謝野晶子らが説く女性の経済的自立の重要性を批判して「子どもの養育は国家的な仕事」であると母性の尊重を主張している（山田 1984：152）。西欧思想に影響を受けた山田は，女性が女性としての役割を遂行することで，女性自身が生きやすい社会が実現するという信念をもって多くの評論を発表していく。

　このような信念は山田が担当した「女性相談」欄にも引き継がれていく。この相談欄は山田と読み書きの能力を獲得しはじめた女性たちが共に闘う場であった。つまり，この相談欄は，女性が置かれた境遇に対抗するために，特に読者を縛る決まりやしがらみと自身が抱く希望との間の葛藤を解決するために，山田と読者，あるいは読者同士が共闘関係を築く場であったのである[10]。鶴見俊輔によると，この頃，未婚女性は誰かと恋愛関係になるだけで「キズモノ」扱いを受けていたため，女性は恋愛や結婚の悩みを周囲に軽々しく漏らすことができなかった（鶴見 1956：25）。女性たちは，匿名であるからこそ活字メディアに相談を書いて投稿していたのだ。あるいは匿名の誰かの相談とそれへの回答を読むことでこれらの悩みを解決しようとしていた。

　しかし，女性の生き方を改革するための読者女性たちと山田との共闘の場は，同時に女性を一つの生き方，あるいはカテゴリーの中に埋め込んでしまう場でもあった。今井小の実によると，山田が目指していたのは，「人格形成という女性の使命」が果たされる「家庭」の実現であり，「妻が家政管理者として夫と対等な関係にある家庭」である。しかし，「女性相談」欄の相談にあらわれていたのは，家庭において地位が低い女性たちの姿であり，男尊女卑の慣習のもと，夫への服従が是とされる家庭に生きる女性たちの姿であった。そのため，そこでの山田の返答はこのような男性が支配する文化に「反旗を翻す改革」と

10）ただし，山田は生い立ちや娼婦であった過去を具体的に記して，読者を勇気づけてはいなかった。山崎が指摘しているように嘉吉をはじめ彼女の家族にアメリカでの過去を語ることを止められていたのである。山崎はアメリカでの取材や資料探索を通して山田の過去を知った。山崎は得た事実と山田の著作の内容とを照らし合わせた。そして，山田が評論で抽象的な表現で語っていた文章や，『青鞜』に発表した小説「女郎花」（1914）や「虎さん」（1915）が，山田自身の経験を書いたことに気がついたという（山崎 1981）。

なっていた。しかしながら，山田の回答欄での言説は"母性"を構築してしまい，女性を一つの生き方に押し込めていった（今井 2005：268-269）。

つまり，身の上相談欄は回答者と投稿者を含む読者女性たちが「改革」のための共闘関係を形成する場であると同時に，一個人を，ある集団や属性に位置づけ，カテゴリーにあてはめてしまう共犯関係を形成する場でもあったのである。それではこの共闘関係と共犯関係は，いかにして成立可能だったのか，なぜ成立しえたのかを次節で検討していく。

3　身の上相談欄の境界侵犯性

❖ 3-1　規範に抗うために「私」を書く

身の上相談欄は私語りを文章化したメディアである。この身の上相談欄の文体は現代に生きるわれわれにとっては当たり前の文体である。しかし，大正期頃の人々にとってこの文体は新しい文体であった。なによりもまず，当時，文学者でもない一般の人々が私語りをはじめたことが新しかったといえる。ここでは，女性たちが名前を隠して身の上相談欄に向けて「私」について書くことが，家族や周囲が形成した規範をいかに侵犯する行為だったのか，自分たちの生きる世界を変革するために投稿者と読者が共に闘う関係を築くことをいかに可能にしたのかをみていこう。

女性が私的で秘密にすべき問題を周囲に相談せずに投稿する行為は，当時の規範から距離をとる行為であった。なぜなら，誰にも打ち明けずにメディアに悩みを投稿することは，周囲の人間の意見を聞く機会を自ら失う行為になるからだ。周囲の人間とは親族や友人，それ以外に自分をよく知る近隣住民などである。彼らに相談すると彼らが生きる社会の中で最善の解決策を提示するだろう。彼らの解決策はその社会の中で正しい行為，制度を侵さない行為，つまり規範に従った方法である可能性が高い。匿名で私秘的な問題を投稿することは，このような意味でも規範を侵犯する行為といえる。また，女性が苦境から新しい世界に脱するために悩みを語ることは，勇気のいる行為であった。その悩みが自分の生きる社会の規範をゆるがすものであればあるほど，名乗ることは不可能であった。

第2章　〈私〉を書くことがもたらした境界の揺らぎ　45

　彼女たちの投稿が掲載されると，そこに書かれた問題は私的な範囲を超えて公的な問題となっていく。このように身の上相談欄には「同じような苦境」に立たされた読者のために情報を共有する場という位置づけもあったのだ。さらに，回答者がその投稿に対して新しい価値観を用いて答えることで，投稿者が位置している規範は乗り越えられる。投稿と回答の相互が新聞紙面にて公にされることで，一個人の個別の事情のもとに生じた問題は，社会的にも公的にも解決しなければならない問題に構成しなおされるのだ。

　したがって，身の上相談欄は，女性が抱える悩みが文章化されることによって，この問題を私的な範囲から公的な範囲に置きなおすことを可能にする言説空間なのである。それでは，どのようにして一個人の問題を一般の問題に変換することができたのか。なぜここでのやり取りは読者にとっても規範の侵犯を可能にするのか。これらの問いを明らかにするのは，第一に，身の上相談欄の投稿文に登場する人物たちの表記方法と，私による自己紹介の文面にある。

　山田の担当する「女性相談」の投稿文はすべて匿名で書かれている。問題の主人公は「私」と表記され，「私」が問題を語る。また，自分も含め投稿文の登場人物たちも「私の従弟Ｓ（二六）は」などのようにイニシャルや匿名，もしくは「ある青年」「ある女」「ある男」などで示される。

　この「私」はたいてい「私は本年二十七歳の人妻で御座います。六年前ただいまの家へ縁づきます前にある料亭に女中をして居りました」（東京朝日新聞社 1996：13）といったように，投稿文の冒頭で，簡単な自己紹介をする。投稿者の簡単な自己紹介が記述され，そこで投稿者がいかなる属性であるのか，つまり，どのカテゴリーに投稿者が位置するのかが明記される。

　もちろん，投稿文は新聞や雑誌の記者の手によって編集されている。しかしながら，読者は投稿文を投稿者の私語りとして読む。そして，読者は最初の一文で投稿者の属性を知ることで，投稿者の「社会的輪郭」をぼんやりと思い浮かべることが可能になる。しかも，投稿者のもつ固有性，歩んできた人生，周囲にどのような人々と関係性を結んでいるのかなどの詳細な情報は，紙幅の関係で割愛される。説明があるとしても投稿者や編集者が問題に関係があると判断した情報だけが掲載されるのである。

❖ 3-2　幻想の共同体を可能にした自然主義

　普通の人々が私語りを書くこと，そして，読者が匿名の誰かの私語りに自分を重ねることが可能になった第二の理由として，日本の自然主義文学の影響をあげることができる。

　先述した通り，身の上相談欄の投稿文は登場人物に「私」や三人称を用いた文章で綴られる。つまり，投稿文が私小説のように構成し直されているのである。私小説とは大正期に定着した日本の自然主義文学の特徴である。拙著で明らかにしたように，身の上相談欄を定着させ，その形式の原型を形成したのが『讀賣新聞』である。「身の上相談」が掲載されていた『讀賣新聞』の婦人面の関係者を調べてみると自然主義作家が多く，その影響から身の上相談の文体が私小説の形式になっていったのである（桑原 2017：83-84）。

　日本における自然主義文学は告白文学的性格が色濃い。文学史が明らかにしているようにそのきっかけを作ったのが，中年作家と女弟子の関係を告白した田山花袋の『蒲団』(1907) である。自然主義文学が近代文学の中で新しかったのは，性的な欲望，エゴイズム，嫉妬を含めた作者の内面的な動きを，いつわらずにむき出しに告白する自己暴露の描写方法であった。つまり，現実の人間の真実の姿，経験した事実をありのままに忠実に表すリアリスティックな描写方法を用いたのが自然主義文学だったのだ。このような客観描写と内面描写を用いた小説は，作者の経験した人生や事実が直接再現される「私小説」や「心境小説」と呼ばれる。この描写方法の達成時期は大正期である（和田 1983：372-382；日地谷＝キルシュネライト 1996：97-104）。

　田山は，文章を書く主体が，語り手と登場人物を通して，自己の私的経験をありのままに告白する描写方法を確立したのである。身の上相談欄の投稿文も一人称の視点によって，問題の当事者（主人公）と語り手と書き手が一致して事実と内面が書かれるという自然主義的なレトリックで表現されている。つまり，身の上相談欄は「私」語りの文体を用いているのである。記事の読者は投稿者がどのような私的経験をし，その際どのような心情だったのかを「私」の視点を通して知ることができる。このようにして，「自然主義に傾倒した関係者たちが執筆する「身の上相談」の文体によって，投稿者のありのままの人生が忠実に描写され，読者はそこに表出している投稿者の私的経験に感情移入す

ることができた」（桑原 2017：84）のだ。

　この「私」の視点の共有こそが，活字メディアを通して「同じ問題をもつ私たち」という関係性を形成することを助けたのである。私小説のレトリックを用いた身の上相談の文体は，読者が投稿者の私的経験を共有することで感情移入しやすい文体である。日地谷＝キルシュネライトによると，「私小説の特殊な構造は，読者の，主人公への完璧な同一化」をすることで成立する。しかも読者は，「合理的要素のほとんどを排除して情緒的」に主人公の世界に入り込む（日地谷＝キルシュネライト 1996：115）。この知見を踏まえると，身の上相談欄の文体によって，「読む私」は「書く私」との立場や問題が起こる状況の違いといった不合理を見極めずに，苦境に立たされた「書く私」に感情的な一致をみる。さらに読者は回答文にある問題解決策をも共有する。

　このような「私」語りによる同一化を通じて，投稿者－読者間，いわば読者間の距離が近くなり「同じ問題をもつ私たち」という関係性が形成される。この関係性の中で読者は自分のもつ悩みとその解決策も他の読者に提示して共有されることを求めていく。そして，このような関係性の形成が「私」語りの連鎖を成立させ，幻想の共同体の形成を助けるのである。

　例えば，1920（大正9）年以前には，少女雑誌のペンネームを用いた投稿欄に読者同士のコミュニティが形成された。本田和子はこれを「少女幻想共同体」と呼ぶ[11]。ただし，少女雑誌での共同体は読者同士がペンネームで呼びかけ合うような個々のコミュニケーションであった（本田 2012：135-137）。1922（大正11）年に発刊された雑誌『変態性欲』には読者による匿名の告白が掲載され，その記事は「同性愛に悩む読者を惹きつけ，告白投稿は連鎖的に広がった」という（木村 2015：189）。ただし，身の上相談は，「少女幻想共同体」のように個々の呼びかけ合いによってコミュニケーションをする場ではなく，私語りによって「同じ」問題を共有し合う場であったといえる。

　以上のように自然主義文学から派生した身の上相談の文体によって，読者は

11）今田絵里香によると1930年代になると『少女の友』の読者たちは想像上のコミュニティを脱して，愛読者大会を通じてコミュニティを形成するようになる（今田 2007：150）。このことから読者同士の想像の共同体が現実の共同体になるほどの吸引力，結束力をもっていたことがわかる。

自分が位置する共同体の境界を越えて周囲の規範から脱し，回答者が提示する新しい価値観を知ることが可能になった。また，この文体は読者同士の幻想の共同体を形成し，世界を変えようと結束することを可能にしたのだ。

4　「私」への呼応：名づけと定義づけ

　ここでは，「女性相談」における登場人物の呼称と，山田が彼らに付与する評価やラベルについてみていく。

　まず，「二人の男に求愛されて」と題する相談についてみていこう。簡単に要約しよう。この投稿者である「私」は「十九歳」である。「私」は母によって婚約させられたTと，「信じられる男性」Kとの間で「立ち苦しんで居」るという。Tは「私」に性的関係を強要したうえに，関係を断られた腹いせに行った遊郭で「恐ろしい病気に感染し」たことを，「これが男性の当然だと」開き直るような男だ。「私」は「この男と終生を共にすることは考えるだけで恐ろしい」と嘆いている。一方の「私」とTとの婚約を知ったKは，「どうしても別れるというなら自分はあなたに愛を強要はしない。然し，自分は心の中で永久にあなたを愛している。それをもあなたは抗(こば)むことは出来ないだろう」と手紙に綴る。「Tの執ような愛と，Kの真実の愛の前に非常に迷って居ります。先生，私の行くべき道をお示しくださいませ」と「私」は山田に呼びかけている（東京朝日新聞社 1996：17-18）。

　この相談に対して，回答を書く際，山田は投稿者に対して「あなた」を用い，投稿記事にある登場人物のイニシャルを用いて答える。そして，次のように各登場人物にラベルを貼っていく。

> お迷いになる点は少しもないではありませんか。なぜなら，Tは全然問題にもならない下等な男ではありませんか。結婚前に女性の総てを要求して，それが容れられないから花柳界に求めるなどという，こんな男に人間らしい純粋な愛などはありません。
> こんな男です，妻が産褥に居る間，又は，何か妻の身体に故障がある時に，外に女をこしらえてはいろいろな問題を引き起こすのは。

> そんなものを今の若い婦人は相手などしてはいけません。そういう下等な男を夫に持つ妻の一生の不幸をよくお母さまに説明して，そのTを拒絶しなければならない理由を納得しておもらいなさいませ。Tに比較するならKは高尚な男性です。自分からして三，四年待ってくれといい，ことにあなたの愛を強要しないというのですから。
> こんな分かり切ったことが分からないで，悩み苦しむ若い女性が沢山あることを私はむしろ歯がゆく思っています（東京朝日新聞社 1996：19，下線は筆者による）。

　山田はまず，私に性的関係を強要するTを「全然問題にもならない下等な男」「こんな男に人間らしい純粋な愛などはありません」と評価，定義する。Tは「人間らしさ」から排除された存在になる。また，「こんな男」であるTは「妾」をつくる否定すべき男たちの予備軍だとされ，「今の若い婦人」には相手にされないと位置づけられる。一方のKはというと，「高尚な男性」だと賛美される。「私」については，「沢山」いるとされる「こんな分かり切ったことが分からないで，悩み苦しむ若い女性」の集団の中に位置づけられているのである。

　事例をみてわかるように，山田は「私」やイニシャルで登場する人物たちにラベルを付与することで，人物への評価をし，その人物をあるカテゴリーに位置づけることでさらに一般化した批評をしている。このようなラベリングとカテゴリー化を必須とする批評によって「旧い」慣習は否定され，「新しい」価値観は評価されるのである。

　山田が「私」をカテゴリーの中に位置づけて書くことはどういう意味があるのか。集団カテゴリーは新しい生き方に女性を牽引するための象徴的役割をはたしているといえる。男性の結婚後の不倫や第二の妻を囲う行為は，女性たちを不幸にする「悪しき慣習」なのであり，これまで女性はその慣習を受け入れるしかなかった。しかしながら，山田は回答文で時代が変わり「若い女性」は「こんな下等な男」を選ばなくなったことを告げ，「若い女性たち」の新しい生き方を評価している。既婚男性の不貞に立ち向かう新しい時代の女性たちの結束をうながしているのだ。

しかしながら，同時に，その舌の根の乾かないうちに「若い女性たち」に「こんな分かり切ったことが分からないで，悩み苦しむ若い女性が沢山ある」と告げ，世間知らずの烙印を押す。投稿者自身の批評になるとその投稿者を否定するカテゴリーに置きなおすため，このような「若い女性」の分断，あるいは回答文内での矛盾が生じる。さらに，これらのカテゴリー化は「私」を一般化し，集団の特質を決めつけ，均質な集団を形成することにつながる。

このように，山田は「私」を集団カテゴリーに位置づけるだけでなく，「私」を評価し，ラベルを付与する。このような価値づけにはどのような意味があるのか。山田の回答を分析するとある一つの形式があることがわかる。それは，山田が「私」を新しい規範に向かわせるために，「私」を評価し，さらにラベルを付与するという形式である。例えば，「片思いに苦しむ」という相談記事である。投稿者である「女学生」は「ふとした機会で大学生と知り合って，恋してしまった」が，その大学生に振り向いてもらえずに片想いに苦しみ学校にも行けず，何も手につかない，いっそ死んでしまいたいと相談している（東京朝日新聞社 1996：57）。この相談に対して「ますます嫌われる」と題して山田は次のように回答する。

> あなたは今恋愛病にかかっています。病的なその態度で居ては到底その大学生に愛されるようにはならないでしょう。冷静な態度に立ち帰って，学生は学生らしくその本分に精進なさいませ。
> 人間のもっとも貴い姿はそれぞれの本分に忠実であろうとする態度を持した時です。そして，この貴い態度のうちにほのかに包まれた恋情こそ異性にとっては真じゅ（ママ）のように輝かしい，そして望ましいものですが，［略］もっと高尚な態度をとらなければありません（ママ）（東京朝日新聞社 1996：58，下線は筆者による）。

先の事例でもあったように，山田は「あなたは今恋愛病にかかっています」というように「あなたは〜」「○○は〜」という表現によって，まず「私」や登場人物を批評する。次に，「人間のもっとも貴い姿は」というように「人間」という言葉に「私」を位置づける。つまり，「□□（「私」の属するカテゴリー）

は〜」という表現を用いて個性をはぎ取りカテゴリーに置きなおすのである。そして，「人間の貴い姿」はそれぞれ自分がやらなければならないことを忠実にしようとする態度だと，その態度をもった人の「恋情こそ異性にとっては真じゅのように輝かしい」とし，この集団カテゴリーのあるべき姿を記述する。そして，ここでの記述は，その集団カテゴリーに位置づけられた投稿者だけでなく，読者にとっても求められる行為，あるべき姿の提示となる。

　山田は片思いに悩む女学生に「人間」としての「貴さ」を示しながら励まし，その「人間」のあるべき姿を根拠に，女学生として「学びなさい」と諭す。明治期に山田は女性というだけで教育の対象から外された。つまり，国家をつくる「人間」から排除されていた。その山田にとって「人間」らしく恋にうつつを抜かさずに女学生が「学生」として生きていくことに意義を見出している。そして，より「高尚」な生き方をするよう示唆しているのである。しかし，この返答は同時に，女性にも正しく理想的な「人間」になるように諭し，投稿者の女学生を一つの型に押し込めてもいる。

　このように，山田は自分の主張の論拠を示す際，もしくは投稿者や登場人物を評価し，批判する際に，カテゴリー化や定義づけを行っていた。これらの事例のほかにも「四つ違いの結婚はよくない」という迷信のせいで結婚が破談になりそうなことに悩む女性に対して，山田はこのような迷信を信じる人々を「愚まいな国民」（ママ）と名指し，「迷信のために一生の幸福を取り逃さないよう」と答えている（東京朝日新聞社 1996：32-33）。また女中を妊娠させてしまった夫に悩む女性への返答では，その夫を「大体において頭が腐ってしまっている男」と記したり，婿養子先の家族（妻も含め）の「放らつ」（ママ）に悩む男性への返答ではその家族を「物質に毒されて人間の道を忘れているそんな下等な人間ども」と記したりしていた。

　このように山田は，世の中では，人間とは，人類とは，愛とは，結婚とは，○○の男は，○○の女性はなどを用いて生き方の型を示していたのである。筆者は，『讀賣新聞』の「身の上相談」において同じような悩みへの回答文を分析したが（桑原 2017），そこでの回答文と比べるとここまでのスティグマ（ネガティブなラベル）を貼るのは山田の特徴であるといえるだろう。

　さらに，山田は投稿者やその周囲の人々に彼らの属性における正しいあり

方を示すために，彼らが置かれた属性がどのように定義されるかを示すために，「本当の○○」「△△というものは」などの言葉を使う．例えば，「本当に愛すということは，良い部分も悪い部分も皆ひっくるめて抱え込んでくれることです」「男の方というものは概して単純なものです」「本当の意味の夫婦というものは，［略］やはり，精神的のものだと私は考えるのです」といった回答である（東京朝日新聞社 1996：98, 101, 129）．

以上でみてきたように，繰り返しになるが，山田が主語や登場人物を別のカテゴリーに置き換えて書くことは，匿名な一個人をステレオタイプ化し，社会の構成員に位置づける行為だといえる．さらに，山田のアドバイスは，一般世論，世間の常識を語っていると読者に印象づけることで，私語りの中の主体をその常識の範疇で包摂／排除により分ける役割をはたしていたのである．

5　おわりに：山田と読者の共闘・共犯関係

本章では「女性相談」において山田と女性たちの共闘関係と共犯関係がどのように形成されてきたのかをみてきた．投稿者は悩みを投稿することで自分が住む社会の境界を侵犯していた．彼女たちは自分が属するコミュニティの規範と個人の希望との葛藤の対処方法や生き方を，そのコミュニティではなくメディアに問うていた．悩みの掲載によって，個人の問題は一般の問題におきなおされる．例えば，〈山中村の鈴木明子〉の恋愛問題は一個人の問題ではなくなる．そして，恋愛についての一般的な問題となり，一個人である女性の人生を超えて世間一般の女性の人生のために共有すべき問題に位置づけられる．読者は感情の一致を優先させることで，個別事情の不一致にフタをしてそこに掲載される問題を共有する．このようにして，活字メディアを通して同じ問題を共有する，共に抱える問題を共に闘う共同体を形成し，新しい境界を形成していたといえる．

そのためには，掲載された投稿者の文章が経験を吐露する文体であるとともに，「私」という一人称と匿名な主体が書かれる必要があった．私語りは読者と「私」の問題を共有させ，山田に「私」や登場人物をカテゴライズして書き換えることを可能にさせた．「女性相談」へ向けて投稿文を書くこと，回答文

を書くこと，書かれたものを読むことは，旧規範を乗り越えることを可能にし，新しい生き方ができる女性集団（ときには男性も）の連帯感と一体感を形成することを助けた。しかし，このようなカテゴライズと定義づけは，同時に新しい規範，特にジェンダー規範を形成することと表裏一体であった。つまり，「女性相談」において投稿者が私語りを書くことと，山田がその回答を書くことは，問題を抱える女性とその周囲の人々から固有性を奪う行為でもあったのだ。

それでは，回答欄を書く際に，山田はなぜ投稿欄の主体と登場人物たちを評価し，解釈し，カテゴリーの中に配置しなおしたのか。それは女性読者が読み書きによって旧規範を侵犯し，新しい生き方を模索することを助けるためである。山田にとって重要なことは，投稿者女性だけでなく読者が，投稿者と同じような境遇に置かれていることを意識すること，読者が新しい生き方を歩む先を方向づけることであった。この山田の姿勢の背景には山田の読み書きにかかわる経験があった。読むことと書くことによって山田は，女性を虐げる世界から女性を新しい生き方に導く世界へと越境することができた。さらに，読み書きは山田がその世界を進むための舵でもあった。つまり，この章でみてきた山田による回答における名づけの政治は，当時，生き難さを被っていた女性読者共同体のために執り行われていたといえる。

本章はカテゴリーを用いた共闘関係がステレオタイプ化をもたらす共犯関係でもあったことを指摘してきた。しかしながら，このような共闘・共犯関係を指摘することは，生き難さを被った人々，何かを変えようとする人々，問題に立ち向かう人々の存在を無視することにもつながる。何かを変えるために個人を一つのカテゴリーに位置づけ，あるいは個人がそのカテゴリーを名乗りながら，その集団が被る問題を克服しようとすることは重要なことである。つまり，同じ問題を抱えた弱者に位置づけられる人々が，あるカテゴリーのもとに結集して変化のために共闘することは非常に重要なことである。

しかも，インターネット，SNSの時代となった現在，匿名の語り，匿名間，あるいは匿名の者と識者による相談と回答のやり取り，カテゴリー化やスティグマの貼り合いはデジタルな文面の中に数多あふれている。このような時代にカテゴライズの政治性を乗り越えながら，安易に誰かの問題を自分の問題に置き換えずに，個性をもった自分と個性をもった誰かが安易に同じだと一括りに

されないようにしながら，結集し問題に立ち向かう新しい姿勢を形成することは，またそのカテゴリーが不一致でも問題に立ち向かう姿勢を模索していくことは可能なのだろうか。それは同じ問題を共有していない人々同士の結束の可能性を模索することにもなるのではないだろうか。

本章はこの姿勢を形成する術を提示したわけではない。しかし，カテゴライズの政治性の仕組み，力の動きを身の上相談で検証した本章は，マスメディアにおいて読み，書く行為が共闘関係の形成につながりながらも，共犯関係の形成に陥らないためのヒントを提示できたのではないだろうか。

●引用・参考文献

今井小の実（2005）．『社会福祉思想としての母性保護論争—"差異"をめぐる運動史』ドメス出版
今田絵里香（2007）．『「少女」の社会史』勁草書房
木村朗子（2015）．「クィアの日本文学史—女性同性愛の文学を考える」三成美保［編著］『同性愛をめぐる歴史と法—尊厳としてのセクシュアリティ』明石書店，pp.184-211.
木村涼子（1992）．「婦人雑誌の情報空間と女性大衆読者層の成立—近代日本における主婦役割の形成との関連で」『思想』812, 231-252.
木村涼子（2010）．『「主婦」の誕生—婦人雑誌と女性たちの近代』吉川弘文館
桑原桃音（2006）．「『新しい女』の恋愛結婚観にみるジェンダー形成—1910年代から1920年代の論争言説に焦点をあてて」『龍谷大学大学院研究紀要 社会学・社会福祉学』13, 17-36.
桑原桃音（2013）．「大正期における近代的結婚観の受容層—『讀賣新聞』「身の上相談」欄の結婚問題相談者の分析」『ソシオロジ』58, 71-88.
桑原桃音（2017）．『大正期の結婚相談—家と恋愛にゆらぐ人びと』晃洋書房
鶴見俊輔（1956）．「身上相談について」思想の科学研究会［編］『身上相談』河出書房，pp.6-51.
東京朝日新聞社［編著］山崎朋子［監修］（1996）．『女性相談』大空社
永嶺重敏（1997）．『雑誌と読者の近代』日本エディタースクール出版部
日地谷＝キルシュネライト, I.（1996）．「自然主義から私小説へ」久保田淳・栗坪良樹・野山嘉正・日野龍夫・藤井貞和［編］『岩波講座日本文学史—二〇世紀の文学』岩波書店，pp.93-118.
本田和子（2012）．『女学生の系譜—彩色される明治 増補版』青弓社
牟田和恵（1996）．『戦略としての家族—近代日本の国民国家形成と女性』新曜社
山崎朋子（1981）．『あめゆきさんの歌—山田わかの数奇なる生涯』文藝春秋
山田わか（1984）．「母性保護問題—与謝野氏と平塚氏の所論に就いて」香内信子［編］『資

料母性保護論争』ドメス出版,pp.147-160.
山田わか／原ひろ子［監修］高良留美子・岩見照代［編］（2000）.『恋愛の社会的意義』（女性のみた近代 第1巻）ゆまに書房
和田謹吾（1983）.『自然主義文学 増補版』文泉堂出版
Key, E. K. S. (1903). *Kärleken och äktenskapet: livslinjer.*（ケイ, E.／小野寺信・小野寺百合子［訳］（1973）.『恋愛と結婚 上・下』岩波書店）

第3章
植民地朝鮮における妓生の社会的位置と自己変革
妓生雑誌『長恨』を中心に

井上和枝

1 はじめに

　朝鮮の近代化は，同時に日本による植民地化でもあったが，それは朝鮮の女性たちの生を強く規定していった。当時の朝鮮女性の中で，新しい近代教育を受けた存在として，新女性が登場し，良くも悪くも社会的に大きな注目を受けたが，その対極に，前近代から歌舞の訓練や一定の読み書きの教育を受け，宮中進宴にも参加し職業女性として存在していた妓生がいた。大韓帝国末期から1920年代にかけて，両者は当時のジャーナリズムの中で，頻繁に多様な形態で取り上げられた。しかし，彼女たちに向けられる視線は対極的であった。新女性に対しては，批判とあこがれ・国民の母としての期待が混在したまなざしであり，妓生に対しては，蔑視と玩弄物視が中心になり，加えて慰安の対象・商品という意識が交じっていた。社会からの認識には懸隔があったが，新女性同様明確な社会意識をもち，独立運動にも参加し，社会活動でも存在観を示す妓生もいた。その意味で，妓生は「新女性」とともに，近代朝鮮のジェンダー史を語るとき，無視できない存在である。

　本章では，近代化・植民地化という朝鮮女性たちの未曾有の体験の中で，妓生たちが社会的環境の変化とどう向き合い，自己の現実を認識し，自己変革を試みたのか，彼女たち自らが1927年に刊行した雑誌『長恨』を中心に検討する。まず，『長恨』が世に出た背景を知るために，近代以降の妓生の置かれた社会的位置を大韓帝国および植民地政治権力の政策変化と近代思想の受容の両面から歴史的に跡づける。次に雑誌『長恨』の発行事情と雑誌の概要を明らか

にしたうえで，妓生たちが書いた文章内容を詳細に分析する。最後に，『長恨』刊行の意味を考察するが，当事者たる妓生にとっての意味だけでなく，新女性ならいざ知らず，妓生が文章を書き，しかも雑誌を刊行するという境界侵犯的活動に対する社会的反応も含めて考えたい。

　ところで，妓生はその歴史的由来と技芸によって，売春を主とする娼妓たちとは一線を画す存在と自ら認じながら，社会的には，セクシュアリティの面で曖昧な存在とも考えられた。妓生に関する文献を渉猟して『朝鮮解語花史』（1927年）を書いた李能和は，同書の最後に「遊女の総称」である「蝎甫（カルボ）」の種類として，妓女（一牌，歌舞をもって女楽に用いる）・殷勤者（二牌，隠密の売春女）・搭仰謀利（三牌，売娼の遊女）・花娘遊女・女社堂牌（遊行して売娼）・色酒家（酌婦）と分類している。「妓女」（妓生）を「遊女」の筆頭に置く李能和の分類からもそうした曖昧模糊とした存在様態が垣間見える。

　近代妓生に関する研究は，2000年代になって，急激に一つのジャンルとして成立したといっても過言ではない。ジェンダー史研究の盛行が背景にあり，「新女性」研究に続いて妓生研究がブームになっていった感がある。それらの研究テーマは，総督府の公娼制導入と関連して妓生の組織である組合や券番の成立と展開，伝統的歌唱や舞踊の専門家としての公演活動の実態と歴史的意味，妓生に対する視線の変化や社会的地位，植民地期の観光資源としての妓生，妓生の服飾，妓生の作った雑誌『長恨』の紹介や分析がほとんどを占めている。

　本論と関係する『長恨』に関する研究は，書誌的研究ではシンヒョンギュ（2010）「妓生雑誌『長恨』書誌考察」があり，現存する1号・2号の目次，表紙に表されている雑誌の性格，雑誌の価値などについて紹介している。チョンヘヨン（2001）「近代に向かう歪曲された視線—『長恨』研究」は，2号の存在がまだ知られていない時点で，1号のみを対象にして検討された。『長恨』には，妓生という存在は近づきつつある近代的世界では消滅しなければならないものという明確な認識があることを指摘し，社会啓蒙的態度を主張しながらも妓生制度を擁護するほかなかった『長恨』の二律背反性に，1920年代の朝鮮の過渡期的状況が代弁されているとみている。1号の分析としては大変重要な視点を提供しているが，2号の分析がないため，『長恨』全体の分析としては不十分に終わっている。

第 3 章　植民地朝鮮における妓生の社会的位置と自己変革　59

　雑誌『長恨』を本格的に分析したのは，徐智瑛（2006）「植民地時代妓生研究（3）―妓生雑誌『長恨』を中心に」である。1号・2号の詳細な書誌的分析を通して，『長恨』の性格を論じ，妓生に対する通俗的好奇心から興味本位の桃色雑誌とみた当時の評価とまったく異なり，「妓生たちの冷静な自己認識と強力な社会批判の声で満ちている」と評している。そして近代一夫一妻制の周辺に位置し，近代家族規範と「賢母良妻」の価値をおびやかす存在であった妓生たちが自身の存在そのものの矛盾を直視し，植民地空間における階級的・性的他者としての自己確認を表現したと位置づけようとする。大変示唆に満ちた論考である。
　雑誌『長恨』は，延世大学図書館に1号・2号とも所蔵されており，それが『近代妓生の文化と芸術Ⅰ』（ソンジョンフンほか 2009）に文章のみ収録されたが，写真や広告などは載せられていない。

2　大韓帝国期～植民地期における妓生の社会的位置

◈ 2-1　近代化と妓生の地位をめぐる状況変化

　妓生の歴史的由来は，新羅時代にさかのぼるとされるが（李 1927：1-2葉），最も史料が残っている朝鮮時代の妓生は，身分としては奴婢階級に属しながら，国に慶事があるとき，宮中儀礼の中で女楽を担当する存在であった。儒教国家としての理念から女楽に反対する議論がたびたび起き，幾たびかの制度的変遷を経て，内医院および恵民署（内医院は王の医薬，恵民署は医薬や百姓の治療を担当する役所）に所属の医女，尚衣院（王の衣服・宮中の財貨・宝物を管理する役所）所属の針線婢に妓業を兼ねさせていた。前者が，官妓としての薬房妓生，後者が尚房妓生である。しかし，官妓の人数は限られているので，宮中の進宴にあたっては地方から選上妓生を上京させた。地方から選上の妓を選んできて衣食住を提供し家で養ったのが妓夫であった。妓夫になることを許されたのが，各殿別監・補盗軍官・宮家庁直・武士という下級官吏であり，「四処外入匠」と呼ばれた。官妓を設立した当初は妓夫を禁止したが，朝鮮中期頃には公認された（李 1927：138-240葉）。近代になって，上から妓夫をなくそうとする動きが出てくるが，妓生が妓夫に従属し，技芸とセクシュアリティが未分化であった状態を，技芸中心に移行させるためでもあった。

1894年甲午改革により身分制度が廃止されると妓生たちも賤民の身分からは解放されたが、王室の進宴にはソウルの京妓とともに平壌や晋州などから上京した郷妓を参加させたり[1]、官妓志望者を預妓として募集したりし伝統芸能の保持者としての妓生は保存する方向をとった[2]。

しかし1905年統監府[3]の設置とともに官制も改編され、1907年頃から官妓の解体が徐々に進行していく[4]。1908年3月には宮内府所管であった妓生100名の中から、30名を選んで掌礼院掌楽課[5]に所属させ、歌舞を教授し、給料を支給することになった[6]。しかし、掌楽課移管半年後の1908年9月、掌礼院が管轄する官・私妓女らを警視庁に移管し、以後妓夫はなくし、妓女に自由営業をさせることが決まった[7]。官妓制度の完全な廃止といえる。続いて、警視庁令第5号「妓生団束令」が、「娼妓団束令」と同時に出された。両団束令に関しては後述するが、これは、日本の朝鮮進出と同時に開始された居留地における公娼制導入の動きに連動して起きたものであり、近代における妓生の社会的地位の転落を引き起こすきっかけともなった。

❖ 2-2　近代思潮の受容と妓生への視線の変化

朝鮮の近代的改革の中で、前述のような官妓に対する政策だけでなく、新しい近代思潮の受容も妓生の社会的位置に大きな影響を与えた。

19世紀末以来、朝鮮に近代国家を樹立しようとする男性たちは、欧米の社会や家族に関する新しい思想も受け入れ、従来の儒教的規範に基づく家父長的家族制度や男女差別を批判し、国民の半分であり、次代の母となる女性に対して一定の権利と平等を与えることを主張した。例えば兪吉濬は『西遊見聞』

---

1)『皇城新聞』光武6 (1902) 年4月26日。
2)『皇城新聞』光武6 (1902) 年8月25日。
3) 1905年、日本の保護国とされた大韓帝国の内政を取り仕切るために作った機関。
4) 1907年11月には、宮内府所管の尚房・薬房妓生を新官制からなくすので、外国の青楼の例にならって会社を組織し、一般妓生を募集して妓夫は一斉に廃止するという報道がされている (『大韓毎日申報』1907年11月22日)。
5) 1895年の官制改革で宮内府の下に作られた宮中の典礼や祭享・朝儀・陵園などを司る掌礼院に属し、音楽を担当する機関。
6)『大韓毎日申報』1908年3月18日、同21日。
7)『皇城新聞』隆熙2 (1908) 年9月16日。

第3章　植民地朝鮮における妓生の社会的位置と自己変革　　61

（1895年）で，教育機会の男女均等・早婚の禁止・一夫一妻制の確立・畜妾禁止・女性の再婚の自由などを主張し，『独立新聞』・『帝国新聞』・『皇城新聞』などの近代メディアにおいても同様の考えが繰り返し主張された[8]。「一夫一妻制の確立」・「畜妾禁止」が唱えられる時，その対極にクローズアップされたのが妓生であった。

　教育機会の男女均等は，文明化された国家や民族にふさわしい妻・母を育成するために唱えられたものであり，その教育によって朝鮮に「新女性」が登場する。近代朝鮮において，伝統的な家父長制家族の対極に描かれたのが，「新女性」と知識層男性との自由結婚によって形成される「新家庭」であった。「新家庭」は，一夫一妻制による平等な関係に基づく夫婦中心の小家族，デモクラティックな雰囲気や家族の団欒，子どもの尊重のような欧米をモデルとする新しい家族像であった（井上2013：第4章）。「新家庭」に象徴される近代家族を確立しようとする時，妓生は家父長制家族の寄生虫であり，前代の悪しき残滓と見なされた。

　『長恨』の刊行より時期が若干後になるが，雑誌『東光』（1931）で[9]，「性に関する問題の討論（其の2），理想的家庭制，妓生撤廃」というテーマで特集を組み，「妓生制度撤廃の可否とその理由」を識者に尋ねた。「理想的家庭」と妓生を対にしてアンケートを取ること自体に，両者の関係を対立物とみる視点が内在している。回答者14名の中で，2名は明確な返答をしなかったが，残りは撤廃すべきだと答えている。『長恨』が刊行された同時期の対妓生意識をよく反映していると考えられる。

　朝鮮の近代化過程で導入された社会衛生思想も妓生に対する社会的視線が厳しくなっていくもう一つの大きな理由であった。例えば，劉秉珌は「国民が健康であれば国が強くなるので，士農工商を問わず皆精力が充実し，体に疾患がないようにしなければならない」が，現今，漢城（現在のソウル市）内外や各

8）3紙とも大韓帝国期に発行された新聞。『独立新聞』は徐載弼により1896年4月，3面までハングル，4面英文の週刊紙として発行された最初の民間新聞。『帝国新聞』は1898年8月ハングルのみを使用し一般民衆を対象として，『皇城新聞』は1898年9月漢字解読層の知識人を対象として刊行された。ともに民族主義的傾向の強い新聞。
9）『東光』は，1926年5月に朱耀翰を編集発行人として刊行された民族主義的傾向の総合月刊誌。

大都会の開港場などで淫乱の風が盛んになり，金持ちや庶民の蕩児が歌舞の場に通い酒色の世界を渉猟して，朝は花を夜は月を愛でる絃管に迷い，その結果，家産は傾き，身が損なわれるのみか，その病毒は子孫に先天性遺伝を引き起こし一族を滅亡に至らせると主張する。その病毒の所持者として，「ちかごろの漢城で言えば，売淫の類いは種類がひとつではない。いわゆる官妓芸妓の他に三牌・陰裙〔訳注：売春婦〕の属が日ごとに増えて，各坊各洞に居ないところはない」と，官妓すなわち妓生を売淫の筆頭者として挙げている（劉1907）。

　優れた芸術を生み出し，宮中の宴会に参加して花を添える存在であった妓生は，制度的な保護がなくなると同時に，セクシュアリティの面が強調されて，「風紀衛生の有毒物・家庭の破壊・貞操の廉売」（李仁[10] 1931）という負の象徴として社会的に可視化された。『長恨』が刊行された時期，妓生は近代朝鮮の変化の中で消滅を期待される存在となっていた。

　そうした妓生の社会的位置の変化の中で，実際に地域の人々との対立や地域からの追放運動も起きた。例えば，1923年6月，京城（今のソウル，以下史料の関係上，京城を使う）精進洞では，隣り合う妓生の家と学生下宿の住民との間で，妓生の歌舞の騒音問題から発した諍いが衝突に拡大し，30余人の学生たちが妓生の家の者にけがを負わせた[11]。また，妓生の出身地として名高い平壌では，1923年7月，各青年団体代表30余名が妓生と崇神人（ムーダン）をなくすため[12]，キリスト教会館に集まって決議した。妓生に対しては「1. 妓生組合は市外の他の場所に即時移転すること，2. 妓生の家は一定の区域を定め，1年以内に移転すること，3. 以上の条文を実現するまで市街では長鼓をたたき歌をうたうことは絶対に禁ずること」を要求している[13]。これは平壌の世論にも影響を与え，「妓生は風紀を乱し青年を誘惑，堕落させる弊害が少なくないことは一般が認定する事実で，各青年団では何よりも平壌でこれを先ず掃討する必要が

---

10) 弁護士。
11) 『東亜日報』1923年6月6日。「学生が連合して妓生駆逐　30余名の学生が妓生一族を乱打」。
12) ムーダンは舞によって無我の境地に達し神と接し神託を行う霊媒者。近代になって，民衆が科学的な医術でなく，迷信的なムーダンに大金をかけることを止めさせようとする動きが高まった。
13) 『東亜日報』1923年7月19日。「妓生の居住制限と崇神人組合の解散を交渉，平壌青年の風紀粛正運動」。

あると議論紛々たる中，平壌警察署では一般妓生の取締を厳重にする方針を取り」密売淫で拘留した[14]。

❖ 2-3　植民地権力の妓生政策

　大韓帝国期，開港場に日本人娼妓が増加する趨勢の中で，貸座敷業と芸娼妓に関する規則が定められ，「営業鑑札」を与え，娼妓には梅毒検査を義務づけるなどの日本国内の公娼制に準じた取締りが実施された（山下 2008：58-60）。1902 年に釜山に生じた遊郭は瞬く間に日本人居留民の多い地域に拡大し，その対策が必要になったため 1904 年 10 月 10 日付「領事館令（在京城領事館令）」第 3 号「料理店取締規則」・第 4 号「芸妓取締規則」・第 5 号「第二種料理店抱芸妓健康診断施行規則」を定め，領事館指定地域でのみ営業できる第 2 種料理店だけに抱芸妓の寄宿を許し，彼女らを売春婦と規定して取締りの対象とした。「高宗甲午（1894）以来大変増えた」（李 1927：140 葉）[15]といわれる妓生および朝鮮人娼妓に対する統監府・総督府の政策は，孫禎睦や宋連玉・山下英愛などの先行研究でも指摘されているように基本的にこの日本の芸娼妓政策を適用したものである。

　大韓帝国末期，1898 年 8 月警務庁では妓生（一牌）と二牌以下を区別し「いわゆる娼女として二牌や三牌や蝎甫という身分は警務庁で全部捉まえて懲らしめ営業廃止にさせる。ただ，妓生はそのままにする」という措置を下した。妓生は売春から切り離し，それ以外は売春婦と見なして取り締まり，一掃しようとする政策であった[16]。しかし，それはやがて，売春婦を公認して日本人居留地の娼妓政策（公娼制度）に準ずる方向に転換された。

　売春を専業とする娼妓が公式化されるとともに統制が行われるようになったのは 1904 年と考えられる。同年 5 月頃，申泰休警務使のときに，警務庁は各所で売春をしているいわゆる三牌（娼妓）たちを京城南部薫陶坊詩谷（詩洞）に強制的に移住させようとした。最初は三牌たちが従わなかったので，40 日

---

14) 『東亜日報』1923 年 8 月 31 日。「平壌のキーセン取締　掃討する必要があると世論が動く」。
15) なお，李能和は妓生（妓女）を遊女すなわち蝎甫の筆頭に挙げている。
16) 『独立新聞』1898 年 8 月 15 日。

以内という日限を超えた後は，詩谷以外での売春を禁じて，最終的に 280 余名を集めて「賞花室」という表札をかけさせた[17]。その後も売春婦の調査と詩谷への集住を推し進め[18]，日本の遊郭に類似した地域を作り，徴税と性病検査を軸とする統制に乗り出した[19]。

大韓帝国末期に公娼化に転換された娼妓政策は，統監府・総督府によってさらに統制が強化されていく。妓生に対する政策は，これらの娼妓統制と軌を一に進められた関係上，ともに検討する必要がある。娼妓統制の核をなす，朝鮮人売春婦に対する性病検査は統監府設置の直後から推進された。性売買の増加による梅毒の蔓延を憂える声は，朝鮮人内部からも出ており（山下 2008），また国家衛生の見地からも重視された。朝鮮人女性に対する最も早い性病検査は，1906 年 1 月 26 日に実施されたことが確認できる。平壌城内の酒家に通達して，「同地の娼妓いわゆる蝎甫」を対象に行った。31 名が受検し，うち 12 名が罹患していたという。

京城においては，1906 年 2 月初め，はじめて警務庁から 5 署内の売淫婦を集めて性病の有無を検査した。『帝国新聞』では「妓生とタバンモリを呼んで」と表現する一方[20]，『大韓毎日申報』では「売淫婦」となっており[21]，実施日と人数にも若干の違いがある。『帝国新聞』によると，「賞花室」が位置する南署では，秘かに売春する女性 56 人，「賞花室」と表札を掲げて売春する者 45 人，中署では 26 人，東署 2 人，西署 47 人が対象となった。賞花室居住者が約 26% であることから，当局の売春婦集住政策は十分な効果をあげていなかったことがわかる。後には月 1 回の検査から漏れることを防止し，検査に便利なように中署でも承文洞に集住させた[22]。

京城における最初の性病検査は，大きな衝撃として報じられた。日本人医師が衆人環視の中で検査をし，禽獣のような扱いをしたことに対し，「仰天失色

---

17) 『大韓毎日申報』1904 年 6 月 12 日。「賞花室」は日本の遊郭にあたる。
18) 『皇城新聞』1905 年 6 月 3 日。
19) 徴税に関しては，『帝国新聞』1905 年 6 月 6 日。
20) 『帝国新聞』1906 年 2 月 8 日。
21) 『大韓毎日申報』1906 年 2 月 9 日。なお，性病検査実施に対して，「人民保健上の一大美政」と評価しながら，男子を不問にしていることを批判している。
22) 『皇城新聞』1907 年 3 月 6 日。

して泣く者も多かった」ことや[23],詩洞各所の賞花室は憤激のためか治検査療のためか門を閉ざしたことなどが報じられている[24]。『大韓毎日申報』では,「検黴無用」の題目で,その非人間的扱いを非難し,女性のみ病気の有無を調べる不合理さ,詩洞では罹患の有無にかかわらずその後も以前通り接客していて効果がない点を挙げて,この検査の無効を論じている[25]。しかし,検査は毎月実施されるようになり,非人間的扱いを避けるため詩洞では民間検診所を設置するなどして対抗した。

　当局は,妓生と賞花室売春婦を区別していたにもかかわらず,性病検査は妓生にも適用されることになった。1906年4月26日には城内の妓生と賞花室売春婦を一斉に広済院に招致して病気の有無の検査を開始した[26]。6月下旬にも健康診断を行ったが,受診した34名中1名が罹患していた[27]。妓生も含めた検査はこの後もほぼ定期的に実施されていく。当局は「妓生」と「三牌」他という名称上の区別を置き,その違いを堅持しながらも,一方,性病検査については同一に実施するという二面性をもっていた。「国民的衛生」観念から売春婦の取締りをするという「近代化」は,妓生のセクシュアリティを可視化し,社会的地位の没落の要因となり,それゆえに,妓生たちは自らのアイデンティティ確立のための対応を迫られた。

　統監府の妓生などに対する性病検査は,さらに本格的な妓生・娼妓統制へと進展する。妓生・娼妓を警視庁による認可制にし生殺与奪の権を国家が握る一方,「自主的な」組合を作らせ,「組合規約」によって,すべての関連問題を規制する方向をとった。このような方針の下で,1908年9月25日警視庁令第5号「妓生団束令」と「娼妓団束令」が公布された。内容がほとんど同じ法令でありながら,名称を分けて頒布したのは,当局が「妓生」と「娼妓」をそれぞれ「所謂妓生トハ旧来官妓マタハ妓生ト呼レタルモノヲ総称スル」「所謂娼妓トハ賞花室,蝎甫又ハ色酒家ノ酌婦ヲ総称スル」と区別していたからである[28]。

　警視庁令第5号「妓生団束令」は第1条〜第4条と附則第5条の5項目から

---

23)『帝国新聞』1906年2月8日。
24)『大韓毎日申報』1906年2月11日。
25)『大韓毎日申報』1906年2月16日。
26)『皇城新聞』1906年4月27日。
27)『皇城新聞』1906年6月22日,『大韓毎日申報』1906年6月23日。

なり，主な内容は，妓生として営業する者は父母または親戚の連署した書面を所轄警察官署に申告し認可証を受けること（第1条），妓生は組合を設けて規約を定め警視庁に認可を受けること（第2条），警視庁は風俗を害したり，公安を紊乱する恐れがあると認めるときは妓生営業を禁止・停止することがある（第3条）などである。

また，「妓生組合規約標準」では，毎月1回警視庁指定医師に健康診断を行わせ，伝染病に罹患している者は治療所に収容すること（第7条），花代を1時間80銭に定めること（第8条），妓生稼業の開始と廃止届け出への組合の連署（第10条）などを決めている。「団束令」実施にあたっては，「警視庁訓令第41号」で「妓生及娼妓団束令施行心得」（以下「施行心得」と称す）が各警察署や警察分署に通達され，夫が居る者の営業を認めないこと，妓生および娼妓は満15歳以上でなければ認めないこと，ただし，妓生の雛妓はこの限りではないことなどを定めている[29]。「施行心得」とともに出された通牒では，妓生および娼妓の申請書受付にあたり調査すべきことの中に，妓生には「遊芸師匠の住所氏名」，娼妓の場合は健康診断書が入れられている。

警視庁では，団束令を徹底させるため，10月1日西大門内官人倶楽部に妓生と娼妓を別々に召集して諭告した。妓生88名と妓夫59名，娼妓255名とその妓夫65名が参加したという[30]。諭告の中でも妓生と娼妓は一応，別扱いをし，娼妓に対しては，検梅や有毒者の治療に重点を置いている。「団束令」は法論理上および実際の取り扱い上区別を設けているものの，妓生は娼妓と共に「団束」の対象になったという点で，少なくとも官妓制度があったときは厳然と区分されていた妓生と娼妓との境界があいまいになり，「妓生の娼妓化，娼妓の妓生化」が起こる素地が生じたと考えられる。

その後も妓生や娼妓に対する「規則」は，各道ごとに定められたが，1916年に制定された警務総監部令第1号「宿屋営業取締規則」・同第2号「料理屋飲食店営業取締規則」・同第3号「芸妓酌婦芸妓置屋営業取締規則」・同第4号

28)「妓生及娼妓を西大門内官人倶楽部に召集し諭告する件」，『隆熙二年妓生及娼妓ニ関スル書類綴』警2第471号，隆熙2年10月2日，国家記録院（韓国）蔵。以下1908年の「妓生団束令」関係はこの「書類綴」所収。
29) 1908年10月6日。「施行心得」には娼妓に関してはさらに詳細な規定が書かれている。
30) 前掲注28,「妓生及娼妓を西大門内官人倶楽部に召集し諭告する件」。

「貸座敷娼妓取締規則」によって，朝鮮全域の統一がなされた。妓生は芸妓の範疇に入れられ，まず，営業をしようとする場合は本籍・住所・氏名・生年月日・営業地・芸名を記載した願書と夫や父などの承諾書・抱主がいれば営業および前借金契約書・経歴および芸妓になった理由書・健康診断書を添えて警察署長に許可申請をしなければならなくなった。また，宿屋・料理屋・飲食店への寄寓禁止，宿屋・飲食店での営業禁止，就業中の許可証携帯，芸妓置屋または自宅への客の誘引禁止，1泊以上の旅行や10日以上の休業時の届け出など，非常に詳細な禁止条項や履行条項が決められた。さらに，警察署長は指定する医師または医生の検診を受けさせたり健康診断書の提出を命じることができる条項も含まれた[31]。芸妓に関しては，売春を極力取り締まりながら，その疑いがあれば，健康診断を強制的に行うことができるようになっている。妓生や日本人芸妓も売春予備軍として位置づけたうえでの強制措置である。

❖ 2-4　妓生組合の結成

「自主的」な形をとった組合設立は，1908年6月京城府（現ソウル市）南部薫陶坊詩谷の妓夫韓明完ほか46名からの「京城遊女組合」すなわち娼妓組合の設立の請願に始まる[32]。請願書によると，「三配，蝎甫（ママ），酒幕婦女等売春婦健康診断組合」の認可を求める本組織の土台として，すでに検査の開始当時から組合の原型が作られ，毎月の健康診断を続行してきたという。しかし従来の検診では，診断の結果疾患ありと認められても書類上に書くだけで治療の説諭に終わっていたので，組合規約を改め，事務所内に治療所を設け，組合費によって完治するまで収容し，病毒伝播を防止するという趣旨であった。これは翌7月に認可された。組合員には「仮夫及び酒舗主」がなり，健康診断とその治療に重点を置いた組織であるが，この点がその後の妓生組合と異なる特徴である。

　また，少し遅れて妓生組合の設立も行われたと推定できる。妓生組合の嚆矢は同時期の漢城妓生組合と認識されていたが[33]，明確な資料がないためそ

31）娼妓に課された禁止事項は警察署長の許可無しには指定地域以外へ出ることも禁じられるなどいっそう過酷で，健康診断は定期または臨時に受けることが義務づけられている。
32）「京城遊女組合設立請願書送付の件」1908年7月。日は不明。前掲注28「妓生及娼妓に関する書類綴」。

の成立年月日に関しては，異なる見解が出されている[34]。先に述べたように，1908年3月には宮内府所管であった妓生100名のうち，30名を掌礼院掌楽課に所属させ，歌舞を教授し，給料を支給することにしたので，残りの妓生は民間で自活の道を探さざるをえなくなった。1908年7月初め，宮内府所管の妓生に洋服または半洋服を着るようにさせたという記事から[35]，少なくともこの時点までは官妓としての妓生の存在を確認できる。しかし，1908年9月16日付『大韓毎日申報』では，掌礼院が管轄する官・私妓女などを警視庁に移管し，以後妓夫はすべてなくして，妓女に自由営業をさせることが報じられている[36]。自由営業と妓夫の廃止というこの処置の延長線上に「妓生団束令」が公布され，組合の結成が義務づけられたのである。警視庁から廃止命令を受けた妓夫がそのまま従ったわけではなかった。すぐに妓夫たちは，教芸講習所を設立し妓生を集めて歌舞その他の技芸を教授することを決めた[37]。同時に朴漢英ら30余人は漢城内の妓生営業を組合で行い，風俗を改良することを目的に規則を定めその認可を警視庁に請願した[38]。この二つの動きは妓生の生活を保証する基盤を作ることだけでなく，元妓夫の生活保証が根底にあり，ここに妓生組合（漢城組合）が成立したと考えられる。10年後の『半島時論』（1918年10月号）に掲載された広告「妓生界の先駆漢城券番」によると，「今を隔た

---

33)「今を隔たる17年前戊申に漢城妓生組合（いわゆる有夫妓組合［略］）が嚆矢として創立されその次にこの有夫妓組合に対抗して茶洞組合（いわゆる大正券番［略］）が創立された」とある（一記者 1924）。

34) 徐智瑛（2005）では，1908年6月5日認可の「京城遊女組合」を妓生組合としているが，これは娼妓組合であることが明らかである。イソリ（2009）は1908年10月の『皇城新聞』記事と1909年4月の慈善公演記事から，漢城妓生組合の成立を1908年9月以降～10月としている。またイソニ（2011）では1908年に作られた妓生組合と1912年10月～1913年2月に成立した広橋組合・茶洞組合は異なり，妓生組合にいた妓生が広橋組合・茶洞組合に移ったという。クオンドヒ（2009）では妓生組合所の後続組織として1909年4月以後妓生組合あるいは漢城妓生組合と呼んだという。クオンドヒはさらにそれを修正し，妓生組合所は漢城妓生組合のことであり，1908年11月成立と訂正した（クオンドヒ 2012）。

35)『皇城新聞』1908年7月2日。

36)『皇城新聞』1908年9月15日付は，「警視庁から警官を各妓生の家に派遣し，妓生の名前の下に妓夫の印鑑を押させたが，以後尚房と薬房と掌楽課は無関係になり警視庁が管轄する」と管轄官庁の変更のみを伝えている。

37)『皇城新聞』1908年9月26日。

38)『皇城新聞』1908年10月27日。

る10年前である明治41年(ママ)分に設立した。当時の妓生抱主80余名は各自，金銭を供出し，これによって，家屋一棟を貸し，組合を定め，業務を管理したが，毎年春秋2回妓生演奏が行われると同時に，妓生等の誠意は巨額の寄付となった。これによって，明治43年(ママ)分京城府武橋町92番地の家屋一棟を買い入れた後，ここに移転した。今の券番の位置である」と紹介されている[39]。

妓生組合の設置に対し，11月21日付『皇城新聞』では「所謂妓生組合所（論）」という社説を掲げ，開明と改良の今日の時局にあって，「近日漢城界には風俗を悪化させ産業を損なう悪社会の種類が多いが，［略］一層驚くべき，怪しむべき，慨嘆すべき悪社会が発現したが，所謂妓生組合所である」という批判を展開した。このような悪評に対抗するためか，漢城妓生組合は，翌年1909年4月初め文川郡の飢饉救済の寄付集めに円覚社で慈善演奏会を開催したことを皮切りに，積極的な社会活動と演奏活動を開始した[40]。

有夫妓組合に対抗して，無夫妓たちも組合を設立する。無夫妓組合は1910年1月頃設立された「朝陽倶楽部」[41]が「朝鮮正楽伝習所」に発展し，そこで1912年2月河奎一らが各地方から上京した無夫妓を募集し音楽を教習したところから出発する[42]。この時集まった妓生たちの大部分が平壌妓生であったが，彼女らが1912年7月頃，李真紅（31歳）・金明玉（30歳）らの主導下に無夫妓組合を作った[43]。無夫妓組合は，それまでの妓夫制度がもたらす弊習をなくし妓生の自由営業を目的としたもので，統監府の指導にも合致する方向であった。

参入する者が増えた「無夫妓組合」[44]が名称を茶洞組合と改め，組合規約を定め，当局から認可を受けたのは，1913年2月である。同時期に有夫妓組

---

39) 『半島時論』の1918年10月号は京城特集号ともいえ，「京城の花柳界」と「京城の花柳界と演芸界」も掲載されている。なお，漢城券番は漢城妓生組合が名称変更されたものである。
40) 『皇城新聞』1909年4月8日。なお，この記事では「漢城組合所」となっているが，「漢城組合」と同一の組織と思われる。
41) 『大韓民報』1910年1月20日。
42) 『毎日申報』1912年2月7日。1910年の日韓併合直後，『大韓毎日申報』は「大韓」を取り，総督府機関紙となる。
43) 「名妓栄華史　朝鮮券番」『三千里』1936年6月号。
44) 『毎日申報』1912年7月17日記事に「無夫妓組合か」として「無夫妓の参入するものが日毎に増加していると言う」とある。

合も認可されて広橋組合になった。両組合の目的とするところは，それまでの弊習を改善し，品性を涵養し，営業の発展と，営業者間の親睦を図ることにあり，また花代を一定にし，妓夫は許可せず単独営業することが定められた。その結果，内地芸妓組合と大綱同じ方法で営業することになった[45]。

　茶洞組合は広橋組合と共に高宗誕生祝賀記念宴会に参加したり，団成社（京城にあった劇場）で演奏大会を開催するなど活発な活動を展開した。最初，200名ほどの陣容を擁して，京城の花柳界を独占していたのは広橋組合であったが，だんだん無夫妓組合である茶洞組合員が増加し，90名位になった。その過程で，二つの組合はにらみ合うようになり，広橋組合から料亭に対して，茶洞組合員とは同席しないという申し入れを行うなど軋轢が表面化したこともあった[46]。

　ところが，拡大していた茶洞組合は，朝鮮物産共進会出演の報酬を会計が横領する事件が起こり，妓生たちが落ち着いて技芸の勉強に励めないことなどが影響して収入も落ち込んだ[47]。また茶洞組合は平壌出身妓生が主力とはいえ，大邱など朝鮮南部出身者も多く，演ずる種目にも地方的特色があるため，対立がくすぶっていた。1917年2月に南道（慶尚道・全羅道）出身妓生は独立して韓南妓生組合を作り，同年7月28日妓生鄭琴竹ほか1名が鐘路警察署に出向き，券番設置に関する規則などの説明を受けて，韓南券番として認可された[48]。1918年に出た青柳綱太郎の『朝鮮美人宝鑑』によると，韓南券番所属妓生の出身地は，慶尚道65名，ソウル7名，全羅道5名で（クオンドヒ2009），地域的特性があることが明白である。

　韓南妓生組合から韓南券番への名称変更は，日本式券番制度設置という当局の意向に沿って行われたもので，その後，茶洞組合も大正券番に，漢城組合も漢城券番へと改称させられた。

　大正券番は名称変更前後に経営陣も変わった。この組織では妓生の音楽学習

---

45)　『毎日申報』1913年2月20日。妓夫の問題は広橋組合では簡単に解決できなかったようである。
46)　『毎日申報』1915年4月25日。「珍聞，妓の同盟　有夫妓組合，無夫妓組合ととてつもない大げんか」。
47)　『毎日申報』1915年12月17日。「その後の茶洞組合　妓生の花代も減少」。
48)　『毎日申報』1917年8月2日。しかし，この後も茶洞組合内の地域問題は解決せず，『長恨』刊行の1年前にも三南妓生17名が一斉に韓南券番に移る事件があった。

第3章　植民地朝鮮における妓生の社会的位置と自己変革　71

は朝鮮最初の民間音楽機関「朝鮮正学伝習所」学監であった河奎一が担当したが，経営は設立初期から宋秉畯の経営する高利貸し業大成社が握っており，河が宋派の安淳煥と衝突し辞めることになったときには，長年薫陶を受けた妓生たちも河とともに大正券番を去った。その後，大正券番は，所有者が次々と入れ替わった（一記者 1924）。

韓南組合の独立の後には，平壌出身妓生の一部が独立し，1919 年 12 月頃大同券番を作った[49]。最初 40 名位で出発し，1921 年には 200 名ほどの妓生を擁した時期もあったが，変転を重ねて 1924 年には看板のみになった[50]。

変転極まりない妓生界において，さらに状況を複雑にしたのが，娼妓のたゆみない妓生化への努力とその成功であった。1908 年 6 月に詩谷の三牌たちが妓夫の名前で結成した京城遊女組合は，1909 年 8 月には前述した「娼妓取締令」によって，娼妓自身が組合員として登録する京城娼妓組合となった。「娼妓」が冠されている以上，芸妓としての妓生とはまったく異なる完全な売春婦としての位置づけであった。しかし，彼女たちは冷たい社会的視線を浴び，定期的性病検診が義務化された中で，歌舞の勉強に精進した。例えば，「朝鮮正楽伝習所」に請願し，抱え主の妨害を跳ね返しながら歌舞を学んでいることが報じられたりしている[51]。慈善演奏会をはじめとする演奏会を開催したり[52]，朝鮮総督府で行う共進会にも妓生組合とともに参加するなどして[53] 社会的認知度を高める努力を続けた。最も大きな社会への働きかけは「売淫をしない」という宣言であった[54]。

こうした努力が実を結んで，1916 年 5 月「京城娼妓組合」は「新彰妓生組合」として認可された。娼妓が妓生として認められたことに対し，感想を聞かれた茶洞組合の返答は，「今，茶洞組合妓生と新彰組合が混ざり合って一つの興行に行くかどうかまだ決める暇はありません。しかし，妓生の営業はもちろん官庁の指揮をうけてのことなので，一緒にするかどうかは，官庁の指揮を受けた

---

49)『毎日申報』1919 年 12 月 10 日。
50)『時代日報』1924 年 6 月 9 日。
51)『毎日申報』1912 年 5 月 22 日。
52)『毎日申報』1914 年 5 月 20 日など。
53)『毎日申報』1915 年 8 月 31 日。
54)『毎日申報』1914 年 3 月 13 日。

後にそのまま従ってするしかありません」であり，広橋組合の方は，「突然広橋妓生組合と新彰妓生と一緒に興行するかどうかおたずねになればそれは答えられません。[略] 組合で妓生総会を開き，その総会の決議に従って行います」と，困惑を隠せない様子であった[55]。

なお，新彰組合は1918年1月に京和券番となったが，1923年大正券番を出た河奎一と妓生たちがそれを買収し朝鮮券番と名称を変えた（浪浪公子1936）。その後も妓生組織としての券番は離合集散と生成・消滅を繰り返していき，戦時体制下の1942年9月に営業停止になった。

3　雑誌『長恨』の発行

❖ 3-1　『長恨』の発行者・編集者・執筆者

前節で述べたように，妓生をめぐる社会的環境と視線は，日本の朝鮮進出以後，大きな変転を経た。歌舞芸術家としての面貌より売春と連結されるイメージが強化されたが，その流れに抗するかのように，1927年1月，妓生雑誌『長恨』が創刊された。前年末「送年号」として発行する予定が延びたものである。本雑誌は現在第2号まで確認できるが，もともとは毎月1回刊行することが予定されていたようである。それは表紙の「第1年第1号」という文字，第1号に「支分社広告募集」という囲み記事があって，地方支社と分社の募集を行っていること，第2号の記事「消えていく青春」と「映画小説　セミの歌」が「継続」となっていることなどからわかる。

編集者は第1号の奥付には「編輯兼発行人」として「京城府観水洞14-1」の金宝貝と記されており[56]，「編輯後記」の署名も「宝貝」となっているが，編集実務は小説家で当時『朝鮮文壇』の再刊のため奔走していた崔鶴松（号曙海）が担当した[57]。「朝鮮のゴーリキー」と呼ばれた曙海は，生涯を貧困と流浪の中で過ごし，31歳で夭折した作家である。1901年咸鏡北道城津の貧農の息子として生まれ，幼いとき父が満州に渡ったため，母の手一つで育てられ，小学校をやっと終わったか終わらないかで社会に出なければならなかったが，勉

---

55)『毎日申報』1914年5月21日。

学熱が非常に強く，独学で文学修行を続けた．1918年最初の妻と離婚した後，間島[58]に渡り，短期間独立軍に参加したり，港湾労働者や飲食店の走り使いなどの底辺の生活をした．1923年に間島から帰国し会寧で港湾労働をした後，1924年冬，家族を置いたまま，春園李光洙を頼って京城に上った．後に三番目の妻は母と娘を置いて家出してしまう．曙海は春園の世話で楊州の奉先寺に入ったものの，僧侶とけんかして飛び出した（金 1975；金 2007）．

　春園は1925年2月自身が深く関わっていた方仁根経営の朝鮮文壇社に曙海を紹介した．この頃から曙海は本格的文筆生活を開始したが，住まいは方仁根の自宅兼朝鮮文壇社であった．曙海は朝鮮文壇社の「小使兼文士」として勤め，方仁根の個人的走り使いもしなければならない状況にあった．同時代の小説家金東仁は方仁根と曙海の関係を次のように書いている．方仁根が馴染みの妓生の家に泊まる時は，曙海を仁川に行かせ，そこから朝鮮文壇社すなわち方仁根の自宅に電話をかけさせ，彼の妻である田有徳に「今日は仕事で一緒に来ていて帰れそうもないので，仁川に泊まる」と告げさせた．「方春海（仁根の号）は安心して妓生（多分金山月という妓生と記憶する—原注）を抱いて夜を過ごし，曙海は電話をし終わって引き返して京城の春海のところにもどり，妓生を抱いて寝ているオンドル部屋の下座でエビのように背を丸くして寝る——そのような不遇な歳月を送っていた」（金 1948）．

　曙海と妓生との人脈はそうした曙海の貧困で不遇な生活の産物であり，妓生雑誌『長恨』の編集者として協力する最も大きな理由が，妓生を世間一般の差別感情なしに，自らの同類とみる視線にあったと考えられる．

　曙海は「脱出記」で文名が高まり，1926年2月に最初の創作集『血痕』が

---

56) 金宝貝の詳細については不明であるが，「『長恨』創刊号巻頭言」には，「立場が同じで事情が同じ多くの同志達よ」という呼びかけの言葉があり，妓生ではなかったかと推定される．また金宝貝の住所は『長恨社』の住所と同じ「京城府観水洞14-1」である．社は編輯発行人の自宅に置かれていたと思われる．また，「京城府観水洞14-1」は，『大京城府大観』（朝鮮新聞社 1936）によると，鐘路二丁目にあり，パゴダ公園真ん前，妓生たちの仕事場である料理店「明月館」の鐘路を隔てた斜めにある．
57) その事実は同時代の文士たちによく知られていた．
58) 現在の中国吉林省に位置し，朝鮮に隣接しているため，朝鮮時代末から朝鮮人移住者が多く，植民地期にさらに増大し，1926年には中国人の5倍になった．

刊行され，作家として注目を集めるようになったが，4月に4度目の結婚をした。しかし，6月に経営的に行きづまった『朝鮮文壇』が17号で休刊することになり，方仁根の家も出て，新婚の妻と学生下宿，そして一間と台所の行廊（門の横の部屋）の貸間暮らしを転々としながら（金1977：42），長男白を設けた。この間，曙海は『朝鮮文壇』の再刊を図って模索を続け，編集委員として1926年12月27日に新年号（18号）を出すことができた[59]。

1926年12月に送年号としての発行が予定され[60]，翌年1月に刊行された『長恨』こそ，曙海の1926年から27年にかけての人生と密接に関わって，世に出された雑誌といえる。自分を文人として世に出してくれた雑誌『朝鮮文壇』の再刊のため，苦闘する多忙な生活の中で，『長恨』編集を引き受けたのは，一時の生活難をしのぐ方便でもあったろう。しかし，単なる経済的目的のみでなかったことは，上記した曙海の人生行路を考えるときに理解される。したがって，曙海という妓生の理解者たる編集人がいなければ『長恨』は世に出られなかったといっても過言ではない。

そして，『長恨』編集時における曙海の複雑な事情と多忙さは『長恨』の文章の性格を考える際に重要な情報を与える。つまり，妓生名が執筆者になっている『長恨』の文章や詩などは，実際に妓生によって書かれたものであり，編集段階で大幅に手を入れられていないだろうと推察できる。文字通り妓生自身が書いた文章といってもよいだろう。

『長恨』の記事は表3-1のように，1号51本，2号42本となり，執筆者は延べ人数93人である。しかし，1号の金彩鳳・朴点紅・田蘭紅・鄭錦紅，2号の金梅軒・田蘭紅・尹玉香・金道尋は各号に2本（リジンスンは2号に3本）書いており，1号にも2号にも執筆している妓生が12名なので，実質的な執筆者数は，妓生55人，男性6人，不明6人となる。妓生が執筆者のほとんどを占めている点は明確である。

---

59) しかし，続けて3号出して再び閉刊した。曙海は1927年4月から再び失職してしまい，その後『現代評論』の文芸欄担当記者になり，晩年は『毎日申報』の学芸部長になり，ようやく生活が落ち着いたと思う間もなく，1932年に若くして病死した。
60)「妓生の自覚，月刊雑誌発行」『中外日報』1926年12月7日。

第 3 章　植民地朝鮮における妓生の社会的位置と自己変革　　75

表 3-1　『長恨』の執筆者とジャンル

	筆者	ジャンル									合計
		随想	論説	手記	小説	童話	随想＋詩	詩	翻訳	その他	
1号	妓生	23		4	2	1		5		2	37
	男性	4	2								6
	無署名							1		4	5
	不明		1							2	3
	合計	27	3	4	2	1		6		8	51
2号	妓生	16		2	3		2	10	1	5	39
	男性										
	無署名										
	不明		1		1					1	3
	合計	16	1	2	4		2	10	1	6	42
	総計	43	4	6	6	1	2	16	1	14	93

表 3-2　『長恨』目次

号数	順番	題目	著者	『朝鮮美人宝鑑』(1918年) などでの記載	広告掲載	肖像写真	内容分類
1号	1	巻頭言					5
1号	2	迎春辞	編集人（崔曙海）				2, 5
1号	3	創刊に際して	金月仙	大正券番，平壌出身，19歳。『三千里』8 (6) で「名妓」と称す。			1, 5
1号	4	泣くのも思い切り泣こう	梅軒※			○	2, 6
1号	5	「妓生」稼業は一生の厄運！ 早く抜け出なければならない	金一蓮				1, 4
1号	6	涙ぐましい私の哀話	李月香※	大正券番，大邱出身，14歳	○	○	2, 6
1号	7	産声	金彩鳳	漢城券番，鎮南浦出身，15歳	○	○	5, 6
1号	8	オンドル夜話	金南洙※		○		7
1号	9	歳末所感	尹玉香※	漢南券番，大邱出身，15歳	○	○	4
1号	10	女子の断髪	ㅎㅈㅋ (フズコ)				7
1号	11	外国人が見た朝鮮の妓生（朝鮮的な妓生となれ）	木村一郎				
1号	12	外国人が見た朝鮮の妓生（高尚な品格を持て）	ツイ・ワイ・ボンス				
1号	13	外国人が見た朝鮮の妓生（芸術的妓生となれ）	王大名				
1号	14	愛する友よ	金緑珠※	韓南券番，大邱出身，16歳		○	2, 5, 7
1号	15	長恨を迎えて	裴竹葉	平壌組合，平壌出身，19歳			2, 6
1号	16	雪降る夜	金彩鳳	漢城券番，鎮南浦出身，15歳		○	
1号	17	今から再生しよう	金季鉉※				2, 3, 5
1号	18	波瀾万丈な私の前半生	白紅黄				2, 6
1号	19	世界一の美男子「バレンチノ」の死	ㅍ・ㅠ・ㅌ				
1号	20	女優と妓生	KO生				4

表 3-2 『長恨』目次（つづき）

号 数	順 番	題 目	著 者	『朝鮮美人宝鑑』（1918年）などでの記載	広告掲載	肖像写真	内容分類
1号	21	妓生と断髪	오므브（オムブ）				7
1号	22	笑話集					
1号	23	草露のような人生	全山玉※			○	2, 5
1号	24	釋王寺にて	朴点紅※			○	
1号	25	紙上映画「若い女子の一生 サンデー」					
1号	26	人命在天	金道尋※		○	○	5, 7
1号	27	行ってしまわれたあなたよ	田蘭紅※	大正券番, 平壌出身, 29歳		○	
1号	28	珍奇な離婚裁判	一記者				
1号	29	『長恨』に対して	朴緑珠	漢南券番, パンソリ名唱, 放送出演, 14歳	○	○	5
1号	30	無線電話					
1号	31	妓生という言葉が胸にしみます	박점홍(朴点紅)※			○	2
1号	32	妓生と犠牲	桂山月			○	2
1号	33	世界名作紹介	ツルゲーネフ				
1号	34	昔の悲しみ	鄭錦紅※	漢城券番, 平壌出身, 32歳		○	
1号	35	あなたは行ってしまわれた					
1号	36	目がよく見えるネズミ					
1号	37	妓生稼業をするときは昔の妓生を手本に	田蘭紅※	大正券番, 平壌出身, 29歳		○	5
1号	38	私が望む女性	鄭柳緑				5
1号	39	私がもしお客なら（差別しないようにする）	홍도（ホンド）				6
1号	40	私がもしお客なら（普通の人間として対してくれたら）	一妓生				6
1号	41	私がもしお客なら（同情で対したい）	비취（翡翠）	漢城券番, 朴翡翠か？釜山出身, 19歳			2, 6
1号	42	断髪と自殺	嚴山月	鎮南浦組合, 鎮南浦出身, 19歳		○	7
1号	43	妓生生活の裏面	金蘭紅※			○	2, 6
1号	44	詩調	정금홍（鄭錦紅）※			○	
1号	45	歌劇「デアボロ」の話	緑鶯				
1号	46	月経と婦人	研究生				
1号	47	童話『ノルブ』と『フンブ』	金桂花	光州組合, 光州出身, 16歳		○	
1号	48	唐明皇と楊貴妃	가운（カウン）※				
1号	49	逆境の父から	裵富子※				2
1号	50	婦人と口腔衛生	趙東欣				
1号		「妓生人気」投票					
1号		広告					
1号		編集後記	（金）宝貝				
2号		表紙装幀	清風				
2号	1	消えていく青春	涙史				
2号	2	万紫千紅 妓生も人間らしく生活	金季鉉※				4, 6
2号	3	逝きしあなたに	梅軒※			○	

第 3 章　植民地朝鮮における妓生の社会的位置と自己変革

号数	順番	題目	著者	『朝鮮美人宝鑑』(1918年)などでの記載	広告掲載	肖像写真	内容分類
2号	4	私の生涯に照らして同志諸姉妹に訴える	金緑珠※	韓南券番，大邱出身，16歳		○	3, 5, 6
2号	5	妓生も労働者か？	田蘭紅※	大正券番，平壌出身，29歳		○	4
2号	6	錦心繡腸　夜	田蘭紅※			○	
2号	7	人の一生は苦痛の歴史	孤竹				
2号	8	私は妓生	全山玉※			○	6
2号	9	数奇な身	李錦紅	東萊組合，密陽出身，25歳			2
2号	10	新生活経営に対する我々の自覚と決心	呉虹月				2, 3, 5
2号	11	笑話	리진순(リジンスン)				
2号	12	女子界に曙光たる『長恨』雑誌創刊に対して	桂月軒				2, 3
2号	13	妓生生活の裏面（2）	金蘭紅※			○	2
2号	14	九天に満ちる我々の恨	金南洙※			○	1, 2, 3, 5, 7
2号	15	花柳界に通う全ての男性達にお願い	裴花月			○	2, 7
2号	16	ユスラウメ	金錦紅	漢城券番，平壌出身，23歳		○	
2号	17	遠くにいる母に	朴点紅※			○	2
2号	18	おかしな話し	리진순(リジンスン)				
2号	19	錦心繡腸　惨憺たる未来	金雪玉			○	
2号	20	芸妓の立場と自覚	尹玉香※			○	3, 4
2号	21	錦心繡腸　呪詛を受けたこの体	玉香※			○	
2号	22	感動と親愛	金桂花※			○	2
2号	23	諸姉に	方玉梅				
2号	24	創刊号を読んだ私の印象	金道尋※				
2号	25	精金美玉　月光	金道尋※				
2号	26	愛故の罪悪に	朴錦玉			○	3
2号	27	笑話片々	리진순(リジンスン)				
2号	28	精金美玉　私の悲しみ	申暎月				
2号	29	精金美玉　君よ，来よ	朴瓊花				
2号	30	随想片言	裴富子※				
2号	31	目がよく見えるネズミ	尖口生				
2号	32	唐明皇と楊貴妃（2）	가운（カウン）※				
2号	33	琵琶行	화산인（ファサニン）				
2号	34	映画小説　セミの歌	曲流生（在東京）				
2号	35	貧しい夫妻	金紅蓮				
2号	36	閑窓漫談	碧波				
2号	37	尹心悳の情死	春月				
2号	38	精金美玉　秋の雨	李月香※	大正券番，安東出身，14歳		○	
2号	39	女子の健康と月経	研究生				
2号	40	錦心繡腸　涙がやってくる運命	梅軒※			○	
2号	41	錦心繡腸　泣かないで	玉梅				

注1）※は1・2号執筆，太字は各号に2本以上執筆。
注2）内容分類は表3-3（次頁）を参照。

表 3-3 内容分類

意識方向	番号	内容	1号	2号
対自己	1	なくすべき旧制度の悪としての妓生存在への冷徹な認識と煩悶	3, 5	14
	2	悲惨な体験・悔恨・悲しみ・犠牲意識	2, 4, 6, 14, 15, 17, 18, 23, 31, 32, 41, 43, 49	4, 9, 10, 12, 13, 14, 15, 17, 22
	3	自身の生き方に対する痛烈な自己反省	17	4, 10, 12, 14, 20, 24, 26
	4	人間・芸術家・労働者としての自覚・再生	5, 9, 26, 41, 42	2, 5, 20
	5	同僚妓生への啓蒙と連帯・団結	1, 2, 3, 7, 14, 17, 23, 26, 29, 37, 38	4, 10, 14
対社会	6	社会の差別・賤視・男性の横暴や偽善への批判	4, 6, 14, 15, 18, 39, 40, 41, 43	2, 4, 8, 13
	7	社会制度・社会的イシューへの批判	8, 10, 14, 21, 26, 42	14, 15

注1) 各号に所収の記事の詳細および番号については表 3-2（☞前頁）を参照。

❖ 3-2 『長恨』の概要

　表 3-1「『長恨』の執筆者とジャンル」（☞ p.75）および表 3-2「『長恨』目次」（☞ pp.75-77）に示したように，1号は全部で 51 本[61]，2号は 42 本で，内容的には，随想・論説・手記・小説・童話・随想＋詩・詩・翻訳・その他に分類することができる。随想と手記は境界があいまいな点もあり，随想と分類した中には，論理性の強い文章と日々折々の感懐を書き記した文章，『長恨』の発刊を祝して書いた文章などが混じっている。

　1号・2号とも随想と手記が多数を占めていることからわかるように，『長恨』は，自身の境涯に対する尽きることのない「恨」の表現に満ちているが，それだけには留まらない。保健衛生に関する医学的一般教養の記事，欧米や中国の文学・映画の紹介など，教養と娯楽を兼ねた大衆誌的な性格ももっており，その傾向は 1 号より 2 号においてより強まっている。また，2 号では，1 号より小説・詩・翻訳など創作的文章が増え，妓生という特殊な社会を題材にしな

---

61) 1 巻の目次には「妓生人気投票」が記されているが，実際の記事は存在しない。

第3章　植民地朝鮮における妓生の社会的位置と自己変革　79

図3-1　『長恨』第1号表紙　　　　図3-2　『長恨』第2号表紙

がら，個人的経験を文学作品に昇華させようとする意欲がうかがわれる。

　ところで，妓生たちはなぜ，『長恨』を創刊したのか。各号の表紙絵と記事の中からその意図を探ることにする。

　まず，『長恨』表紙に描かれた絵は，近代朝鮮で刊行された雑誌の中でも類をみない妓生雑誌というこの雑誌の刊行意図をあますところなく示している。第1号の表紙（図3-1）には真ん中に，鳥籠の中に座り左手をほほにつけて考えている妓生が描かれ，その絵の左右を「友よ，考えて」・「嘲弄の中のこの身を」という文字が囲んでいる。鳥籠に象徴される歴史的・社会的な規制の中に置かれた妓生集団の現実を直視しようという同僚に対するメッセージである。

　第2号の表紙絵（図3-2）は，太陽の光を受けて輝く明るい窓辺のカーテンの前で，韓服の女性（妓生）と洋服の女性（新女性）が手を取り合って微笑んでいる状況が描かれ，妓生の再生と他の女性たち（新女性）との連帯を表現していると考えられる。そこには現実社会での不遇・絶望・冷視・束縛を未来の希望・解放・連帯に転換したいという変革の希求が込められている。

　また，『長恨』創刊号「巻頭言」や「迎春辞」（編集人）・「創刊に際して」（金月仙）・「泣くのも思い切り泣こう」（梅軒）・「産声」（金彩鳳）などは彼女たちがなぜ，『長恨』を刊行しようとしたのか明確に伝えている。

①声を上げることにどれほどの効果があり，どれほど甲斐があるのかと言っても声をあげないよりましだと思う。笑って生きても不足が多い世の中をどうして慨嘆で暮らしていくのか？　しかし，我々のこの『長恨』は将来は長恨をなくそうとする長恨である。
事情が同じ同僚よ。力の限り，心の限り互いに助け合おう。心と力をあわせてできないことはない。妓生も人間であるのに永遠に涙とため息のみを友とするのでしょうか！　そうでないのなら心と力を合わせよう（「巻頭言」(1号1))。

②友よ，嘆息を止めよ。涙をぬぐえ。涙と嘆息に馴れた後は，我々は我々の歩んできた道を振り返ると同時に我々の存在をしっかり固める必要がある。同時に我々と社会との関係を考えなければならないのだ（編集人「迎春辞」(1号2))。

③自身や社会に不幸で不利な点がわかれば，なくさなければならず，そうしないではいられない。この点において，朝鮮から妓生を一日でも早くなくさねばならない。それは妓生自身に惨憺たる末路を生み，一般社会に多くの害毒を及ぶすからだ。〔略〕社会制度がこれ〔訳注：妓生制度〕を許諾しないことは否定できない事実なので，そのまま継続していこうとすれば，全ての点において，向上し進歩しなければならない。そして社会に及ぼす害毒がないようにし，自身にもどってくる惨憺たる運命をまぬがれられるようにしなければならない。このような趣旨で文化的施設のひとつであり，向上・進歩機関のひとつとして雑誌『長恨』を発行するのだ（金月仙「創刊に際して（1号3))。

④我々の通信手段を作ってもどかしい悲しみを広く訴え，互いに尊重し合おうという趣旨で『長恨』という雑誌を発刊しました（梅軒「泣くのも思い切り泣こう」(1号4))。

⑤造物主の残忍な運命の支配を受けている花柳界には今までさわやかな風

が吹き込んで来ず，昔の眠気が抜けませんでした。波濤のように寄せてくる新思想の力。それで我が花柳界も目を覚ましました。我々も精神を取り直しました。そして我々も社会的平等を求めて生きてみようと身もだえました。その第一声である『長恨』という我々の機関誌が産声を張り上げて泣きはじめました。［略］花柳界という別世界で生命を持ちこたえている我々も二千万の一分子であろう。それなら我々も他の人たちのように新しい生命を探すために新天地を開拓することが全力を尽くして進む道ではないでしょうか？　矛盾した差別的階級観念を打破し，自由平等を求める声！　その哀願の声の中には強い勇気と熱い血が潜んでいることを忘れてはなりません（金彩鳳「産声」（1号7））。

　すなわち，『長恨』の刊行とは，「近代化」過程にある朝鮮社会において「反近代的・反社会的でなくすべき存在」という厳しい視線が注がれる中で，上からは統監府・総督府による娼妓の取扱い，下からは娼妓たちによる身分上昇のためのつきあげに直面した妓生たちが，自身の社会的立ち位置に目を背けることなく根本的に問いかけながら（③），妓生同士のコミュニケーションと連帯を図り（①・④），自分自身の存在を回復しつつ（②），社会との関係の中で自由と平等を実現し（⑤），団結を呼びかけようとする意志の表現であり（①），

図 3-3　李月香「涙ぐましい私の哀話」

図 3-4　尹玉香「芸妓の立場と自覚」

生き抜く戦略であったと考えられる。

　そうした積極的意図とともに次のような役割が期待されたことも雑誌記事の中から読み取れる。一つは，今まで吐き出すことができなかった積もり積もった「恨」を吐露することのできる装置としてである。二つ目は図3-3・3-4のように文章を書いた妓生のほとんどの写真が掲載されていることから，『長恨』に執筆することは，朝鮮時代の教養ある官妓の正統をひくという自己アピールであり，営業策の一環としても考えられたということである。

　なお，『長恨』の定価は40銭で，同時期に新女性を対象に出されていた『新女性』の30銭と比べて高い。妓生とそのお客が購買対象者であったからだろうか。

4　『長恨』における自己認識と仲間への呼びかけ

　前節で述べた目的を担って世の中に出た『長恨』には，多彩なジャンルに分類できる文章や詩が妓生たちによって執筆された。本節では，随想と手記を中心に分析しながら，妓生たちは書くことによって，何を表そうとしたのかを検討してみる。その主張や考えは妓生たる自己または同僚妓生に向けられる場合が最も多いが，さらにその視線は自己を越えて社会へと転じられる。一つひとつの文章は比較的短く，理論的というより感覚的な文章に留まってしまう場合も少なくはない。しかし，体験から得た確固とした思考の枠組みをもっている文が多く，東西文化に対する知識が新女性と比べて遜色ない妓生もみられる。本章では，次の7項目に細分して，妓生たちの声を紹介することにする（表3-3 ☞ p.78）。

　「1. なくすべき旧制度の悪としての妓生存在への冷徹な認識と煩悶」「2. 悲惨な体験・悔恨・悲しみ・犠牲意識」「3. 自身の生き方に対する痛烈な自己反省」「4. 人間・芸術家・労働者としての自覚・再生」「5. 同僚妓生への啓蒙と連帯・団結」「6. 社会の差別・賤視・男性の横暴や偽善への批判」「7. 社会制度・社会的イシューへの批判」である。表3-2（☞ pp.75–77）および表3-3（☞ p.78）でわかるように，一つの文章の中に，複数の項目が含まれている場合も多く，論理的に関連している場合もあるが，便宜的に分割し，以下では1から5までについて述べ，次節で社会との対峙として6と7について論じることにする。

❖ 4-1　なくすべき旧制度の悪としての妓生存在への冷徹な認識と煩悶

　近代的家族制度の創出過程で生じた妓生に対する社会悪という視線と廃止論の中で，妓生自らも自身に向けられた否定論に反発するより，むしろ体験に根ざして同調していく。将来は妓生制度を消滅させねばならないという根本的認識を前提にしながら，現在はなくせないという過渡期的状況の中で，すくなくとも現在の妓生の向上のために『長恨』が刊行されたのである。妓生制度への冷徹な認識とともに，変えたくても変えられない現実との間の煩悶が示される。

> ①勿論妓生の制度があることに賛成しない。賛成しないだけでなく一日でも早く廃止されることを望むものである。妓生自身にも一般社会にとっても早く廃止されなければならないだろう。そして悲惨な末路にならず人とともに暮らす人間にならねばならない。
> 　しかし，これは容易なことではない。絶対可能性がないことではないが，現社会制度下では非常に困難な問題である。上に述べたように，廃止論が根本問題で，改良と向上に努力することは枝葉の問題である。この点において，現下一般妓生たちはその自覚と反省が緊急に必要である。そして決して世の中に恥ずべき事は行わず，また義と公のためには犠牲になる精神をもって進まねばならない。そしてまた自己の将来のために深く考えるところがなければならない。妓生稼業をすることは，一時の悲惨な厄運であると知らねばならない。ならば，その一時の厄運からは一日でも早く抜け出なければならない。この点に対して深い覚悟がなければ我々の将来は終わりだ（金一蓮「『妓生』稼業は一生の厄運！　早く抜け出さなければならない」(1号5))。

> ②自身や社会に不幸で不利な点がわかれば，なくさなければならず，そうしないではいられない。この点において，朝鮮から妓生を一日でも早くなくさねばならない。それは妓生自身に惨憺たる末路を生み，一般社会に多くの害毒を及ぼすからだ（金月仙「創刊に際して」(1号3))。

❖ 4-2　悲惨な体験・悔恨・悲しみ・犠牲意識

『長恨』の中で，手記や随想の主流をなすのは，一般女性とは異なる悲惨で恨多い自身の半生に題材をとったもので，数も多い。妓生一人ひとりが小説のような物語をもっているともいえ，長文であれ，短文であれ，尽きることを知らない「身世打鈴」[62]が込められている。詩や小説を含めて，数多く使われている単語は，「嘆息」・「涙」・「怨み」・「悲しみ」・「犠牲」・「悔しさ」・「無念」などであり，これらが妓生生活の現実を象徴するものとして彼女たちに認識されていたのである（以下，下線は筆者による）。

> ①我々の青春は秋雨にうたれているコオロギの境遇にも劣っているのか。あー。これは誰のせいか？　誰の罪か？　考えてみれば四肢五体は全く同じなので，いくら軟弱といえども我々の体にも血が流れ，胸にたぎる熱情があるのだ。あー。しかし我々の環境はこれを許さない。この体を強引に取引され我々は胸を締め付けられる嘆息とのろいの涙をこの選ぶことの出来ない世の中に注ざるを得なくなった（裵竹葉「長恨を迎えて」(1号15))。

> ②血管に赤い血が流れ，胸に心臓が脈打っている人間として人の待遇を受けられず，獣と同じに扱われるとき，どうして嘆息もなく，涙も出ないだろうか？　しかし嘆息と涙のみではすべてのことが解決されえないものだ（編輯人「迎春辞」(1号2))。

> ③私は大邱邑内から西に約20里位離れた小さな農村で暮らしていました。12歳になった時，ある人に誘われて悪魔の巣窟に引きずり込まれました。その後の苦労はとうてい語ることはできません。[略] そうこうするうちに15歳になりました。その年のある春の日に，私はけがれのない体を一晩で汚してしまいました。
> 　その時の私の震えるような悔しさはとうてい推し量ることができませ

---

[62]「身世打鈴」とは，愚痴がましく嘆く自分の身の上話のこと。

でした。その時から私は世の中を怨み，妓生生活は本当にできるものでないと覚りました。しかし時は遅すぎました。その陥穽を抜け出ようにも抜け出られない状況になっていましたが，それは養育費のためです。私はとてもここを抜け出られないと知り小さな胸をかきむしっていつも悲しく過ごしました。その時から私は世の中の男性を怨みました。[略]16歳になった年に養父母の無理な要求で仕方なく心にもない同居を何日かし，また大邱の金持ち〇〇のところに移りました。(相手の暴力のため自殺未遂，助けられた家に養父母が押し駆けてきて家に連れ戻され監禁される，17歳の6月大邱からソウルに移る) 流れるのは涙であり，出るのは嘆息でした。厳しい命を絶とうとしてみましたが，それも思うようには出来ません。

ああ，妓生！ 聞くにもぞっとする妓生。何の罪があって人から虐待と侮辱を受ける人になったのか (李月香「涙ぐましい私の哀話」(1号6))。

④妓生は賤しい者，社会に害毒を及ぼす者としてあざ笑いと冷遇で接しようとするが，しかし，妓生ほど犠牲精神が豊かな人は世の中にまたとはいない。[略] しかし，妓生の中には犠牲という美名に酔って，自身の個性までも，自分自身の幸福までも忘れてしまう者が少なからずいる。[略] (その例として，家族のために犠牲になって，恋人と別れ，その後病死した甲の人生を述べる) こうして恨の多い悲しみを抱きながら甲は悲しく寂しいこの世を去ってしまった (桂山月「妓生と犠牲」(1号32))。

⑤私だけではなくすべての妓生同志が皆それぞれの生涯の中で血涙の哀史がなくはないだろうが，私はまさに幼い時から嘆息をつかない時はなかったのです (金緑珠「私の生涯に照らして同志諸妹に訴える」(2号4))。

⑥我々の名前は聞くも忌まわしい妓生といいます。妓生は強盗でもなく殺人鬼でもないのに，妓生と言えばこの世の人は口をびくびくさせ，手を振りながら関わりたくない悪魔という。ここに私は妓生となったことに身震いし，ぎりぎり歯ぎしりするほどに悔しく無念だ (金緑珠「愛する友よ」(1号14))。

以上に記したものだけに終わらず，手記・随想・詩のほとんどが，一見華やかな歓楽の裏面にある妓生の不幸な現実に対する悲しみを綿々と綴っており，「嘆息」・「涙」，「嘆息」・「怨み」という単語のセットが反復して出てくる。いくら述べても尽きない身の不運とそこから生ずる感情を吐き出すことは書いた本人に精神的自浄作用をもたらしただけでなく，読む妓生にも同じ作用を起こしたと考えられる[63]。

❖ 4-3　自身の生き方に対する痛烈な自己反省

しかし，『長恨』の妓生たちはただただ，自己の境遇にうちひしがれ，そのような人生を生きることになった原因を社会や周囲の人々（特に男性）にだけ求めてはいない。自覚できなかった自己に対する痛切な反省とその境遇に至った自己の責任を吐露している文章もある。

> ①しかし何ら社会的教育を受けず，ただ何年間歌舞のみ学び，金銭の奴隷となり，あちこち流浪し，無知無識に遊蕩者の歓心を買うことにのみ汲汲として，世の中から批判を受け，自暴自棄になって，歌舞と芸術に没我して悲惨な運命に一生を犠牲にしてしまった。これは誰の罪か？　現社会制度によることもあるだろうが，我々が早く自覚できなかったことによるものも少なくない（尹玉香「芸妓の立場と自覚」（2号20））。

> ②恋愛とは盲目的なのが特徴だが，［略］健全な精神と教養がある人は異性に対する愛情が胸に突き上げて嫉妬心が全身に衝動を与えても明るい良心と固い意志と深い反省によって，感情的興奮を抑制することができる。［略］人生の一部分である恋愛にのみ心酔し全ての社会的義務を捨てると言うことは低能児でなければしないことだ（朴錦玉「愛故の罪悪に」（2号26））。

---

63) 方玉梅「諸姉に」（2号23）には，「『長恨』が刊行されたと聞いて服を着る間ももどかしく買ってきた。帰る途中で皆読んでしまった。［略］寂しい妹が消息を聞けるようにどんなに深慮なさり，聞くも爽快な『長恨』を作られたことでしょう」とあり，『長恨』という題名からして心の慰安を得たようである。

③我々は毎日毎日誰のためにおしろいと紅で化粧するのか。意味のない笑い，情のない秋波，心にないため息・涙。ああ，姉妹よ，考えれば罪悪の生活でなくて何か。この喉がかれるまで歌う歌とこの指が腫れるまで弾く琴絃と四肢がはずれるまで踊る舞踏は果たして誰を祝福する演奏・舞踊なのか？ これが恥ずべき笑うべきことでなくてなにか？（金緑珠「私の生涯に照らして同志諸妹に訴える」(2号4))

④この世に一番不幸な者は自分の肉を売る者，それ以上に不幸な者はなく，娘や孫娘に肉を売らせて暮らす人以上の悪魔はないと思う（金南洙「九天に満ちる我々の恨」(2号14))。

⑤上流社会の紳士が傲慢な態度で賤しい言葉を吐くのは我慢できない場合が一度や二度ではない。その度に涙と嘆息が混じる身の上が自然と嘆かれ胸が詰まる。ああ，これは果たして誰を怨めばよいのか？ 彼らの傲慢無礼を怨むのか？ 違う。決してそうではない。賤待と無視は我々が自ら招いたものだ。我々が我々の起源と目的を知らず，一次的な悪運に陥り，横道にそれ，職業的に物質をほしがって神聖を忘れたからだ（金季鉉「今から再生しよう」(1号17))。

⑥最近の何年間我々は空しく物質の欲にとらわれ，精神の充実を知ることが出来ず，目前の小さな成功を求めようと永遠の将来の計画を立てられなかった。その結果が今に現れたのだ。今こそ，我々が一斉に反省し一斉に悔い改める時だ。力を合わせて新しい生活に入るときだ（尹玉香「歳末所感」(1号9))。

　金銭的しがらみ，恋愛への盲目的傾倒，物質欲から，自分たちの日々の生活や売春までが自省の対象になっており，今こそ反省すべきだという決意が語られている。新女性の書いた文章でもここまで，徹底して自分に反省の矛先を向けたものはみられない。

❖ 4-4　人間・芸術家・労働者としての自覚・再生

　本章4-1・4-2で述べた自己の境遇と現状に対する直視は，4-3で述べた自己省察をもたらし，自分に対してさらに考察を深めていく中で，人間として，芸術家・労働者としての自覚に至り，再生への道を切り開こうとする意志が表明される。

　まず，「妓生も人間である」という「人間宣言」が随所に現れる。「巻頭言」（1号1）には「妓生も人間であるからには永遠に涙と嘆息のみを友とするでしょうか」，李月香「涙ぐましい私の哀話」（1号6）には「妓生も人間です。妓生の心にも熱い情があります。一生恋人もなく孤独な生活をしなければなりませんか？」，朴緑珠「『長恨』に対して」（1号29）では，「我々も人間だ。涙もあり，血も有り，感覚もある人間だ。だから我々はすべての人間と同じ待遇を受けねばならない」，金蘭紅「妓生生活の裏面」（1号43）では「しかし，この稼業は容易ではありません。妓生も人間です」と述べる。次に挙げる呉虹月の文章はこれらにもまして積極的な人間宣言と言うことができる。

> ①我々も人間だ。［略］人間が万物の中で最も貴重である以上，他の動物に対してのみ貴重であるだけでなく，自分も貴重な人間であると同時に他人も貴重な人間ではないのか？　ところで過去の朝鮮女性，特に特別な事情にある我々は，何の理由でか，どんな事情でか，感情を殺し，侮辱と蹂躙を受けながらひたすら声にならない涙をあちこちに流すだけであった。ある者は言う。階級と職業がその理由であったからと。しかし，これは過去の間違った考えであり，職業の神聖と人間の平等をしらないからだ（呉虹月「新生活経営に対する我々の自覚と決心」（2号10））。

　そして，妓生たちは自らを労働者と規定するとともに，男性に対する性的存在から脱して，人としても歌舞をする芸術家としても社会に貢献する道を開き再生しようとする決意を語る。

> ②我々も一人の労働者である。男子労働者のように鎌やツルハシをもって地面を掘ってこそ労働者だとすればそうではない。我々妓生は料理店や

どこかに行って1時間に1円の金を受けとるが，すなわちこれが労働への報酬である。男子労働者は炭坑夫として土を掘るとき，額から汗を流して労働するが，我々妓生は，心を燃やす労働者である。口を開けて歌を歌うことや，手で洋琴やカヤグムを弾くことも男子労働者よりはるかに辛い労働である。男子労働者は仕事をして報酬を受け取るが，妓生は頭と心を悩ませながら気持ちの合わないいろいろなお客の気に入られるようにしながら，憂いでいっぱいになり，青白い顔に優しい笑みを浮かべて労働をする。だから男子労働者よりもっと辛い。心を燃やす妓生の労働のほうがはるかにシビアーである。だから妓生は少なくとも楽な体ではない。労働者の中でも正々堂々とした労働者である。一年に60円という事業に対する税金を京城府に差し出す。世の中では我々を妓生と呼ばず労働者と呼んでくれればと思う。(田蘭紅「妓生も労働者か？」(2号5))

③第一に妓生の本義を理解し，我々の立場を鮮明にしてこそ，正当な行動ができる。歌舞は芸術であり，少なくとも我々は芸術家である。[略]この社会では婦人解放運動・男女平等主張，甚だしくは参政権運動まで行われるようになり，公娼廃止運動まで猛烈に起こっているので，我々も自覚があるべき。我々は歌舞によって社会に貢献し，人類の幸福の助けにならねばならない（尹玉香「芸妓の立場と自覚」(2号20))。

④私はどうしても花柳界の女という名前を抜け出て完全な精神と充実した人格によって，社会に出て，同胞のために小さな事業でもしようと思う（金道尋「人命在天」(1号26))。

❖ 4-5　同僚妓生への啓蒙と連帯・団結

　自覚と再生を決意した後には，それを他の妓生にも伝えて啓蒙し，連帯・団結しながら自分たちの境遇と社会の差別を変えていこうとする方向が芽生えてくる。本節では，その道筋を便宜上4-4と4-5に分けて述べたが，実際には著者の頭の中では連続しており，文章としても前後につながって現れることが多

い。それらの中で，いっそう明確に連帯・団結を述べる文章は次のようである。

> ①賤待と無視は我々が自ら招いたものだ。我々の起源と目的を知らず一次的な悪運に陥って，横道に入り込んで職業的に物質をほしがり，真聖を忘れたからだ。では私が一人でこれを悟ったのか？ いや，悟っている友も多い。我々のこの自覚を広く知らせ，夢中にいる友に自覚させ，すでに自覚した友に更に進んで実行させ，我々の品格を向上させれば，これがただ我々の悲しみを消滅させるだけでなく文化の向上と風俗の改善にもなるだろう（金季鉉「今から再生しよう」(1号17))。

> ②我々がこの社会に生きていこうとすれば組織的に団結する必要がある。この必要を感じたために我々妓生社会を網羅する雑誌が初めて呱々の声をあげた。この雑誌こそ我々の生活と意志と悲しみと喜びを余すところなく発表するマウスピースだ，[略]永遠に悲しんでいることはとうていできない。そして我々も人間だ。涙もあり，血も有り，感覚もある人間だ。だから我々はすべての人間と同じ待遇を受けねばならない。さらに我々も社会的に苦楽を共にするのだという覚悟を固くし，団結して一つの方向に向かって歩むようになった（朴緑珠「『長恨』に対して」(1号29))。

> ③職業には貴賤はなく人は平等である。[略]今からは新たな自覚と決心をもって新生活の第一歩を踏みだそう。（一）我々は相当な常識と技芸を修養し人の下に入らないようにすること。（一）過ぎた日々の生ぬるい感情を棄て鋭敏な新感覚を生かすこと。（一）完全な芸術的個性を生かすため，環境に反抗することを自覚すること。（一）このような自覚のもとで，趣旨を同じくする者同士団結し，我々の力で，人間としての平等な地位を保全すること。我々はこのような精神と標語のもとで新しい自覚と決心をもって進もう（呉虹月「新生活経営に対する我々の自覚と決心」(2号10))。

現状をありのままに自覚し，その原因を自省し，人間・労働者・芸術家と

して再生しようとする個人的な精神の営みは，他の同僚妓生への啓蒙に発展し，自覚した妓生集団は連帯・団結の道を探っていく。『長恨』の刊行こそ，その連帯と団結の一つの現れである。引用文②と③にその精神的道筋があますところなく示されている。

5　妓生たちは社会とどう向き合ったか？

　『長恨』には，前記したように，自己に対しての厳しく深い省察と同僚妓生への共感や連帯・団結の呼びかけが明確に述べられていた。妓生たちの認識は，自らの体験を踏まえて社会に対しても拡がっていき，自分たちを差別する社会，特に男性に呼訴し，ときには強い批判意識を述べる。また，当時の社会問題を把握する情報能力ももっており，社会的イシューに非常に鋭敏に反応して体験的に自らの考えを述べる。先に述べた妓生の連帯や団結を呼びかけたのも，当時，女性社会主義団体が組織されはじめ，1926年末には京城女子青年会と京城女子青年同盟が合同する動きが出ていたことも関係している[64]。

❖ 5-1　社会の差別・賤視・男性の横暴や偽善への批判

　『長恨』では，妓生社会内部における自覚・啓蒙・連帯だけに留まらず，自分たちを差別・蔑視する社会や男性たちの横暴や偽善への批判も明確に打ち出している。この記述は，実際には本章4-2の身世打鈴と表裏一体の心情から発している場合が多い。表3-3（☞ p.78）の内容分類に表したように，その共通性が明白であろう。

> ①我々の名前は聞くのも忌まわしい妓生という。妓生は強盗でもなく殺人鬼でもないのに，妓生と言えばこの世の人は口をぴくぴくさせ手を激しく振って関わりたくない悪魔だという。［略］我々を悪魔だという者は我々より何倍もひどい悪魔だ（金緑珠「愛する友よ」（1号14））。

---

[64]「京城女青と女青同盟，両団体合同へ，会名は中央女子青年同盟」『中外日報』1926年12月7日。同じ誌面に「妓生の自覚，月刊雑誌発行」という記事が載っている。

②一生恋人もなく孤独な生活をしなければなりませんか？　一生を虐待と蹂躙の中に枯れてしまわなければなりませんか？　ああ。男性たち，歌を売り，笑いを売り，肉を売る妓生だと言ってあまりないがしろにしないでください（李月香「涙ぐましい私の哀話」(1号6))。

③妓生はある階級の専有物ではなく，またはある個人の専有物ではない。〔略〕その時間はそのお客の時間的奴隷になったものですが，そうだとしてまるで自分の持ち物のように考えては誤解も甚だしいです。人間ではないほどの蔑視や賤待をすることはいわずもがな，甚だしい侮辱と無理を要求する弊害が一度や二度ではありません。私はここでひたすら時間的〔訳注：サービス〕だということを絶叫します。報酬に応じた時間，歌舞・音曲でいろいろなお客様に慰安を与える職責があるだけで，絶対に他の義務はないのです（喜도（ホンド）「私がもしお客なら（差別しないようにする）」(1号39))。

④私どもは不幸に金という物に縛られ，楽でない処遇をされて，人のおもちゃになっていることは事実だが，往々に気がおかしなあるお客様は妓生と娼妓を混同してご覧になる弊端が多いです（一妓生「私がもしお客なら（普通の人間として対してくれたら）」(1号40))。

⑤花柳界の女性を籠絡する全ての男性が妓生の環境を理解できず，一度親しくなると自分の物のようにお考えになります。すなわち，言い換えれば，妓生というものの一人の人間としての存在を認めないのです。そしておもちゃの人形のように，動物園のサルやオウムのように動物や物として取り扱うので，そのような無理な要求をはばからずなさるのです。これは大きな誤りです。いくら笑いと歌と肉を売る妓生と言っても，どうして生命すらないでしょうか？（金蘭紅「妓生生活の裏面」(1号43))

⑥私の名前は妓生である。世の中が憎む妓生女だが，何万年行っても妓生は変わらずその名前のまま世の中に残っている。冷たい世の中で捨てら

れたこの名前を誰が付けてくれたのか？　それは寒さも飢えも人情も義理も何も知らない富豪である。金さえあればなんでも自分の思うままにできるという色魔たちだ。彼らは今日のように寒い日にも寒さを知らず暖かく着て，又灯が沢山ともった部屋に安楽に座って自分の腹がいっぱいなので他人の苦しみを知らず，涙に浸る私を呼ぶ。私はまた1食のパンを得ようと出かけて行く。涙も血もない彼らの前に行って，引きつった笑みを浮かべ歌を歌う。彼らはお金を出して買った妓生だというので馬や牛のように扱う。そして人間として人間に言えない汚く恐ろしいことを言う。［略］そこを離れてみたのにすべてがさらに寂しくまた将来は暗かった。あるいはどこかに行こうと門の外に出ると何も知らない子供たちまで「妓生が行く，妓生が行く」といってあちこち走りまわってとびかかる。その時，ああ，人々よ，この胸がどれだけ痛むだろうか，世の中に捨てられ人生がことごとく無になってしまったこの身はどこに行き，どのように過ごさねばならないというのか（全山玉「私は妓生」(2号8)）。

⑦幼い女性の弱い心を好きなように嘲弄し，限りない父母の暖かい愛も涙の中に埋没させ，私の唯一の生命である貞操も断末魔のように悪徳な男性に蹂躙された。
　そして縁の深い父母と深い情のこもった故郷の山川と別れ，風俗が異なり馴れない都会の生活を味わうようになった。ここには同じ悲しみと同じ苦痛を受ける同僚の女性たちが無情な社会の悪辣な男性たちの罪悪を叫ぶ声が大地の上に充ち満ちている。
　ああ，この狡猾で愚かな全ての男性たち。あなたたちはその背後に呪う女性たちが影のようにくっついて機会を伺っているのを知らず，ひたすら父兄が残した若干の財産を信じ，純潔な若い女性たちの貞操を蹂躙することのみをこの上なく偉大な事業のように考えているが，あなたたちのために嘆かざるを得ない。あなたたちは我々花柳界にいる女性たちを玩具視し侮蔑するが，我々もまた自身の人格を自ら尊重するので，あなたたちの愚かさをあざ笑うのです。このことをあなたたちは忘れてはなりません。

> ああ，この狡猾で愚かな男性たち。あなたたちは黄金万能という過渡期に愚かなブルジョアたちが考えもなしに悪ふざけしたことを信じ，花柳界にいる我々女性たちに向かって，どこかの人肉競売場で商品売買でもするように振る舞うが，あなたたちの理解があまりにも不十分なことは笑うべきだ（裴花月「花柳界に通う全ての男性達にお願い」(2号15))。

社会の賤視は機会あるごとに感じるであろうが，日々接するのは個別男性である。男性たちの言動への批判が至る所に現れるのは必然的であろう。「人肉競売場で商品売買でもするように」という過激な表現に，その男性たちから人間としての尊厳を傷つけられ，物質や動物のように待遇されることがあますところなく現れている。

❖ 5-2　社会制度・社会的イシューへの批判

5-1 では主に妓生たちが社会から直接受けた差別や偏見の内容と，花柳界に通う男性という特定の集団に対する批判を紹介したが，妓生たちはさらに，社会制度そのものと，当時の社会の主要な関心事や事件に対しても批判を展開した。社会制度に関しては，金と物質中心社会への批判が最も多い。日本の貞操論争を彷彿させるような貞操に関する男女の二重規範に対しても批判の矛先が向けられている。当時の社会の関心事としては，新女性や女性運動，断髪，尹心悳の心中問題が取り上げられた。まず，貞操問題に関する見解であるが，この作者名からは男女のどちらかわからない。しかし，小説の主人公の口を借りて，貞操に関する男女の二重規範を語らせたことは，妓生たちの中にそのような問題意識があったことを示している。

> ①（小説の主人公東京音楽学校生尹敬愛の女修会での演説中で）皆さん，皆さんは貞操とか何とか言いますが，社会は男性の貞操に関しては何の制裁もありません。おわかりですか？　しかし，これと反対に女性の貞操に対してはどうですか？　大変過酷な制裁がありませんか？　[略]男性が淪落に陥ってその貞操を何回汚しても世の中は彼を紳士だと呼びませんか？　しかし，女性が一回でもその貞操を汚したならば世の中は彼女

を不良女,売淫女と呼びませんか？　だから我々は反抗するしかありません。男性が貞操を守らないのに,我々だけ貞操を守る必要はありません（曲流生（在東京）「映画小説　セミの歌」（2号34））。

　本章4-2でも,家族のために犠牲的精神で妓生になった例を引用したが,『長恨』でみる限り,自ら進んで妓生になった場合はほとんど例外的である。したがって,資本主義社会の一面である金権主義・物質万能主義に対する批判は非常に強い。

②考えてみれば全てのことが金のためです。学業を途中で捨てたことも,花柳界に身を沈ませたことも,人の冷遇を受けることも（金道尋「人命在天」（1号26））。

③本当に金が語る世の中だ。そうしてみると,金が人を作るのではないか？　金の力がこのようにものすごいので,金を見ておじぎをしない,金にとらわれて奴隷にならない人がどのくらいいるのか？　このように言う私も以後いつの日にどこかで金に降伏するかもしれない（金緑珠「愛する友よ」（1号14））。

④黄金は万能だと言う（が本当にそうか）。それだけでなく地位が何の意味があるか？　お金と地位に頼って,花のような若い青春を捨てて,一生を涙で送るようになるだけでなく,死後まで涙を免れえないようになった人がどのくらい多かったろうか？　それ［訳注：金のための転落］をうらやましがる人が多く,愛する娘や孫娘をそのような奈落に落としても,うちの慶事だ,うちの娘・孫娘が立派になってお金が増えたという親が10分の9だ（金南洙「九天に満ちる我々の恨」（2号14））。

　1920年代に社会的に大きな話題となっていた「新女性」に対しては,2号の表紙で手を取り合って連帯を示したが,記事の中にも「新女性」に対する記述が現れている。

⑤新風潮に目覚めた新女性たちが朝鮮固有の女子の殻を脱いで，男子と同じく全ての運動と事業を始めてからすでに 10 余年という長い年月です。この間女子解放運動を先頭に各自各色の運動や事業をたくさんしました。したがって女子界に多くの貢献もし，利益もたくさん与えたと思います。しかし，10 余年間ひたすらひとつの運動，一つの事業に全力を尽くし自己をここに献げた人はあまりいないようです。あるいはひとつ運動を始めて長く力を注がずその中から脱退する人もあり，その運動団体が場合によっては瓦解し，中途で終わることもあり，何かの事業を行って，抜け出られない運命のためか，重大な困難によってか，継続をできないことが多かったです。

過去はいくらこうだったと言ってもこれから始めるものとか現在ある団体はどこまでも全てのものに熟達し将来の女性界のために力強く進むことを望みます（鄭柳緑「私が望む女性」（1 号 38））。

「新女性」の進出とその行動をいったん肯定しながら，その事業の不徹底さに対して苦言を呈している。この筆者は，続く文章の中で望ましい女性の条件を次のように述べる。「1. 因習を打破し新しい風潮に目を開ける精神が強い女性，2. 虚栄や富貴に惑わされない真実な女性，3. 団結心が強い女性」。伝統的女性像とはまったく異なる先進的な女性像である。

「新女性」に関連して，当時社会的に「断髪」問題が大きなイシューになっていた（井上 2013：第 1 章第 2 節）。この時期，断髪した妓生が新聞・雑誌などで報じられていたが（長髪散人 1927），その多くは妓生を廃業する覚悟で断髪したり，失恋と関係したものであった。『長恨』の記事では「断髪」の合理性や便利さを認めながらも，朝鮮女性の美という観点から非常に慎重であり，また，流行に引きずられて断髪することや失恋による断髪にも否定的である。

⑥襟足を女性美の一つの重要な条件としている朝鮮婦人としてはかなり慎重に考えねばならないと思う。もちろん断髪流行の原因は以上に言ったところであるが，断髪には断髪としての利点もあるだろう。それに朝鮮女性の髪が美しいとは言えそれのみ偏重することはあまりよくないだろ

う。しかし，何の後先の考えもなく流行だけにしたがって断髪すること
　があればそれは本当に遺憾千万であろう（흐즈코（フズユ）「女子の断髪」（1
　号10））。

⑦しかし朝鮮にもだんだん外来の思想が侵入するにつれ，女性運動が近年
　に至って微弱ながら旗をあげたので，在来の因習打破の意味で断髪をす
　る人がたくさん生まれた。このような断髪の流行が妓生界にも侵入し，
　あるいはある男性と失恋した結果，極度の悲観の果てに髪を切り，また
　は妓生として自己の立場と環境が清らかでないと覚って，女性運動に身
　を投じようと決心した後断髪する妓生もあり，あるいは他人が髪を切っ
　たから自分も一度切って断髪美人という名を得ようと断髪した妓生もい
　た。［略］断髪をして美しい姿態をそこなうことはどう考えても粋なこ
　とではない。それもあるいは相当な自覚があって，全てのことを捨てて，
　堅固な意識のもとで断髪をするのならいざ知らず，そうではなく一時の
　虚栄に引きずられて命より重要に思われる女子の髪を切る軽率な行動に
　はだれでも嘲笑したり冷笑するだろう（오므브（オムブ）「妓生と断髪」（1
　号21））。

⑧自殺や断髪はその瞬間の錯覚によって起こる現象だ。［略］断髪をした
　り自殺する前に先ず，冷静に自己自身の環境と立場を考えてみるのが最
　も賢明な順序ではないだろうか？（嚴山月「断髪と自殺」（1号42））

　ところで，1926年8月に起こった演劇評論家金祐鎮と朝鮮最初の女流声楽家尹心悳の玄海灘投身自殺は大きな社会問題になり，心中に対する賛否両論が拡がっていた。妻子ある金祐鎮と新女性尹心悳の恋愛・心中は妓生にとっても大きな関心事になったと思われるが，次のような心中を批判する記事が載せられている。

⑨私はいくら考えても彼らが死ぬだけの大きな原因と切迫した事情がよく
　わからない。［略］朝鮮人として今，すべてが衰退し，物質的・精神的

> に疲弊している感があるが，死を賛美するまでになれば大変だ。そうなれば我が民族全体がみな病気になり死ぬことになる。我々は生の賛美者になり苦痛を踏み越えて強い者にならなければならないだろう（春月「尹心悳の情死」(2号37))。

6　おわりに

　妓生が書き，スポンサーにもなった雑誌『長恨』を中心に，彼女たちがいかなる状況の中で雑誌を作り，何を表現したかったのか検討してみた。

　朝鮮時代に妓生は身分的には官婢であったが，王室の重要な行事に歌舞をもって参加する特別な存在であり，当時の職業婦人でもあった。それが，近代になって，妓生を取り巻く社会的状況は劇的な変化をとげた。国家滅亡の危機をはらんだ近代化の中で，喫緊の課題の一つが一夫一妻制に基づく近代家族の創出であり，権力者の妾として存在することが多かった妓生は，新しい制度にとって，消滅すべき対象とみなされた。甲午改革で身分は解放されたが，「妓生撤廃論」が近代メディアによって，重要なテーマとして掲げられた。

　一方，仕事の内容として歌舞とセクシュアリティが未分化であった妓生にとって，近代はセクシュアリティにおける妓生の位置を明示し，統監府・総督府は妓生を芸妓と定義づけながらも，「売淫婦」としての処遇も行った。このような社会的位置の動揺，芸術家から「売淫婦」への視点の変化の中で，雑誌『長恨』が出された。新女性でも自ら雑誌を出すことは困難な植民地社会で，なぜ妓生たちは雑誌を出したのか。

　『長恨』を刊行し，そこに妓生が文章を書くことの意味はどこにあったのか。『長恨』の記事の内容を，自己認識5項目と社会意識2項目に分類してみた（表3-3 ☞ p.78）。自らを前時代の遺物であり，なくさねばならない存在と冷徹に認識しながら（1），どんなに表現しても表現しきれない自分たちの現在の境遇と妓生にならざるをえなかった来し方の身世打鈴（2），それでも現実の自分に厳しい自己省察を加えながら（3），人間として・労働者として・芸術家として自覚し再生していこうとする（4），さらに目覚めた者がそうでない者を啓蒙して，平等を求めて団結していく（5）という道筋を妓生たちの文章から考え

第3章　植民地朝鮮における妓生の社会的位置と自己変革　99

てみた。また，妓生たちは自己の世界に沈潜しているだけでなく，妓生を量産しながら賤視・差別している社会（特に男性）への批判意識（6）を表し，当時の社会問題に対しても積極的に意見を述べている（7）ことも検討した。

　すなわち，『長恨』刊行とそこへの執筆は彼女たち自身の精神的慰安を求める行為であるとともに，恨に満ちた現実生活への絶望から再生へ，そして連帯へという精神的覚醒を共有しようとする熱望の表現ではないだろうか。

　また，それだけでなく，当時のメディアや絵はがきなどに商品としても取り上げられていた妓生にとって，『長恨』の刊行は，自身の宣伝としての機能も有していた。

　最後に，妓生たちが文章を書き，雑誌を刊行するという，当時の新女性たちすら難しかった領域侵犯的行動を行ったことに対する社会の反応をみてみよう。それによって，『長恨』の社会的位置づけがより明確になるからである。1号には『長恨』が世に出ることがわかってからの世間の反応が次のように記されている。「『長恨』が世の中に出るまでにもまた涙ぐましい歴史が多い。ある方面からは賛成もあったが，また一方では叱責も少なくなかった。生意気な奴，身分相応に笑いでも売るべきであって雑誌とは何だ。哀訴とは何だという人もおり，また，私どもが何を知っていてどんなことを書くのか知らねばという同情のように皮肉る言葉も聞いた」と。まさに当時の朝鮮社会において，妓生が文章を書き，自ら雑誌を刊行することは領域侵犯的行動以外の何ものでもなかったのである。

●引用・参考文献
青柳綱太郎（1918）．『朝鮮美人宝鑑』朝鮮研究会（影印本：民俗苑，1984）
イソニ（2011）．「1900年代漢城妓生組合の呈才公演活動研究」（韓国芸術総合学校伝統芸術院碩士論文）
イソリ（2009）．「『朝鮮美人宝鑑』に表れた妓生組合と券番に関する考察」（韓国芸術総合学校伝統芸術院碩士論文）
一記者（1924）．「京城の花柳界」『開闢』48（1924年6月号）
井上和枝（2013）．『植民地朝鮮の新女性―「民族的賢母良妻」と「自己」のはざまで』明石書店
金基鉉（1975）．「崔曙海の伝記的考察（1）―彼の青少年時節」『語文論集』16, 67-79.

金基鉉（1977）．「『朝鮮文壇』時期の崔曙海—曙海の伝記的考察（4）」『我々の文学研究』2, 30-35.

金春梅（2007）．「崔曙海小説研究—体験の形成化，変化様相を中心に」（成均館大学校碩士論文）

金東仁（1948）．「文壇30年の足跡（6）」『新天地』3-9, ソウル新聞社, 165.

クオンドヒ（2009）．「20世紀妓生の歌舞と組織—近代妓生の形成過程を中心に」『韓国音楽研究』45, 5-27.

クオンドヒ（2012）．「妓生の歌唱活動を通した近代への対応」『韓国詩歌研究』32, 353-393.

シンヒョンギョ（2010）．「妓生雑誌『長恨』書誌考察」『近代書誌』1, 241-253.

徐智瑛（2005）．「植民地時代妓生研究（1）—妓生集団の近代的再編様相を中心に」『精神文化研究』28(2), 267-294.

徐智瑛（2006）．「植民地時代妓生研究（3）—妓生雑誌『長恨』を中心に」『大東文化研究』53, 347-384.

宋連玉（1994）．「日本の植民地支配と国家的管理売春—朝鮮の公娼を中心にして」『朝鮮史研究会論文集』32, 37-87.

孫禎睦（1988）．「日帝下の売春業—公娼と私娼」『都市行政研究』3, 285-360.

朝鮮新聞社（1936）．『大京城府大観』（復刻版：2015年, ソウル歴史博物館）

長髪散人（1927）．「断髪女譜」『別乾坤』9, 74-77.

チョンヘヨン（2001）．「近代に向かう歪曲された視線—『長恨』研究」『韓国現代文学研究』9, 159-174.

山下英愛（2008）．『ナショナリズムの狭間から—「慰安婦」問題へのもう一つの視座』明石書店

李仁（1931）．「妓生は断乎撤廃」『東光』28（1931年12月）

李能和（1927）．『朝鮮解語花史』東洋書院［復刻版：1977年, 韓国学研究所］

劉秉珌（1907）．「行政の衛生」『大韓自彊会月報』11（1907年5月）

浪浪公子（1936）．「名妓栄華史—朝鮮券番」『三千里』8(6), 163-167.

손종흠・박경우・유춘동［編］（2009）．『근대 기생의 문화와 예술 I』보고사（ソンジョンフン・パックキョンウ・ユチュンドン［編］（2009）．『近代妓生の文化と芸術 I』ボゴ社）

第4章
「新鮮な花」の誕生
タイ近代文学女性作家ドークマイソットの『彼女の敵』『百中の一』と時代背景

平松秀樹

1 はじめに

　タイで最初の近代文学女性作家といわれるドークマイソット（ペンネーム：「新鮮な花」の意味）が初の本格的な小説を発表したのは1929年であった。ドークマイソットは西洋文化の影響を受けた新しい女性や新旧階層の対立を描き，見合い結婚を否定し自らの意思で相手を選ぶ自由結婚への希求を提示した。

　バウリング条約（1855年）以前のタイ伝統社会においては，《女は象の後ろ足》や《女は水牛，男は人》などといった言い回しがなされ，女性は男性に従属した存在として描かれることが多かった。古典文学においても，自己を滅し夫に尽くし貞操を貫けば「貞淑な女性」と崇められ，運命に翻弄された悲劇的結果であってもひとたび他の男性の手に落ちたならば「二夫にまみえた女性」として蔑まれたのであった。

　実質的な開港であるバウリング条約以降はヴィクトリア朝文化が流入した。一夫多妻制や妻の売買から女性の服装や髪形にいたるまで，タイの伝統がおもにミッショナリーたちにより激しく批判され，同時に，女子教育のための近代西洋的学校も開設され，女性をめぐる状況が大きく変化していった。

　そうした中，1900年代に入ると女性雑誌を創刊する知的集団もあらわれ，作り手兼読者でもあった上中流の婦人たちによる男女に関する観念が雑誌に映し出された。1920年代になると，売買春の問題や男女平等を論じる女性雑誌も出現した。

　本章の第2節においては，1929年のタイ近代女性作家誕生にいたる文学史

的・社会的コンテクストを，教育の状況や雑誌・文芸活動のテーマなどに焦点をあてて考察した。それを踏まえ，第3節では，近代文学最初の女性作家ドークマイソットによる記念碑的作品『彼女の敵』，およびその後の熟達した作品『百中の一』のテクストを分析していくものとする。最後に，その後の女性作家による小説や近代的女性像を描いた小説を視野に収めながら，タイ社会の近代化における「新鮮な花」の位置づけを，「女たちの翼」という観点から明らかにしたい。

なお，ドークマイソットの『彼女の敵』の日本語訳はなされておらず，『百中の一』も翻訳がでているもののテクスト分析は本章が初めてとなる。

2 近代女性作家誕生のコンテクスト

タイ最初の近代女性作家ドークマイソットの『彼女の敵』が発表された1929年という年は，タイ文学史上，近代文学の嚆矢の年ともされる。その年，アーカードダムクーン（男性，1905-1932），シーブーラパー（男性，1905-1974），ドークマイソット（1905-1963）という近代文学を担う三人の旗手が揃い踏みした。それまでの古典文学的な展開から離れて，一般個人の物語へと至る過程，タイ文学研究の用語でいえば，それまでの"チャクチャク・ウォンウォン"と呼ばれる王子王女の奇想天外で，荒唐無稽ともいえる語り物から，近代小説への転換へと至る重要な節目である。

近年では一部の研究者により一個の独立した「エージェント」としてとらえるといったフェミニズム的な読み直しも試みられているが，一般的見解では古典文学中のヒロインは，主人公男性（王子）を彩る「花」としての従的役割のみを与えられてきた。そのような男女観の源泉として，『ラーマキエン』（タイ版「ラーマヤナ」）における性的役割分担が考えられるであろう。主人たるヒーロー，主人に従う貞淑なヒロイン，ヒーローの右腕となる弟的役割の準ヒーロー，悪役，等々が登場するタイ古典文学もその定番パターンに従うものが多い。さらには『マハー・ウェートサンドーン・チャードック』[1]での，太子の

---

1) パーリ語で「ヴェッサンタラ・ジャータカ」，日本語で「布施太子本生経」と呼ばれる語り物である。

布施行の決意を試すためにインドラ神が化身したバラモン行者に乞われて，夫によって従容として「布施」されてしまう妻のイメージも大きい。その他，『イナオ』[2]のブッサバー姫など，ヒーローたる夫に献身的で，自己を滅し夫に尽くし貞操を貫いた妻はすべからく「貞淑な女性」と崇められ，逆に，『クンチャン・クンペーン』[3]や『カーキー』[4]のヒロインのように，たとえ運命に翻弄された悲劇的結果としてであっても，ひとたび他の男性の手に落ちた女性は「二夫にまみえた」として蔑まれてきたのである。「カーキー」という言葉は，売春婦を言い表すときの隠語の一つにもなってしまっている。

　本節では，タイ近代文学における女性作家による文学作品誕生に至るまでの背景を論じることを目的にしているが，前段階として，タイの近代小説誕生に至るまでの過程を少し長くなるが確認しておきたい。

　上述の『ラーマキエン』や『チャードック』[5]にある諸々のストーリーに顕著にみられるような古典インドの文学・文化の影響を色濃く受けたタイ古典文学から，タイ近代文学を誘引する契機となったファクターが二つ挙げられる。遠因として一つ目は歴史家のニティが指摘するように，18世紀後半から19世紀前半にかけて[6]，文学方面においても「新奇な」ものを求める趣向を持ち合わせた，タイブルジョア・カルチャーとでもいうべきものの興隆があり（เอียวศรีวงศ์（イーオシウォン）1984：215），より直接的要因としては，19世紀後半に[7]，ヨーロッパ，主としてイギリス留学に派遣され帰国した王族などの子弟による西洋文学の移入が挙げられよう。換言すれば，間接的には，ブルジョアと訳されるタイの「クラドゥンピー」の出現に起因するバンコク朝初期の文化・文学的趣向の変貌により，新しい文学を受容するべき「読者層」を生む下地を作ったこと，そしてより直接的には，西洋への留学組による西洋文学の翻訳・翻案

---

2) ジャワの「パンジー物語」をタイで改変したもの。伝統舞踊劇の出し物としても有名。
3) タイで最も人口に膾炙した語り物の一つ。禿げ頭だが実直で金持ちのクンチャンとハンサムだが浮気者のクンペーンの間でヒロインが翻弄される。最後に国王に選択を迫られるが，選ぶことができず処刑を宣告される。
4) 美青年に変化した神鳥ガルダ（迦楼羅）の王に誘拐され，さらに他の男にも騙されて関係をもってしまうヒロインの話。
5) 「ジャータカ」のタイ語訛り。
6) アユタヤ朝終期からバンコク朝初期。
7) ラーマ5世期。

により，タイ近代文学の車輪を初めて転じさせる準備が整ったのである。

また，それに先立ち，18世紀末から19世紀初めにおいて[8]，中国の『三国志演義』などが翻訳されタイ近代文学の散文の成立に少なからぬ影響を与えた。その後，『サーム・コック（三国志演義）』の翻訳は，1885年にアメリカ人宣教師ブラッドレー[9]により印刷・出版されて人気を博し，それを範として続々と中国歴史物の翻訳やタイ人による似たような創作物が新聞に連載された。文体の面ではこの新しい散文の翻訳調は，韻文が主体の古典文学に慣れ親しんできた当時の人々に相当新鮮かつ画期的なものに映ったようである。文体の影響のみならず，ストーリー展開の仕方なども，のちの文学者に受け継がれるなど多大な影響を与えた[10]。

内容の面で新風を送り込んだのは，19世紀末から20世紀初頭にかけての[11]西洋文学の翻訳・翻案である。文学的才能に恵まれたワチラウット皇太子（ラーマ6世）をはじめとする当時の留学帰りの王族・貴族たちにより，西洋文学の移入が盛んに行われた。しかしながら「新風」であることは疑いないものの，当時の翻訳翻案物には，筋が単純明快で楽しいものが選ばれ，以前よりの「遊びの読本（ナンスー・アンレン）」という呼称がついて回った。

タイにおける小説形式の誕生は，ラーマ5世時代（1868-1910）とみなすこともできる。5世王時代の近代化政策の一環として留学した王族貴族の子弟たちが，帰国後文学サークルを形成し，文学雑誌上に西洋文学の翻訳を始めたのである。彼らは文学雑誌『ラック・ウィッタヤー（知識を盗む）』を1900年に創刊し，活躍の舞台とした。

1901年にマリー・コレリの『復讐』を訳した『クワーム・パヤバート（復讐）』が『ラック・ウィッタヤー』誌に掲載され，これがタイ最初の「小説」[12]とさ

---

8) ラーマ1世期（在位：1782-1809年）。
9) 本国から印刷機を導入しすでにラーマ3世期（在位：1824-1851年）の1844年にタイ国初のタイ字新聞 *Bangkok Recorder* を発行していたとされる。
10) 例えばヤーコーブ（男性，1907-56）の『十方勝利者（プー・チャナ・シップティット）』（1932年，未完）。ビルマ人は一般に非道な悪役に描かれることが多いが，この作品はビルマのバインナウン王（タイ語での呼び名はブレンノン）を善的主人公に据えた点が奇抜であった。ただし，従来の古典的性的役割をもつヒーロー・パターンから抜け出すものではない。
11) ラーマ5世期（在位：1868-1910年）末期から6世期（在位：1910-25年）。

れている。他の翻訳としては，A. デュマ，コナン・ドイル，ライダー・ハガード，モーリス・ルブラン，モーパッサン，O. ヘンリーなどが人気を博した。中でも，シャーロック・ホームズ・シリーズやハガード作品の『洞窟の女王』などの翻訳はとりわけ人気であった。しかし翻訳された多くは，筋のワンパターンな，通俗小説ばかりで，かつ自分たちタイ人の趣向に合ったようにストーリーが取捨選択され，肝要な部分を度外視して内容を改変し単純化したものであったといった批評もされている。恋愛大衆小説の翻訳が人気を博したことには特に留意すべきであろう。こうした翻訳時代の風潮を経て，やがて，翻訳物にも飽きた読者のために，話の内容をタイ風にアレンジし舞台設定もタイにした，翻案小説が誕生するのである。

翻案小説はそのスタイルを「半洋半タイ」と表現された。文学史上，タイ人によって書かれた初のタイ小説と位置づけされるのは，『洞窟の女王』の訳者でもある作者が書いた『クワーム・マイパヤバート（復讐せず）』（1905 年）である。これはコレリの『復讐』の結末に満足を覚えず，仏教の教えのごとく「復讐しないこと」をテーマに翻案したものである。いかにもタイ的といえるのではないだろうか[13]。

ラーマ 6 世はイギリス留学中に，日本人女性を主人公にした「おはなさん」（1900 年頃）を英語で書いたが，残念なことに上梓されていないので文学史では埋もれている。また 6 世王に奨められて王族の男性が，『蝶々夫人』を翻案した『サーオ・クルアファー（クルアファー嬢）』を書いている。バンコクの士官と北タイのチェンマイの娘という設定で，タイ人男性主人公はピンカートンよりはるかに善人に描かれている。

以上のような翻訳翻案は全て王族・貴族の男性の筆によるものである。近代以前のタイ文学史において，実際にはいたであろう無名の書き手を除き，女性が書いたものとして確証をもって挙げられているのは極めて少なく，ジャワ風の物

---

12) 英語の novel がタイ語で「ナワ・ニヤーイ」と訳された。「新しい・語り物」の意味である。
13) その他，タイ語に翻訳された映画のスクリプトが，小説スタイルに大きく影響を与えたとされる。最初の翻訳された映画スクリプト（1913 年）は，シャーロック・ホームズ・シリーズであったとされる。

語『イナオ』を競って書いたといわれるアユタヤ朝の王女姉妹くらいである[14]。

20世紀初頭以降の女性に関する見解と女性雑誌の出現の足跡を，簡単に整理してみることにしよう。1900年にティエンワン（男性，1842-1915）という思想家が，女性の社会的隷属状態を初めて公に批判し一夫多妻制に反対した。しかしそれは新時代に沿った男性にとっての有能な妻・母の創出を狙ったものではあるが，女性の立場の向上を単純に目指したものではなかった。女性の立場よりもむしろ，多くの妻がいるために夫が時間を浪費し健康と財産を損ねるといったような一夫多妻が男性に与える悪い影響を心配したものであったとの見解もある。

また1900年代に入ると女性雑誌『ナーリン（女丈夫）』『クンラサトリー（貴婦人）』『サトリーサン（婦人誌）』などを中心に，上中流の教育を受けた20世紀初頭の女性の観念が映し出される。主に妻・母としてのリプロダクションの役割に関心を置いたものであり，これらの女性雑誌を発行する女性たちの中から，売春婦，女性の労働のテーマへの関心をもつグループも出現した。1920年代になると女性雑誌『サトリータイ（タイ婦人）』が売春婦の問題を扱い，その他の女性雑誌でも，男女平等，教育，一夫多妻の問題が論じられるようになった。

主としてスワディー（Suwadee）の論文[15]を下敷きにして，興味深い論点を付加しているバルメ（Barmé 2002）に従って，当時の雑誌内容をみてみよう。ドークマイソットの生まれた翌年に出た『クンラサトリー』（1906年創刊）の目標は教育のある従順な女性の創出であり，文明[16]を身に着けた妻の養成である。しかし当雑誌は，女性が「象の後ろ足」であることの否定を謳ったものではなかった。ドークマイソットが9歳の時に出た『サトリーニポン（婦人論）』（1914年創刊）では，旧社会の風習は時代遅れと男性に伝えることを念頭に，「水牛」でもない「戸棚の人形」でもない女性が目標に設定され，一夫多妻，

---

14) 『タムラップ・ナーンノッパマート』を記したとされてきたスコータイ朝の官女ノッパマート（王の愛妾説もあり）などをはじめとする多くの人物および作品の実在の信憑性が近年の研究では疑われている。こうした「偽造」に至ったのは，ラーマ5世時代の「近代国家形成」のための国家のアイデンティティ創出の一つとして，「キャノン形成」がなされた結果であるようにも映る。ダムロン親王を肝いりに文化・文学面での「創られた伝統」が形成されていったのである。
15) 参考文献に挙げたスワディーの論文や博士論文など。

見合い結婚を批判した。いずれも上中流階級の女性向けであり，バルメはこうした動きを'Proto feminism'（原フェミニズム）といっている[17]。

世界恐慌の年の1929年に，ドークマイソット『彼女の敵（サットルー・コーン・チャオローン）』，アーカート・ダムクーン『人生の劇場（ラコーン・ヘン・ティーウィット）』，シーブーラパー『男たるもの（ルーク・プーチャーイ）』が揃って登場したのである。一般には，これら三者によって近代文学が成立し，タイ文学が「半洋半タイ」から「純タイ」へと至ったとされる。

1929年に始まるタイ近代文学の当時の多くの文学のテーマは，見合い結婚の否定かつ自由（恋愛）結婚への希求であった（Sumalee 1995）。ドークマイソットのみならず，男性作家たちも，作品で同様の模索をした。例えば，同じ1929年にはシーブーラパー主宰の知識人雑誌『スパープ・ブルット（紳士）』が個人の自由で相手を選ぶべきと説いているし，アーカート・ダムクーンは『人生の劇場』で，恋愛と結婚の葛藤や一夫多妻制への反対を表現している[18]。

ところで，1920年代から30年代には，シャネル風の帽子やアールデコ風の服装などが当時の写真や雑誌の挿絵にみられる[19]ように，パリ風の帽子やヘアバンドなどのファッションが，一部の上流社会では流行っていた。こうした時代の匂いを，ドークマイソットの作品から感じることは容易である。彼女の作品には，当時タイに登場して間もない西洋タバコも出てくる。旬を体現するようなトレンディな女性の装いをなす『彼女の敵』や『百中の一』の主人公と，伝統的タイドレス衣裳につつまれた古典文学ヒロインとの，内面はともあれ，外見上の径庭は大きい。

女性は古来より〈象の後ろ足〉と称されてきたことに象徴されるように，タイ古典文学に両性の平等はなく，女性は男性による性的欲望の対象物として描

16）英語からとったタイ語のcivilaiという言葉が，当時流行った。
17）その用語がはたして有効な規定かどうかは，議論の余地があろう。
18）男女ともに教育をうけた若い作家の最大の関心の所在が，「脅迫（強迫）結婚」の否定であり，「自由結婚」の希求であるのは，日本でもある程度パラレルである。佐伯（1998）参照。
19）例えばラーマ6世の配偶者の写真にみられる。当時はおそらくはまだ上流階級の専横物であったであろう。化粧・服装の西洋風スタイルが一般の人々にまで行き渡るのは8世（在位：1935-46年）期まで待たなければならない。

かれてきた。そうした「美しい花」すなわち男性の欲望物たる女性ではなく，生き生きと躍動する女性，単なる従のヒロインではなく主人公として軸となりストーリーの中心に位置する登場人物，いわば 'female hero' とでもいうべきものの造形により，近代小説への分岐点形成に一役買っているのはドークマイソットである。

1932 年の立憲革命を準備する時代になって初めて，男性の権利や男性間の平等とともに女性の権利や男女平等にもようやく文学作家たちの視線が及ぶようになった（ブンカチョーン 1985）。タイ立憲革命を実行した肝いりのメンバーは，それ以前にフランスで集まり，自由平等というフランスの強い思想的影響のもと，革命を起こした。ドークマイソットは，女性に対する視点が移行するそうした歴史的過程において，作家として始動していくのである。

近代小説家の出現は，「読者層」の拡大とリテラシー普及に連動している。旧来型の物語に飽き足らず，近い将来にきたるべき「新奇な」文学を享受することのできる「読者階級予備軍」とでもいうべきものが出現し，他の要因と相まってタイ近代文学を誘引する力となった。ここで疑問として浮かび上がるのは「読書層」の構成主体は誰かという点であろう。

男性の場合，旧社会での読者層の筆頭は，幼少のころ宮廷で教育を受け，韻律をもつ難解な古典文学を解する王族や上級貴族層の子弟であろう。時代が下り，20 世紀初頭の「新奇な」西洋文学を受容した読者層とは，近代化に努めたラーマ 5 世時代に，西洋に派遣され帰国した皇太子の世代，いわば「ワチラウット皇太子世代」ともいうべき，旧読者層の子弟たちであり，彼らは書き手でもあり同時に読み手でもあったようだ[20]。そうした洋行帰りの読者層サークル外に，はたして新文学の読者はいたであろうか。例えば当時，一般の庶民層に，文学作品が読めるほどの高度のリテラシーはあったであろうか。

タイでは，王侯貴族以外の階層の人々はプライ，すなわち平民と呼ばれて

---

20) 旧世代が，新しい文学に理解を示したとは思えない。ラーマ 5 世の異母弟である法親王は，フィクションを実話と誤解した。別の異母弟であるダムロン親王は，国内の王宮学校を修了し，古典文学の研究・読解には力を注ぎ膨大な業績を残し，「歴史学の父」と称されているが，西洋文学への関心は薄いようであり，みるべき業績がない。ラーマ 5 世王自身は，アジア・ヨーロッパへの外遊の結果であろうか，フィクションを理解し，『ミカド』も自身で訳している。

きた[21]。教育促進のために，義務教育[22]を課す教育令「初等教育法」が制定されたのは 1921 年である。しかしながら当初は，この教育令の実施地域はバンコクなど限定的であり，1930 年代の改正でようやく全国的に初等教育制度の原則適用がなされた。しかし実際には，20 世紀後半になっても田舎の農民たちは，中等学校への進学はおろか，義務であるはずの初等学校でさえ中途退学し，農作業に勤しむ者が多かった。たとえ数々の障害をクリアーし，見事に義務教育を終えたとしても，短期間の初等教育だけで，新しい文学作品が理解できたとは思えない。

1920 年代以降になると，上述の洋行帰りの王侯貴族子弟に加え，バンコクで中等教育を終えた教育エリートが読者層となった。例えば，1905 年に生まれ，近代教育を受けたエリートであったシーブーラパーは，上流階層出身ではなく豊かではない家庭に育ったが，タイ近代文学史上で最も評価の高い作家である。彼は，同じくタイ近代文学の成立を担った王族出の男性作家アーカート・ダムクーンと同じ名門テープシリン校に学んでいる。

旧世代においても新世代においても，読者層として忘れてはならないのは，寺院の僧侶であろう。寺院で仏教経典を学びパーリ語やタイ語韻文の研鑽も積んだお坊さんは，文学を鑑賞する能力を持ち合わせる最大の候補集団であろう。しかし，古典文学ならいざしらず，僧侶の身で，近代の恋愛文学などの翻訳翻案を享受するのは，少なくとも表向きは難しい。パーリ語やタイ語を磨くために文学を読むことは許されても，それを楽しんだり，耽溺したりすることは戒律に抵触する。お坊さんは流行の恋愛小説を読んで，うっとりしたり涙を流したりしてはいけないのだ[23]。また一般に，プライの子弟は，伝統的に，お

---

21) その他，「タート」と呼ばれる，奴隷的存在の人もいた。ラーマ 5 世によって廃止される。
22) のち，6 年間に延長された。義務教育でなければ，1884 年に政府による国民学校が開設され，順次学校数・生徒数を増加させていっている。また王族貴族の子弟用には 70 年代より宮内学校（1871），宮内英語学校（1872），80 年代にはスワン・クラープ校（1881）などの官吏養成のための学校がすでに開設されている（村田 2007：28-30）。
23) 酒に酔ってはいけないのはもちろんであるが，筆者の解釈ではお坊さんは何事にも酔ってはいけない。音楽や映画に酔ってもいけないし，雰囲気に酔ってもいけない。いわんや「恋愛」に酔うことは論外である。ちなみに，僧侶がラブレターを書くのは戒律違反となる。

寺でそれぞれ縁のあるお坊さんから手習いを受けていた。読み書きが一定以上できるようになれば下級官吏への登用の途が開けていたが，新しい文学を愛読できるまでに至ったかというと甚だ疑わしい。

旧世代の女性の中で文学を鑑賞するに適うだけの能力を持ち合わせる読書階層を形成したのは，まずは王族や高級貴族の上流階級子女であり，さらに，幼少より長らく宮廷で教育と躾を受けた官女といった女性たちであろう。また男子と違い，ごく一部の例外を除いて，プラーイの女性は一般に，僧侶から教わるお寺での学習にも参加できず[24]，伝統的には家庭内で女性親族に実用的な教育や躾を受けるのみであった。たとえ読み書きが修得できたとしても初歩的なもの以上は期待できない。旧世代だけでなく新世代においても，人口の大半が農民である一般のプラーイにとっては，女性にとって男性にとってを問わず，「文学」とは「読む」ものではなく，寺院の僧侶が説く『ジャータカ』物語や巷の語り部が諳んじる民話を「聴く」ものであり，あるいは芝居や影絵芝居として「観る」ものであった。一般のプラーイの中に，文学愛好家や読者層が形成されるのはさらに時代が下らなければならない。

また，A.リードに従えばインドネシアやフィリピンなど，他の東南アジア諸国では，恋の詩を書く慣習によって女性のリテラシーが高度に保たれた地域があった（Read 1988：218）[25]。しかし旧世代のタイでは，思いを寄せる男性に自分でこしらえた美しい盆に乗せたキンマの巻きたばこ[26]を差し出すのが，女性にとっての精一杯の「愛情」表現であり，恋の詩を書くということはなかった。

女性の義務教育開始も原則的には男性と同じ1921年の「初等教育法」によ

---

24) 女性と僧侶は1対1でテーブルに同席してはいけないといった戒律もある。
25) インドネシアのスマトラ島のランプン地域やフィリピンのミンドロ島など。
26) ここでの煙草は，西洋タバコではなく，石灰入りの檳榔子の薄切りをキンマの葉で包んだ「葉巻」風たばこを指す。ちなみに旧世代であるラーマ5世期において，「女子の習得すべき「教育」とは，料理，菓子づくり，辛子油づくり，タバコ巻き，キンマ噛みの盆つくり，花輪づくり，庭園の手入れ，などの家事と，日常の礼儀作法のふたつを意味していた」（森1976：142）。また当時の女性にとっての理想の自己像は "ナーン・ケーオ"（宝石の婦人）といわれる女性像であり，慈悲深き「母」であること，苦楽を分かち合う「姉妹」であること，子孫繁栄をもたらす「妻」であること，よき仕え人である「嫁」であること，という4つの女徳を持ち合わせたもの」（吉川1976：139）と解説されている。

る。それ以前に，日本から安井哲ほか2名を招へいし，タイ最初の本格的女子校を目指したラーチニー校（日本での呼称「皇后女学校」）が1904年に開設されているが，そこに通ったのは，王族や貴族などの上流階級の子女に限られていた[27]。また，ラーマ4世期にバウリング条約締結を機にタイは1855年に開国した。それ以前にもすでに来タイしていたが，開国とともにさらに流入したミッショナリーの宣教師の夫人たちによって，女子教育が複数の学校では行われていた。新世代になると，そこには王族貴族階級の子女とともに，「お金と暇がある」タイ「ブルジョア」階級の娘たちも徐々に参加していったであろう。そのような学校では，タイの「ブルジョア」の娘たちが，外国語を学び，西洋文学の原典や翻訳翻案作品を享受することは十分に可能であり，文学作品を書く能力さえ修得可能であったと推測される。

　新世代になると，新興エリート層である，タイ「ブルジョア」が出現していた。タイ「ブルジョア」はタイ語で「クラドゥンピー」と呼ばれるが，ここで注意を払わなければならないのは，近代文学黎明期の西洋のブルジョア読者階層というイメージに，タイの「クラドゥンピー」読者層のそれを近似させすぎてはいけないということである。ヨーロッパでは，小説は，金と力と余暇のある中産階級のものといわれるが，タイで，西洋文学を移入し近代文学を準備した主体は王族や上級貴族であり，かつ近代文学成立以後の文学の担い手にも，その階級出身者が多い。例えば，ドークマイソットは，王族の血をひき，幼いころは宮中で学び，のちミッション・スクールでシスターから学んでいる。新旧両方の教育を受けているのである。

3　ドークマイソット作品のテクスト分析

❊ 3-1　ドークマイソットの来歴：作品のコンテクスト

　ドークマイソットは1905年にバンコクに生まれた。父は王族の家系であり，両親の離別により，幼少期には父方叔母の世話により王宮で育てられる。そこで躾や教育とともに，仏教の薫陶を受けたものと思われる。13歳で家に戻る

---

[27] ラーマ5世自身は女子教育に積極的ではなかったともいわれているが，その妻サオワパー王妃によってラーチニーをはじめいくつかの女子校も設立されている。

こととなり，その後，フランス系の名門セント・ヨセフ・コンベント校で当時の中等教育8年を終える。学校ではフランス語系のコースに所属し，シスターより教育を受けた。文学作品習作の時期を経て，1929年に『タイ・カセーム』紙に『彼女の敵』を載せ，小説家としてデビューする。作品の数はそれほど多くはないが，仏教的色彩をもつ作風をベースに，新旧階級の価値観の対立や見合結婚から自由結婚への希求を描いた。1954年に49歳で，外交官と結婚し，1963年に夫の赴任地インドにおいて，58歳で亡くなっている。

　ドークマイソットは，前節で述べた翻訳・翻案物を愛読し，さらに原語で西洋文学作品に直接触れたと考えても何らおかしくないであろう[28]。その結果，国内の旧式の社会制度への疑問をもち，とりわけ旧来の「クルム・トゥン・チョン（袋とじ）」という結婚制度へ作家として果敢に挑戦を挑んだ，と考えることはできるであろう。他の社会制度の旧弊に目を閉じているわけではないだろうが，まず個人レベルから解決できるのは結婚制度であるから，デビュー作で，そこからスタートするのは当然の成り行きであるかもしれない。彼女は後の作品でも，一部の男性作家のように大きく政治社会体制そのものを否定することはない。

　いずれにせよ，タイ初の近代文学女性作家は，登壇以前に，英語仏語など，当時の新教育の賜物としての外国語の力により海外の文物を読破し，文学的素養を身につけていった，といえるであろう。しかし同時に，幼年時代に宮廷で教育を受けていたため，タイ古典文学の造詣も深く，伝統的教養を深く身につけていることも，彼女の作品を解釈する上で看過してはいけない。

　ドークマイソット作品の具体的テーマとしては，まず，旧社会の「プーディ（貴人）」の価値観と新興階級の価値観の対立・拮抗が挙げられよう。さらに，古い躾を受け慣習にとらわれた女性と新しい社会の教養を身につけた女性の対比も描かれている。こうした対立・葛藤の提示は，当時の他の男性作家も試みており，その時代に共有されるテーマでもある。

---

28) 作品の傾向から考えると，ヴィクトリア朝小説のロマンティックラブの影響があると思われる。今後検証していきたい。

※ 3-2　初期作品『彼女の敵』(1929年) テクスト分析

　それではまず，実質的なデビュー作である『彼女の敵』[29]をみていきたい。次第に熟達していくドークマイソットの作品全体から眺めれば，多くの作家が一般的にそうであるように，『彼女の敵』は若書き的な作品といえる。しかし，まだ男性作家の作品が主流であった当時の文学界における希少な女性作家の作品という要素を除いても，タイ近代文学史にとって重要な作品である。

　小説『彼女の敵』は，込み入った伏線などを敷いているわけではなく，筋は明解であり，文章表現もスムースで，先を読み進みたくなる軽快な筆致でストーリーは進行する。

　作品冒頭付近で，主人公女性のマユリーは，アームストロング車を自分で運転して，颯爽と登場する (36)。色白で可愛く，大きな瞳，ショート・ヘア[30]，鼻は高く，愛らしい唇の持ち主で，帰宅すると父の首に腕をまわして挨拶する (37)。帰宅が遅くても，父はそんな娘を怒れない。

　マユリーは，外国帰りで，西洋文化の影響により新しい教育を受けた女性である。社交的で積極的，合理的であり，服装も近代的，「アメリカでモダンな躾を受け，自分というものをもっており自信にあふれた」(6) 人物である。当時，導入されたばかりの流行りのタバコ (Barmé 2002：48) もたしなみ，恥ずかしがることなく水着も着こなす[31]。

---

29) 引用はバンナーカーン版 (1973年) の拙訳による。以下，カッコ内に小説のページ数のみ記す。『彼女の敵』に関しては，宇戸 (1996) に「粗筋」として20行ほどの簡単な梗概が載せられているが，日本ではまだ紹介もほとんどなく，一方，英語での翻訳も出てない。ドークマイソットの作品全体の分析であれば，ブンカチョーン (1985) が参考になる。
30) ショート・ヘアといっても，ミッショナリーに激しく批判されたラーマ4・5世紀の短髪，主に宮廷内の断髪スタイルとはまったく相違する西洋風スタイルである。近代化以前にすでに断髪であったことは，日本・韓国の事情と大いに異なる。またミッショナリーは，同じように男女の区別が明白でなく，ふくらはぎを含めてひざ下がすべて見える服装，チョンクラベーンの女性着用を激しく批判した。日本・韓国同様，当時のミッショナリーは，くるぶしの描写でさえ猥褻としたヴィクトリア朝の価値観をもっていた。
31) これよりかなり後の時代の映画でも，主人公がミス・コンテストでの水着審査に抵抗を示すシーンがみられる。現在でも水着の上にTシャツを着てプールに入ったり海水浴をする女性が多い。

彼女は進歩的女性であろう。「バンコークではいまだに主(あるじ)，貴族，貴人，平民，下僕，があって，すべて平等のアメリカとは［略］」(40) などとうそぶく，海外経験のある近代モダンな女性であり，一般にタイ語で「フア・ノーク（直訳：外の頭）」と呼ばれるところのラーマ5世期より本格的に始まった「洋行帰り」につらなる系譜の女性であるといえよう。もちろん，初期の「フア・ノーク」は圧倒的に男性留学生が多かったが，だんだんと女性も留学派遣されるようになる[32]。

　マユリーの場合は，長じてからの留学ではなくて，父親の赴任について13歳でアメリカへと旅立つ。思春期を当地で育つ。どこの町かは書かれていないが，父が公使（ラーチャトゥート）という設定なので首都ワシントンD.C.であろうか。10年ほど滞在したのち帰国する。帰国後は，首都バンコクで，当時最先端の遊びスポットである映画館や盛り場に出入りし，ダンスパーティーにしばしば通う。また「ディナー」や観劇を楽しみ，「モダン系の場所では名の知れた女性」(121) とも表現される。もちろん，一人ではなく他の女性友達も一緒で，送り迎えをしてくれるボーイフレンドもいる。マユリーの遊び友達もたいていは，鼻が高く，色が白く，教育レベルも高い (47)。ただし，付き合っている医者のボーイフレンドは，目が小さい，と描写されており，これは後に「悪役」と化す前兆記号が付加されているとも読みとれる。ここで描かれる遊び場は，近代教育を受けた上流階級や新興ブルジョアの若者たちが集う場所である。近年のタイの流行言葉でいえば，「ハイソー」（英語の high society より）な人たちの遊び場である。毎週水・土曜に開催されるダンスパーティーの場所が，王族所有のパヤータイ離宮がメイン会場である。また22歳の誕生日を祝うお屋敷でのティー・パーティにマユリーが招待した友人たちももちろん，「みなモダンな教育を完璧に了えた人々」(102) である。

　社交的でかつダンスが踊れることは，従来のタイ女性にはない当時の上流階級の西洋的教養として重要なファクターであろう。『彼女の敵』の場合は「（フランス風）タンゴ」を踊れるのが最先端のたしなみであるとされているようで，

---

[32]「洋行」に加えて，1902年にはタイから四人の女子留学生が日本に派遣され，当時の女子高等師範学校（現お茶の水女子大学）ほかで学んでいる。

しばしば言及される。また男性もダンスがうまく踊れるのが重要で，秘書のプラソムのタンゴの見事さに，マユリーが感服し「惚れ直す」場面もある。

マユリーの家はチャオクンの尊称でよばれるお金持ちの名家で，しかもただの成金的な金持ちではなく，父はプラヤー，祖父はチャオプラヤー[33]の位階をもつ名門貴族の家系である。他の作品でもみられるように，成り上がりのただの金持ち新興階級に対するドークマイソットの不信感をここに読み取ることができる。母はマユリーが7歳の時に死別したが，アメリカ人の血を引くことがほのめかされている。

マユリーは良家の子女ではあるが，古来の躾をうけた伝統的「クンラサトリー」[34]ではなく，新時代の新しい教育をうけたモダン女性として描かれる。13歳よりアメリカで教育を受けたマユリーは，「アメリカ人と同じ発音の英語」(72)を話す。ダンスパーティーで紹介された人に対しては西洋人であろうと，いっこうに物おじすることなく笑顔で親しみを示す(71)といった，旧来のタイ女性にはない新時代の社交の心得も身につけている。例えば，現在でも社会の一部に影響力の残る，旧社会の価値観の代表『スントンプーの女性訓』[35](19世紀前半)では，女性が自分から男性に声をかけるべからず，思わせぶりな態度をとるべからず，と戒めているが，新しい価値観に生きるマユリーには無縁である。

マユリーには親の決めた許婚がいたが，それは当時の伝統的慣習であり，名門の家ならばますますもって従うべき慣習である[36]。ところがマユリーは，アメリカからの帰国後，なぜか突然，婚約解消・破棄を表明する。幼少のときより親同士の約束で取り決められていた結婚に烈しい反発を示す。具体的な理

---

33) 旧社会での位階の名。上からチャオプラヤー，プラヤー，プラ，ルアン，クンの序列。立憲革命(1932)で廃止された。チャオクンは高位の貴族や僧侶に対して用いる尊称。
34) 素性の良い家柄の貞淑な女性を指す言葉。現在でも理想的女性像とされることが多い。平松(2008)参照。
35) 『クンチャン・クンペーン』の編者の一人でもある，ユネスコの世界の百大詩人にも登録されている詩人スントンプーは，女性は「ケーオ(宝石)」としての処女性が大事と説き，女の美徳は，感情・愛を表にあらわさず，愛されるようにすることと唱えた。
36) 日本と同様に，上中流に比べ庶民は比較的自由に相手を選んでいたようだが，多くの研究者が指摘しているように，資料が少なくこの方面の研究はすすんでいない。

由は書かれていない。そうした考えを堅固にもった女性として登場するのみである。アメリカでのいかなる経験によりそういった考えにいたるようになったかも説明されていないので，読者は海外経験により，そうなったのであろうと，おおよその見当をつけることができるのみである。

相手の男性に不満があるわけではない。マユリーは相手の男性のことをほとんど知らない。いや幼少のころに「兄妹のように」一緒に過ごしたので，本当は知っているはずなのだが，作品では，ほとんど忘却してしまったように描かれる。アメリカでまったく新しい女性に生まれ変わったと理解することもできる[37]。

一方，婚約者を親が勝手に決めたということで父親に不満があるわけでもなく，逆にマユリーは父親を深く尊敬し愛してやまない。父親のチャオクンも娘を「溺愛し」，親子関係はすこぶる良好である。父親は娘の意思を尊重し，申し訳ないと感じながらも婚約解消を親友でもある相手方の父親に手紙で申し入れる。「私の我儘娘は [略]」(2)，「婚約のことを言ったらたちまちヤック（夜叉）のような顔をして，もしクルム・トゥン・チョン[38]を強制するなら何が何でも聞かない，などと [略]」(2-3)，「この娘はすっかりアメリカ人で [略]」(3)と父親は表面上は一応，嘆息を手紙で漏らす。

マユリーと対照的に，婚約者である男性主人公のプラソンは，幼少のころより一貫してマユリーを深く愛しているので，婚約解消の申し出の手紙を受け取ったあと，彼女の本心を知りたいと，ある秘策を実行に移す。彼は口髭をつけて「変装」[39]して，マユリーがそこまで自分との結婚を否定する理由を探る

---

[37] ストーリーの不自然さからか，このあたりを誤読して，「いちどもあったことのない親のきめた婚約者」としている批評家もある。

[38] 「クルム・トゥン・チョン」とは親の取り決めによる見合い結婚の呼び名であるが，文字的には「袋かぶせ」結婚の意味である。カリカチュアライズされたイメージでは，結婚式当日にお互いに初めて顔を覆った袋をとり，顔見せするといった感じであろうか。

[39] この口髭は作品中の女性たちにことごとく嫌われている。ちなみに，口髭をつけて変装したら気づかれないという設定は，現在のタイのテレビドラマでもよくみられる設定である。プラソンは話の終盤で，口髭変装の理由をマユリーに問われて，男の口髭は，女性が髪を切るのと同じ (203) と，傷心と結びつけて強引に説明ともならぬ説明をしている。

ことにしたのである。さらに名前も本名のプラソン（prasong）からプラソム（prasom）と偽り，マユリーの父の会社に勤めることにする[40]。

プライド高きマユリーは，父が彼を非常に好いており，立場上は単なる従業員にすぎない彼を家族の一員と同等に扱う態度に内心不満をもっているが，親へのブンクン（恩義）を重んじるので (54)，父親に対しては不満を表さない。一方，変装した婚約者には，露に不快感を示していたが，何度も彼に窮地を助けられていくうちに，態度では強く反発しながらも，こころは惹かれていき，いつのまにか恋患いのような症状にさえなっている (81)。マユリーは当初は赤い服，赤いハイヒールであったが，このあたりから紺色になるのは，興味深い。

「マユリーは，ただの一人の女性である。古に言うには，お相手のいない美しい女性は，リングのないダイヤモンドのようなものだ。マユリーは美しい女性であるが，そばにお相手がいなければ，美しさも十全にはならない」(93) との解説が付されているが，作者ドークマイソット自身の考えの投射であるか，それとも第三者の視線の挿入であるかは不明である。

一方，いつかはマユリーと結婚できると思っているボーイフレンドである医者はマユリーに「君のことを本当に愛している。もし君と結婚できるなら，君だけを愛し，酒も飲まないし，遊びにもいかない，僕の財産はすべて君にあげる」(132) と定番のセリフを投げかける男であるが，「妻は君一人しかもたない」と気になることも言っている[41]。しかし彼の行動（暴行未遂）により関係は破綻する。

医者のボーイフレンドは，マユリーの物腰優しく笑みを含んだ態度[42]に対して最初から好意をいだき，ますます好きになってマユリーを崇拝（ブーチャ

---

[40] タイ語の最後の一文字（子音）が異なるだけである。
[41] タイでの法律上の一夫一婦制の導入は 1935 年である。社会的には 1932 年の立憲革命により名目上は男女平等となったが，一夫多妻制はそのまま放置され，35 年の婚姻法により初めて法的に一夫一婦制となった。しかし法的に変化しても現状は一夫一婦多妾のようになっただけであったといわれる。ちなみに註 30 で触れたミッショナリーたちによる社会批判の最大のターゲットは，タイの polygamy（一夫多妻制）であった。
[42] マユリーにとっては西洋風エチケットであろう。ここでは彼女の洗練された西洋風社交術が，あだとなってしまったとも解釈できる。

一）し，奴隷（タート）のようにつくすほどであった（184）。さらに，彼はマユリーが「愛していると言わないが，愛していないとも言わない」ので，大いに希望をもっていた（184）。

しかし，ついにはっきり愛していないと宣告されて，「ソーダーバン（預流向）[43]の境地にも達しておらず仏法の滋味（ロット・プラタム）をいまだ知ることのない」（185）彼は，怒りを引き起こす[44]。自分は人形（フン）のようなものであり，マユリーは「一種のスポーツ」のように彼と恋愛ごっこをしただけだのだと思い至り（185），仕返しの気持ちが燃え上がり，瞋恚（トーサ）[45]が増し（186），暴行未遂に至る。そこへプラソムが危機一髪のところに駆けつけ，機転を利かせてマユリーを救う。

事故を忘れ秘書のプラソムへの思いも断つため，マユリーは許婚のプラソンに会う決心をする。約束の日に口髭をとって「真実」の姿をあらわしたのは，密かにすっかり好きになっていたプラソムその人であった。昔の王女王子物語[46]のようにめでたしめでたしというわけだが，近代小説として，結局は，親の決めてくれた相手が一番間違いがない，親の目に狂いはないという結末になってしまった文脈を，いかに読み取るべきであろうか。

現代の女性にとって社会慣習に盲目に従うだけというのはナンセンスであり，そういった盲目的従順からの自立は大切である。しかし同時に，ゆきすぎや無謀さの危険を周知させるとともに，親を裏切るのはよくないといった親不孝を諫める価値観を示すメッセージとも受け止めることもできるであろう。作者が使用してない仏教用語を使って説明するなら，両極端を戒める「マッチマーパティパター（中道）」および「ガタンユー・ガタウェーティー（報恩，この場合

---

43) 上座部仏教で目指すべき悟りの最初の段階。最終の段階は，アラハン（阿羅漢）の境地。
44) 悟りを得た人には，怒りはない。
45) 仏教での根本的な煩悩である貪・瞋・痴の三毒の一つ。
46) 手法的に古典文学から切れたところに近代文学は成立しているとはいえ，ドタバタの挙句最後に本当の姿をあらわすところは，例えばタイで最も普及した民話の一つ『サントーン（ほら貝王子物語）』で未開の「森人（ゴ・パー）」に変身した王子が最後に姫の前で本来の姿を示すストーリーを思い出させる。しかもマユリーの好きになった相手は，社会的に歴然と「格下」の秘書であり，最後は上流の貴族である許婚であることが判明するのであるから，構図は近似している。

は親の恩を知りその恩に報いること)」[47]の尊重であろう。

　繰り返しになるが，本作では主人公女性が，見合い結婚（婚約）を断る理由ははっきりとは書かれていない。「誰にも強制されず，自分で相手を選ぶ」(82)との信条のようなものをもった女性として登場するのである。

　前節でもすでに述べたが，タイで最も有名な古典文学である『クンチャン・クンペーン』では，主人公女性は二人の男に翻弄されたあげく，「二夫にまみえた」として最後に国王に二心をとがめられ，死罪を宣告される。また『カーキー』のヒロインは，ガルダの化身に一方的に誘拐されたにもかかわらず貞節に欠けると蔑視の対象となった。逆に，貞操を貫いて身の潔白を証明するため火に身を投じた『ラーマキエン』のシーダー姫は「女の鑑」と称揚される。いずれの立場のヒロインと比較するにせよ，成功するかどうかはともかくとして，親の定めた結婚を拒否して結婚あるいは恋愛の主導権を握ろうとするマユリーという女性像の造形は，古典文学にはない新しさである。

　古典文学中のヒロインは「放してきちがい（原文ママ），私はあなたのことなど愛してない」などと付き合っている男性に対して言わないであろう。しかしいかにヒロインの態度・考えがあたらしくても，すでに指摘したようにストーリーの枠組みとしては，古風におさまっている。話が終結する直前には古典文学『イナオ』のセリフも引かれている (233)。注目すべきは，『彼女の敵』の主人公は，最終的には男性である父親および婚約者に従順に従う人柄・存在に変化していることである。親に背くと結局は不幸なエンド，親に従うと幸せ，となる構図も成り立つ。タイ社会の枠組みからいうと，親孝行という徳目の規範からはマユリーも自由ではない。

---

47) 仏教的「中道」は，もちろん本来の意味は，行きすぎた苦行への戒めである。一方「親孝行」はタイ人にとって今に至るまで社会の最重要の徳目である。例えば僧侶の出家の動機で最も多いのは親のためである。両親のためではあるが，特に男でないために自身が出家できない母親のために出家することが多い。
　あるテレビドラマでは酒飲みの母親に酒を持っていかないと，「親不孝」息子と罵られて，悪いとわかっていても泥棒をしてまで親に尽くす子どもがいる。その姿をみて一方的に非難するタイ人は少ないであろう。また親を幸せにするために身体を売る田舎の娘の話を好んで研究対象に取り上げる西洋人学者もいるが，自国にはない価値観が興味をひくのであろう。ところで，日本でも明治期の説法話などでは，同様のテーマが多くあったらしいが，考えさせられる問題である。

また日本でもよくみられるように,「良妻賢母的な規範」から外れる, あるいは外れようとする女性は, 最後には罰せられ, 規範内にとどまる女性は幸せになるという図式(シェーマ)も透けてみえる。マユリーに当てはめると, 慣習の規範から外れてあやうく罰せられる(暴行)というところだったが, 最後は反省しておとなしくなり[48], 父親や婚約者の庇護の元に留まることによって, 幸せな結婚を受け取る, といった解釈も成りたつ。
　一方「仏教的な感性」は,『彼女の敵』では, その後の作品にくらべると, それほど直接には出していない。後の作品では, 作品の要諦に仏教的教えをより強く打ち出し, 名刹の僧侶による仏教説法のごとく, 冒頭にパーリ語の仏教箴言を示して, ストーリーを語り始める場合が多い。次に分析する『百中の一(ヌン・ナイ・ローイ)』では, ストーリーが完結したあとも再びパーリ語の仏教箴言で作品を締めくくっている。
　さて『彼女の敵』を補完する意味で, 作者の筆が熟したときの作品と考えられる『百中の一』(1934) をみてみたい。ドークマイソットはその間『三人の男(サーム・チャーイ)』(1932),『貴人(プーディ)』,『旧い業(カム・カオ)』などを執筆している。

❖ 3-3　成熟期作品『百中の一』(1934) テクスト分析

　「不瞋恚を以て瞋恚(しんに)に克ち, 善を以て悪に克つ。布施を以て吝嗇に克ち……」という仏教箴言で始まる『百中の一』[49]の女性主人公アノンは,『彼女の敵』のマユリーに劣ることのない近代的(モダン)な女性である。マユリーと同じくパーティ, ダンス, 映画や芝居を楽しむほか, シュリー酒を嗜み, ゴルフなどの趣味も併せもつスポーティで活発な女性として登場する。髪にはウェーブをかけ, 服装は派手で, 赤い口紅をしてピンク色の服を着た姿は「まさに開かんとするバラ」(112/127)のようと表現される。

---

48) 頑なとも思えるまでにずっと気丈に抵抗をつづけるものの, 最後には急転換して妙に従順になる展開は, その後の恋愛小説やテレビドラマにも多い。
49) 引用はバンナキット版(1996年)の拙訳による。以下ページ数のみ記す(左側)。日本語訳については西野順治訳『百中の一つ』も参照し, 対応ページ数を右側に付した。ただし, 西野訳は誤字・誤植に加え誤訳も多いので読むのに注意が必要である。

アノン家は大金持ちで，彼女の自室はシャンデリアのもと深々とした皮のアームチェアーを備え（104/118），応接間には蓄音機があり，家はアフタヌーンではなくイブニング・ドレス着用の盛大なダンスパーティーを催し，ワルツ[50]を踊ることができるほどの邸宅である。また晩餐の食卓が13人となるのを忌避するくらい西洋風である（116/132）。アノンには男友達も多く，ほぼ毎日自分で運転する車で男友達とドライブに出かけたりもする。その中の一人，英国帰りのチャット少尉とは，話の冒頭で腕を組んでいる様子が描写される。チャットは彼女と結婚したいという願望をもっている。『彼女の敵』でのマユリーの医者の場合と同様に，やはりアノンが否定しないことに勝手に期待を抱いている。しかしアノンにとっては，チャットとはただの男友達として付き合っているだけである。アノンには，『彼女の敵』のような親が決めたフィアンセも，マユリーにとってのボーイフレンドのようなステディな関係という設定の男性もいない。アノンは大勢の男友達と交際している。といっても，性的関係は一切なく，キスなどをするわけでもなく，結局は西洋風のたしなみとして腕を組んだりしているだけであったと，後でわかる。

　アノンには両親がおらず，莫大な遺産とともに四人の兄とともに暮らしている。マユリーもそうだが，アノンも何か仕事をしている様子はない。当時社会的に，とりわけ庶民階級では特に市場などで多くの女性が働いている様子が報告されているが，大金持ちのアノンは生活のために職業につく必要などないのだ。ずっと前に母親が亡くなり，上級貴族（プラヤー）だった父親も2年ほど前に亡くなった。「あんな女性には生まれてこのかたお目にかかったことがない」（87/96）と息子を奪われてしまうことを勝手に危惧するチャットの母親に思われ，世間はアノンの行状を，幼少より父兄だけの間で育ち自由に慣れすぎたせいだと，母不在の家庭のせいに帰す。彼女は兄の頬にも挨拶代わりにキスをする。

　「ハイカラ」なアノンと8ヶ月前に留学から帰ってきたばかりで若く美男子

50）小説『王朝四代記』では，ラーマ5世の西欧外遊（1897）の帰国祭典で，男子校と女子校の生徒がともに洋服を着用しダンス（ワルツ）を踊るのを見て主人公が驚くシーンがみられる。30年ほどの間に，ダンスが上流社会の大切な社交のアイテムとして普及したことがドークマイソットの二作品からみてとれる。

のチャットはお似合いのカップルと世間にみられるものの、最終的にアノンはいささか軽薄で調子者の性格の彼を選ばず、エチケットや社会慣習などには旧式の考えをもつチャットの実兄を選ぶ。「服装や社交に関しては皆がいうように近代的（モダン）であるのを認めるが、結婚という問題には旧世代の女性の考えを持っている。結婚したら一生その人のそばにいて愛し遂げたいの」「男の友達は数えきれないくらいいるけど、信頼に足るまでにはいたっていないので、誰一人として愛したことはないわ」（138/157）とアノンははっきりチャットに告げ、「チャットもまだ若いから将来気持ちが変わるかもしれないわ。本当にお互い愛しているか確信が持てるまで待つべきだわ」（139/158）とステディな関係への応諾を急かす一歳年上の彼に説教する。一方、「驢馬か驢馬を装った虎なのか」（122/137）というほど最初の印象は芳しくなかったチャットの兄のほうに次第に魅かれていき、いつのまにか好きになっている。

　チャットの実兄ウィチャイ・アッタカターは、ルアンの位階（のちにプラに昇進）をもつ判事で、年齢もアノンより一回り年上の36歳であり、前妻とは死別している。ウィチャイは名門ではあるが不運に見舞われた家庭の事情の犠牲となり、長男としての責任感から家の借金を背負い、そのため機会を逸して留学歴もないので、当初はアノンのようなハイカラな女性たちには相手にされないと考えられていた。家庭内では、弟を知人の名門令嬢と結婚することを「強制」しようとする母と、洋行帰りでその母の勧める婚約にまったく従おうとしない「フア・ノーク（外の頭）」の弟チャットとに挟まれ、両側から責められる。兄ウィチャイは「お母さんは自分の好みの女性を絶対基準として、僕が生まれてこのかた見たこともない人を押し付けようとする。僕が好きな人をまるで猿のようにでも考えている」（101/113）という弟の方に理解を示す。それは「この世の正義（タンマ・コーン・ロ－ク）」に与するのであって、「好きでもない二人を強制して一緒にするのは、真の意味での生きものを苦しめることになる」、との立場をとるからである。「しかも家族や親せきを始めとするとても多くの人にまで苦しみをあたえることになる」（221/240）と考える。そのため調子よく逃げ遊び回る弟の代わりに母親に激しく罵倒され続けるが、黙って耐える。

　ウィチャイは「忍耐」の人で、小説の冒頭の「不瞋恚を以て瞋恚に克ち」と

いう仏の教えを地でゆく「善行の人」である。物心ついたころより親切と報恩の性質を持ち合わせ，小さいころより怒ることのないまるで仏教的な善人であり，人の悪口を言ったことがない。妹にも「私の兄さんは変わっていて，煉瓦で頭をなぐられても笑っている人」(172/190) と揶揄される。古い型の紳士である彼は，思いを寄せている古典的な美しさをもつ女性を，美人好きで「口が砂糖のように甘い」弟チャットに抜け駆けされ取られてしまう。結果，失恋のショックで沈み込み，病に伏してしまう。すでにいつの間にか惹きつけられていたアノンは，そんな善人ウィチャイに深く同情を寄せる。妻子を布施したプラ・ウェートサンドーン（布施太子）のように，好きな人まで与えてしまったウィチャイの「仏心」に，アノンはいたく感じ入る。

「アノンは個人ではなく善行そのものに敬服しています。善が悪に変わらない限り，アノンの気持ちも今後とも変わることはありません」(412/440) とはアノンのウィチャイへの手紙の言葉。結婚相手に必要なものとして仏教的価値観における善徳を最高善としていることに注目すべきである。ウィチャイとアノンは，一見，態度や価値観が正反対にも映る。しかし，一般的には旧式な考えをもつものの，ウィチャイの「クルム・トゥン・チョン」を是とはしない姿勢は，仏教的正義からくる考えかもしれないにせよ，新時代の考え方と一致する。彼はヴァイオリンも会得しており，かなりの腕らしい。逆にアノンも，軽薄な新時代の考えや風潮に決して同調しているわけではなく，外見の派手さに相反して内実はしっかりとした考えをもっている女性である。彼女は確信的に外見は西洋風でモダン，社交的で男性との交際も開放的に行動しているが，誰も愛さず，いつも純潔の気持ちを保ち，「ひとつだけよいところを守っている」(254/278) としてタバコも吸わない。

アノンは当時の社会慣習を破り自分から告白する。「善行から生じた傷を治してあげたい」という思いで，「善行の主に私のすべてを捧げさせてください」「あなたはほかの人に何でも捧げてしまったけれど，逆に人が崇拝の念とともに捧げるものを受け取ってはくれないのですか」(396-398/426) とウィチャイに告げる。しかしすぐに自分の行為が不安になり，いつもアノンの行動に理解を示してくれる叔母姉妹に相談しにいく。「ほんとにモダンな娘だこと。あの人だからよかったものの，ほかの人だったらどうなったか。請われないのに自分

から身を差し出す例がいったいどこの世界にあるかしら」(404/432) と叔母が いうように，当時女性からの告白は，相手が他の男であったら下手をすると「卑 しい女」(タイ語では売春婦の意味にもなる) 呼ばわりされかねない。叔母姉妹は， こういうことは相手の親族を通じて交渉するものという慣習をアノンに説く。

判事ウィチャイは，アノンが「モダンすぎる女性（プリアーオ）ではあるが 女性としての良いところは失われていない」(279/304)，「モダンな境遇に育っ たが，どこにも欠点などはみえない」(355/383) ことをすでに見抜き，外見と は相反した彼女の内面に潜む徳性に気づいていた (217/236)。そうではあるが， 女性から告白するといったアノンの極度の積極性に関しては，「自分の善行が 実を結んだ点」には喜びを感じるが，「女性の慣習を破った点」には大いに不 満を感じていた (413/441)。しかし最終的にはアノンの申し出を受け入れる。

ウィチャイとアノンの結婚を家族の皆が知った時，「タイが一年中寒帯の国 になってしまったとしてもこれほどは驚か」ず (419/446)，兄弟それぞれの相 手をまたどうして交換することになったのかといぶかしがる。そして兄のほう には，「奥手にみえて億万長者の娘を捕まえるなんて」(442/447) との感想が 付される。

物語の最後は「与える者は友誼を結び，与える者は敬愛を受く。[略]」という 箴言でくくられている。作者に代わり説明すれば，ウィチャイが「与える」[51] という徳行を実践[52]し続けた因が結んで，アノンという最上の果を得たという ことである。

本作には，親子間の世代差も描かれている。常時マーク（石灰入りの檳榔子）[53] を噛んでいる，ウィチャイ兄弟の母たる夫人は，本作における旧時代の象徴であ ろう。母の言葉はお坊さん（プラ）の言葉 (34/34) のように信奉されなければな らず，子どもが自分の意に添わぬ行為をすれば「アガタンユー（恩知らず，親不孝）」 という名のもとに断罪し，すべてを強制する。「堅固な強い者には臆病で，従順

---

51) 「自分が愛する人を，自分でない人のために媒酌人としてもらいうけにいく役まで務 める」彼の気持ちについて「自分の肉片を割いて人に与える」(296/323) 感といっ た解説もされている。
52) 仏教用語でいえば「布施波羅蜜」の実行。
53) 前掲註 26 参照。マークを噛むと歯がどす黒い朱色に染まる。それに対して一般に新 世代の小説の主人公は，男女ともに歯の白さが強調される場合が多い。

な者には傲慢，その行動には齢の成長のあとがうかがえない」(160/178) とさえ書かれている。

自分が好きになった相手が結局は親が選んでくれていた婚約者であったマユリーに比べて，兄はいても両親がいないこともあろうが，アノンはまったくの自分の意思で相手を選び，自分から愛を告白する。これは意中の相手に対して最後までアクションを起こすことのないマユリーとの決定的な違いであろう。アノンは当時のタイ社会でも異色で，タイ社会を支配する「スントンプー的価値観」[54]に全きに逆らう存在であろう。この行動に関してはウィチャイ本人も，かついつも理解を示すアノンの叔母姉妹でさえも，得心していない。しかも，アノンは，自分からアクションを起こすと不幸な結末というシェーマ（図式）をも覆す存在である。結婚後のことは書かれていないもののアノンは幸せをつかみそうである。少なくともハッピー・エンドの雰囲気の中で小説は幕を閉じる。作者にとっては，自分から愛を告白するという，マユリーより数段「バージョンアップ」した女性主人公を創出することで，見合い結婚から自由結婚へという自身の追求するテーマをここに成就させるに至ったのである。

ところで，「love」がだんだんと結婚の理由になるのは，1920 年代のラーマ 6 世時代以降であると指摘する興味深い論考がある (Sumalee 1995：83)。作家としてのドークマイソットの登場したころは変化のさなかであったのだろうか，そうした変化を二作品は如実に反映している。『彼女の敵』では，もともとマユリーは「愛」があってボーイフレンドの医者と付き合っているのではない。さらには，密かに「愛する」プラソムではなく，同一人物であるがあくまでも親の決めた「婚約者」のプラソンと結ばれるのである。結果的には伝統的な結婚に収まるのであり，「愛による結婚」のいまだ前夜とでもいえようか。それに対して『百中の一』のアノンは，胎動し始めた「愛による結婚」を当然のごとく選ぶのである。

旧社会の上流女性は，「自分を滅して全人格を夫にささげるのが女の幸せ」であるよう躾や教育をされており，年長者の言うことに従った「見合い」結婚が一番幸せという価値観の中に生きていた。当時は「愛」による結婚という概

---

[54] 『スントンプーの女性訓』は，ずっと後の 1980 年の時点でもまだ影響力が大きいとの研究もある (Sumalee 1995：124)。

念はない。愛は結婚の理由ではなくて，結果である[55]。一方アノンは，愛を告白し，ウィチャイに対して全てを捧げるとは言っているが，自分を「滅して」という意味ではなく，あくまでも「アノンという人格を保持したまま」で，彼に自分を捧げようとするのである。

4 おわりに

「20世紀はじめ，タイ女性は，書くこと・読むことを「翼」として境界を越えたか」という本書全体に通じるテーマについて考えたい。ドークマイソットの作品を例にすると，書くこと・読むことを「翼」として，女性たちが，西洋近代の見聞を広げ，語学などの西洋的教養を身につけ，服装などの生活様式を受け入れるのは他の諸国と同様であろう。しかし，その「翼」で境界を越え，外へと侵犯していくといった図式は，ここでは単純には当てはまらない。逆に，外から内へと侵犯してこようとする西洋的近代価値観の皮相な部分から身を守る，もう一つの「翼」を彼女らは有しているからである。

もう一つの「翼」に保護され，単なる保守的な「伝統的価値観」へ回帰していくのではない。西洋的価値観とのせめぎあいの中で，こころの寄る辺となる仏教的価値のよさの「新たな発見」，あるいは「再発見」といった場所へ着地するのである。この仏教的価値観はドークマイソットの読者や，彼女に続く作家たち[56]にも共有されていく価値観であるが，決して国粋的なものではない[57]。二つの「翼」でバランスをとりながら，主人公に無事に飛行と着地をさせてみせる筆を持つドークマイソット。そしてこの絶妙なバランス感覚が今日に至る

---

[55] ラーマ5世期の顕著な言葉として「愛するとか，愛さないかとかは重要ではないのですよ。一緒に過ごしているうちに自然と愛するようになるものです」と小説『王朝四代記』中の王女は主人公に語る。また，タイ語の諺にも同様の表現がある。

[56] しかし，その後の女性作家によるテーマとしては，女性の規範を踏み外すと最終的に罰を受ける，親孝行が大事，といった『彼女の敵』風の展開の方が，大いに健在である。対して『百中の一』でのアノンのように自分から愛を告白して幸せをつかむ女性は，恋愛小説のメインストリームにはならなかった。現在のテレビドラマなどでも女性の側から結婚のプロポーズをするのは極めて珍しい。

[57] 後の女性作家の中には，例えばトムヤンティのように国粋的価値観に傾く作家もいる

までの彼女の多くの読者にとっても「心地よく」響くのであろう[58]。

　『彼女の敵』では、西洋的教養という翼を身につけ、「自分で相手を選ぶ」と飛び立った女性主人公が、ボーイフレンドによる暴行未遂や、女性から愛を告白できないという当時の通念により思いを寄せる男性を断念するといった挫折を経験した上で、好きになった相手は結局は親が選んでくれた相手であったという「着地」をする。「危うい」着地ともいえようか。

　一方、同じように西洋的教養という翼を身につけ悠々と空高く雄飛するアノンは、マユリーのように挫折を経験することはなく、通念に逆らい社会的慣習に反したにもかかわらず失恋し傷つくことはない。自己反省によって一時的に落ち込みはするものの、規範に逸れた、あるいは逸れようとした女性として社会から「罰」を受けることはない。仏教的な価値を最善とする価値観の中に生きるアノンは、もう一つの翼に守られ、誰にも傷つけられないのである。西洋的教養に仏教的薫陶という二重の「翼」をアノンはそなえ、スムース・ランディングをなすのである[59]。

　さらに二作品での気になる点を指摘しておこう。『彼女の敵』では、マユリーが秘書のプラソムによる作り話に影響され、男は女を当然奪う権利があるという主張に、内心同意する。「三従」をよしとする伝統的社会における『三印法典』の「夫婦法」[60]ばりの妻の所有権の主張に賛同し、奪いにくるどころか一向に文句の態度さえ示してこない婚約者のプラソンに対して、自分から一

---

58) ストーリーの落としどころとして、結局は仏教的価値観によって救済されるという設定は、近代以降のタイの文学あるいは映画などでもしばしばみかけるテーマであるが、ドークマイソット作品においても、西洋文明との接触・衝突により濾過され純度を増した、最後にこころの寄る辺となる仏教的価値観が抽出されているように思われる。しかも、よくあるように教養人知識人たちが、頭でっかちに抽出したような思想的観念的なものではなく、しっかりと生活に根づいた仏教的価値観、肌にしみついた価値観が濾過され、くずされることなく、純化され、より輝きを増しているようにもみえる。「和魂洋才」などとうそぶいて、皮相にも西洋化に邁進しこころの拠り処を失っていった日本の過去と対照させてみたい。
59) 「スムース」な着地は、「遊びの読物」として期待する場合には、しばしば逆に刺激に欠けるであろう。本作での「悪者」は母親くらいであり、「毒」を好むタイのテレビドラマ化などには向かないかもしれない。また西洋風の小説に慣れた日本人にとっても、「仏教教本」的な『百中の一』は「毒」が少なすぎてつまらないと映るかもしれない。
60) 妻の売買も条件次第で可能であった。

方的に婚約破棄を通達しておきながら、ほんものの男なら奪ってみろと、物足りなさを感じるといった身勝手さを示している (124)。

加えて、プラソムは、すでに前半部で、けなげにホームパーティーの準備をするマユリーの姿をみて、「家庭的」でふさわしい、といって称賛しており、結婚後、彼女を女性的な規範に閉じ込めてしまいそうな気配も感じるのは、気になるところである。対して、『百中の一』では、ウィチャイはアノンの性質について、「モダンすぎる（プリアーオ）といっても自覚があるので、中途半端な教育しかない自信過剰の女性たちのようなことはなく」「同時に、可愛い娘でもあり、しっかりした妻、子供のしつけに対しては立派な母親、夫の親族をないがしろにしない礼儀をわきまえた女性になりうるだろう」(279/304) と感じてはいる。しかしながら篤信の仏教徒でかつ「仏心」をそなえる彼は、女性の自由を奪う「良妻賢母の規範」に妻を閉じ込めるといったことは決してないであろうか[61]。

擱筆の前に、ドークマイソット以降の作家について付言しておきたい。1937年には女性作家のコー・スランカナーン (1912-89) が『イン・コン・チュア（卑しい女、売春婦）』を上梓し、若い女性作家が売買春の宿に足を踏み入れて取材

---

[61] ドークマイソットが、新興階級の単に金持ちであるにすぎない子弟子女の振る舞いに対して否定的見解をもっていることは、彼女の全作品から読み取れる。新しい時代の教養も身に備えているが決して考えや立ち居振る舞いが軽薄ではない、いわば「新時代のプーディ（貴人）」とでもいうべき姿が、彼女の理想像であろう。また作者のペンネームのごとく「新鮮な花」たる主人公をもつ彼女の作品はいずれも「上品」であり、性的描写などは出てこない。教育者や保護者にとっては「安心」して生徒・子どもに読ませることができるためか、現代でも教育局によって中等教育の課外読本に指定されている。

[62] 別の面からみれば、タイの女性作家は、他のアジア諸国と比べて近代的自己に拘泥した作品をそれほど書くことはなかった、いや必要はなかったいうことができようか。このことはタイの男性作家の場合についてもあてはまる。

[63] それ以前の男性作家による作品として、イプセンのノラの影響を強く受け、自由を求めやがては失墜する女性主人公を描いた『天地果てるまで（チュアファー・ディンサラーイ）』などもある（平松 2016）。

[64] 1950年代においてタイには現代フェミニズム（ボーヴォワール以降のいわゆる第二波以後）の影響はまだなかったと一般にいわれるが、『第二の性 (Le deuxième sexe)』(1947) が出版された当時に外交官としてモスクワ大使館へ赴任していたセーニー・サオワポンはパリにも何度か足を運んでおり、直接原典などでその思想に触れた可能性は十分考えられる。しかし筆者との直接面談では、本人はその影響を否定している（サオワポンのインタビュー：於バンコク・サオワポン宅、2002年9月16日）。

したということもあり社会的話題となった。しかしヒューマニズム的な同情の域を出るものではないと評されている。同作者による大ベストセラーとなった後年の作品『サーイトーン邸宅（バーン・サーイトーン）』も，迫害を受けるけなげなヒロインが最後に幸せを掴み取るといったメロドラマ風の話である。その後著名なトムヤンティやクリッサナー・アソークシンなどの女性作家も登場するが，主人公は単なる古典文学の花とは一線を画すものの，メロドラマ的筋書きが多く，「ナムナオ（腐った水）」と揶揄されて批判されている。例外的な何名かを除き，女性作家作品は古典的構造をもつ恋愛物が主流であり，後続の女性作家たちははたしてドークマイソット（新鮮な花）の衣鉢を継いだのか否か，見解が分かれるところであろう[62]。

　タイ文学史上において，タイ女性を伝統的価値観や社会の枠組みから解放し，タイ文学で初めて女性の登場人物に自立的価値をもたらした作品を書いたと評されているのは，『ワンラヤーの愛』(1953) を書いた男性作家セーニー・サオワポンである[63]。ある批評家は，伝統的に女性が，前足（すなわち男性）に付き随う〈象の後ろ足〉と呼ばれるより劣った存在としてのみ遇されてきたのに比し，女性を平等視する現代の作家の代表としてサオワポンを讃えている[64]。

● 引用・参考文献

【ドークマイソット作品の使用テクスト】

ดอกไม้สด (1973). ศัตรูของเจ้าหล่อน, สำนักพิมพ์ บรรณาคาร （ドークマイソット (1973).『彼女の敵』バンナーカーン出版）

ดอกไม้สด (1996). หนึ่งในร้อย, สำนักพิมพ์ บรรณกิจ （ドークマイソット (1996).『百中の一』バンナキット出版）

【その他の引用・参考文献】

宇戸清治 (1998).「タイ文学を味わう」（アジア理解講座報告書）国際交流基金アジアセンター

佐伯順子 (1998).『「色」と「愛」の比較文化史』岩波書店

ドークマイソット／西野順治郎［訳］(1951).『百中の一』國連出版社

冨田竹二郎［編訳］(1981).『タイ国古典文学名作選』井村文化事業社

平松秀樹 (2008).「ククリット・プラモート『シー・ペンディン（王朝四代記）』と"クンラサトリー"―タイ近代女子教育の日本との関わりの考察とともに」『待兼山論叢』

42, 99-118.

平松秀樹（2014）．「タイ文学にみる女性の「解放」―『ワンラヤーの愛』を中心として」武田佐知子［編］『交錯する知―衣装・信仰・女性』思文閣出版，pp.450-477.

平松秀樹（2016）．「ノラの如く，自由に生きる―『天地果てるまで』―ヒロインの飛翔と失墜」『たたかうヒロイン 混成アジア映画研究2015』CIAS Discussion Paper *60*, 17-24.

プラモート，K./吉川敬子［訳］（1980）．『王朝四代記』（全5巻）井村文化事業社

ブンカチョーン，T./吉川利治［編訳］（1985）．『タイの小説と社会―近代意識の流れを追う』井村文化事業社

村田翼夫（2007）．『タイにおける教育発展―国民統合・文化・教育協力』東信堂

森 幹男（1976）．「タイ国の民間女子教育と格言文学」『朝日アジア・レビュー』*7*(3), 142-148.

吉川敬子（1976）．「安井哲とタイ皇后女学校―日・タイ女性教育交流史」『朝日アジア・レビュー』*7*(3), 136-141.

Barmé, S. (2002). *Woman, Man, Bangkok : Love, Sex, and Popular Culture in Thailand*. ChiangMai: Rowman & Littlefield.

Read, A. (1988). *Southeast Asia in the Age of Commerce 1450-1680（vol.1）: The Lands below the Winds*. ChiangMai: Silkworm Books.

Rutnin, M. M. (1988). *Modern Thai Literature: The Process of Modernization and the Transformation of Values*. Bangkok: Thammasat University Press.

Sumalee, B. (1995). *Love And Marriage: Mate Selection in Twentieth-Century Central Thailand*. Bangkok: Chulalongkorn University Press.

Suwadee, T. P. (1993). *The Politics of Women's Dress in Thai Society, 1945-1970*, Paper to be presented at the 5th International Conference on Thai Studies. SOAS, London.

Suwadee, T. P. (1994). *Polygamy or Monogamy: The Debate on Gender Relations in Thai Society, 1913-1935*, Paper to be presented at the 13th IAHA Conference, Sophia university, Tokyo, September 5-9.

Suwadee, T. P. (1999). *Gender Relations in The Traditional Thai Lower Class Family*, Paper to be presented at the 7th International Conference on Thai Studies, Amsterdam, the Netherlands, July 4-8.

Wyatt, D. K. (1996). *Studies in Thai History: Collected Articles*. Chiang Mai: Silkworm Books.

นิธิ เอียวศรีวงศ์ (1984). *ปากไกและใบเรือ*, อมรินทร์การพิมพ์ （イーオシウォン，N.（1984）．『鷲ペンとジャンク船の帆』アマリン出版）

第5章
花開くダリア
植民地時代のインドネシアにおける華人女性小説家たち

エリザベス・チャンドラ／青木恵理子［訳］ 訳注1）

1　はじめに：華人女性は何を書いたか？

　インドネシア近代文学の歴史を紐解くとわかるように，女性はきまって小説のテーマを担う主題として登場した。20世紀初期の植民地時代のインドネシア（当時の名称は，オランダ領東インド）の多くの小説では，物語の主人公の女性はおしなべて，西洋の教育の影響を受けて伝統を捨て去ったことにより，両親には勘当され，恋人に捨てられ，コミュニティに忌避され，痛悔のうちに枯れ果てていくという悲劇的な結末を迎える。これらの小説は，たいていの場合男性小説家によるものであり，ヨーロッパ式教育を受けたために，個人の自律を求めて慣習的ジェンダー規範を侵犯しがちな女性に対して，警鐘を鳴らすという意味で，女性をモラルの中心に据えている。
　女性たちの実質的進歩がひきおこす，上のような男性中心的な反応については研究がなされてきたが（Chandra 2011；Hellwig 2012；Sidharta 1992；Coppel 2002），20世紀初頭の女性作家が極めて少なかったという単純な理由から，産業化と普通教育を基盤とする社会変容に向けられた女性の眼差しについては，十分な理解がなされていない。オランダ領東インドでは，女性作家による文学作品は，男性作家のそれと比較すると極めて少ないとはいうものの，華人女性作家はそれなりの数の作品を出版しており，その数はほかの民族の女性作家による作品を合計した数を凌駕している。ごく予備的な研究ではあるが，何人か

訳注1）翻訳にあたり山本信人氏から多くの助言を受けたことに深く感謝する。

の研究者が，華人女性作家の作品に対して相応な関心をはらってきた（Salmon 1984；Chan 1995；Hellwig 2012）。

　本章では，比較的数多くのマレー語文学作品を出版した華人女性作家の世界を探求することにより，20世紀初期のインドネシアにおける女性の主体について明らかにしたい。本章ではフロイトにちなんで，「華人女性は何を書いたか？」という問いをたて，女性たちによって書かれた文学テクスト，中でも小説について考察を行う。これは，彼女たちの小説に男性作家とは異なる，女性作家固有のテーマ，モティーフ，ジャンル，あるいはその他の創造的要素のパタンがあるか否かを明らかにする試みである。また，本章では，同時代において例外的に際立った女性エイジェンシーを描いたことから，おそらく将来性が最も期待された，「ダリア」というペンネームの女性小説家に焦点をあてる。

2　女性作家の出現

　先住民にはより厳しく，相対的に非政治的な移民集団の商業活動には寛容な植民地政策のために，植民地期インドネシアにおける華人移民は，人口はわずかであったが，出版業界では目立つ存在であった。このようなことから，厳格に監視されていた現地住民の文学作品に比べ，人口的には少数であった華人が大量の出版物を刊行することができたのである。ところが，華人作家による作品はかなりの数に上ったものの，女性作家は極めて少数であった。現在残っている出版物に基づき筆者自身が算出したところ，19世紀末から植民地時代終わりにかけての華人の男性作家は 800 名以上にのぼったが，何らかの出版物を刊行した華人女性作家は 50 名を超えることはない[1]。

　このような作家数の男女不均衡は，儒教の家父長的な偏見がオランダ領東インドの華人女子教育の進歩を阻んでいたこと，あるいは移民集団にしばしばみられるように，女性人口に比して男性人口が多かったことによってもたらされたのだろうか。確かに，人口調査によれば，1930 年いたってさえ，オランダ領東インドの華人全体の男女比は 2 対 1 であった（Nio 1940：10 の脚注；

---

1) クローディーヌ・サーモン（Salmon 1984：152）は，男性作家が約 800 人であったのに対し，翻訳家を含め，約 30 人の女性作家がいたと推定している。

Departement van Economische Zaken 1935)。けれども，大多数の華人作家は，男女比が極めて不均衡な移民第一世代ではなく，中国語方言のかわりに，オランダ領東インドにおけるリンガフランカであったマレー語を母語とする，クレオール化した住民であったので，人口統計の男女不均衡によって，作家数の大幅な不均衡を説明することはできない。同じように，かなり初期から公的な教育が華人男女双方に開かれていたので，女子教育の欠如という要因も部分的にしか当てはまらない。華人コミュニティが助成した中華会館（THHK）付属の学校が開始された1901年から，華人女子に対する教育の道は開かれ，男子と並んで勉強することができた[2]。しかし，公的な教育へのアクセスは男女ともに許されたものの，女子教育に対する以下のような処遇が結果的に文学領域におけるジェンダー不均衡をもたらした。

　中華学校は何よりもまず，社会的上昇への投資の一形態として，少年たちのために設計されたものであったのに対し，女子教育は必ずしも必要ではなく，むしろ問題含みと考えられていた。バタヴィアの中華学校は，オランダ領東インドにおける最初の華人対象の学校であったが，設立当初は，女子専用の学校が創設されるまでの暫定的な処置として，女子生徒たちの受け入れがなされた（Nio 1940：17, 60）。女子生徒は，男子生徒とは別に教育を受け，標準中国語，英語その他の教科に加え，裁縫，刺繍，その他女性的な手仕事といった，実用的で家庭的な技能の教育を受けた[3]。

　オランダ領東インドでは，教育は華人女子にもアクセス可能であったが，20世紀初期には，教育は女性の社会的上昇にとって必要ではないという見方が一

---

[2] ボイ・ティック・ハック・トンという，ヨーロッパ人に管理されていたアンボンのコミュニティ助成華人学校は，生徒94人中女子46人という完璧に近いジェンダー・バランスを示していた（オランダ領東インドの教育についての，J. H. アベンダノンによる報告の，ニオによる引用（Nio 1940：10）を参照）。バタヴィア公校（Kong Koan）の公文書は，バタヴィアの種々華人学校全生徒のうち，男子は2243人，女子は1520人と報告している（Govaars-Tjia 2005：262）。

[3] 男女別教室を用意するには女子生徒の数が少なすぎたので，経費節約のためとして，1923年に教育委員会は，男女分離システムを止めて共学（coëducatie）への移行を検討したが，最終的には一クラスをのぞきバタヴィア中華学校の男女分離教育はさらに何年かつづけられた。翌年には，標準中国語1から3までが共学となり，1928年には更なる経費削減のために，バタヴィア中華学校は大部分が共学となった（Nio 1940：156-161）。

般的だった。男子には，高収入雇用を得るために，公的な教育が必要とされたが，女子は，望ましい結婚をすることによって将来を確実にすることが期待されていた。そのために，若いときに幸運にも学校教育を受けることができた女性であってもその多くは，結局年ごろになると，学校から引き離されて，結婚するまで婚前閉居 (*pingitan*) の慣習に従い，学校教育をあきらめるのであった。とはいえ，両親の文化的な志向性や家族の社会的地位によって，婚前閉居の内容と隔離の程度は，刑務所のような厳格な監禁状態から，両親の指導の下に自由に交際するという緩やかな恭順まで，多様であった。

　1910年代までには，娘に学校教育を与える両親は進歩的と評価され，やがて当たり前となり，職業婦人になりたいと思っていない女性に対してさえ，読み書きといった基本能力習得のための教育を与えることは，現実的に必要となった。1920年代から30年代になると，真に進歩的 (*moderen, madjoe*) な親は，娘に婚前閉居を課そうとはせず，家庭外の公共領域で働くことを奨励し，さらにおそらく，結婚相手を本人が探すことさえ許した。しかしその時代において，こういったタイプの親は稀であり，旧態依然 (*kolot*) の親と近代的な娘の世代間衝突はしばしば，男女両方の作家によって小説のテーマとされた。

　親の社会的地位によって，娘の教育への姿勢が異なることもあった。中華学校創設以前，資力のある親は，子どもの教育のために，ヨーロッパ人か中国人の家庭教師を雇うことができた。また，原則としてヨーロッパ人子弟のための学校であっても，特権的な華人や現地住民の子弟にも開かれていたので，そこに子どもを入学させることができた。そのようなエリート層の華人は，自分たちの娘の教育に対して，より寛容な態度をとった。最初期の華人女性ジャーナリストで，1906年にボゴール（バタヴィア近郊の町）[訳注2]で創刊された週刊『中華改革派新聞 (*Tiong Hoa Wi Sien Po*)』の女性コラムの編者であったリン・ティティ・ニオ (Lien Titie Nio) は，そのような特権的な社会層出身であったようである (Salman 1981)。もう一人の先駆的華人女性ジャーナリスト，リー・オン・モイ (Lie On Moy) も有力な家系出身であり，著名な作家で出版社経営者のラウ・ギョック・ラン (Lauw Giok Lan) と結婚し，夫とともに週刊の『エ

訳注2) 以下，地名のあとに地理的位置を（　）内に示す。

ンタテナー（*Penghiboer*）』（1913年創刊）を発刊した（Salmon 1981）。彼らの出版物はほとんど残っていないのでどのようなものであったか精査することはできないが，残存している，ラウによるオランダ語小説と劇のマレー語訳から判断するに，彼らは広範なヨーロッパ教育を受け，少なくともオランダ語文学に慣れ親しんでいたと推測できる。インチェ・イスマイル（Intje Ismail）により編纂，アルブレフト社（Albrecht & Co.）によって1897年に出版，1924年には第七版が出版された，極めて人気の高かった韻文『三人の独身女性仲間の詩（*Sair Tiga Sobat Nona Boedjang*）』（Tan 1899）の作者であるタン・チェン・ニオ（Tan Tjeng Nio）に関しても，同様の推測が可能だろう。一冊の本の長さをもつこの詩それ自体，女性にとっての結婚の価値に疑問を呈するトーンと主題をもつ点において，興味をかきたて挑発的である。この詩に関しては稿を改めて論じる必要があろう。

いずれにしろ，20世紀初頭以降のヨーロッパ型普通教育の増加は，オランダ領東インドで華人女性作家がやがて誕生する社会的な基盤となった。当初から，公的な教育は，それを受けた若者世代の世界観とその親世代の世界観を根本的に異なったものとしたため，「若者世代（*kaoem moeda*）」という新しい社会カテゴリーを勃興させ，世代間に溝を穿つことになった（Shiraishi 1990）。教育と解放的な考え方に触れることにより，若者世代は新しい主体（近代固有と同定される主体）を身につけるようになった。すなわち，以前ならば厳格に決まっているとみなされていた社会的位階における自らの位置づけに関して，新たな意識をもつようになったのである。近代的であるということは，外面的には，学校や映画に行くこと，西洋風の服装をすることなど，さまざまな目新しい行動であったが，より深層の認識においては，「生まれながらのアイデンティティによって常に規定されるものとは異なるアイデンティティを達成する能力」（Siegel 1997：93）を意味した。新しい考え方に触れて，オランダ領東インドの若者世代は，道徳，結婚，家族などの既存の規範に疑義を呈するようになった。かつて結婚は概ね家族の間の経済的交換であったが，若い世代にとっては，相思相愛とロマンティックな恋愛が結婚の本質となった。それらは，文学執筆という男性優位の領域に女性作家が参入して以来，彼女たちが書いた多くの小説の中心的テーマとなっている。ジェンダー役割に関する慣習から逸脱し

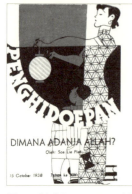  

図5-1 『人生(Penghidoepan)』　　図5-2 『人生(Penghidoepan)』　　図5-3 『人生(Penghidoepan)』
　　　（1938年10月号）　　　　　　　（1933年9月号）　　　　　　　（1930年1月号）

た見方や期待をも，学校教育は可視化したのである。

　女子教育の急激な増加は，大衆小説市場が女性読者と結びついた1920年代に明らかな結果をもたらしたといえよう。『人生（*Penghidoepan*）』や『恋愛物語（*Tjerita Roman*）』といった大衆文芸雑誌にざっと目を通してみればすぐわかるが，表紙や雑誌ページを飾る多くの挿絵やイラストは，しばしば「近代的（*modern*）」な服装をした女性である。殊に『人生』の表紙に描かれた女性は読者に直接眼差しを向けていない。彼女は男性読者を見つめて，男性的眼差しを誘いだすのではなく，自分自身を明確に提示することで，エロティックではない眼差しを引きよせるような印象を与える。表紙の女性はたいてい，彼女自身の世界に没頭しているようで，物思う風情である。彼女は，誘惑しているというより熟考しているようにみえる。あるいは，自らの性愛的魅力への応答ではなく，自分が何者であるかについて応答を求めている。描かれた女性は，彼女の姿に自らを見出している，教育ある（したがって識字の）女性たちに呼びかける鏡像として，屹立しているようにみえる。

　大衆文芸誌や出版社は女性読者の支持を得ようとたゆまぬ努力をしていたようである。1910年代という早い時期においてさえ，中心的登場人物が女性である物語を特集し，女性たちが女性固有とみなしている問題や困難——縁組婚，公的な教育，職業——によって彼女たちの注意を引きつけ，そして当然ながら，可能ならいつでも女性作家によるものであることを前面に押し出

した。チャン・クワン・ニオ（Tjan Kwan Nio）による『ある不運な人（*Satoe Orang Sial*）』(1940) の紹介文において，『恋愛物語』誌の編者は，同誌は「しばらく女性作家による作品を掲載しなかったので」，彼女の原稿をうけとって大変嬉しかったと述べている。それ以前に同誌が出版した女性作家作品は，「山の少女（Gadis Goenoeng）」というペンネームの作家による，『私生児（*Anak Haram*）』(1938) であった。さらに遡ると，ヤン・リウ（Yang Lioe）の『人生の灯（*Pelita Penghidupan*）』(1937) とロロ・パルピ（Roro Paloepie）の『ヤニ（*Janie*）』(1937)，1936年には，中国歌劇『セー・シアン・キ（*See Siang Kie*）』のロシタによる翻訳（Rosita 1936）を出版している[4]。ところが1934年から1935年の2年間は，「マドンナ（Madonna）」というペンネームの男性作家による小説は別として，女性作家による作品は同誌には掲載されなかった。作家のペンネームとジェンダーを通観してみると，女性的なペンネームで書いていた男性作家はいたが，その逆はなかったと推測される。

　実際のところ，恋愛小説というジャンル自体，大衆文芸誌が得意とする最も一般的なジャンルであり，「女性的な声」とはいわないまでも，女性作家を必要としていたようである（Hellwig 1994a；1994b）[5]。20世紀初頭から女性がオランダ領東インドの文学作品の主題であったことは，指摘されてきた（Hellwig 1994b）。デカダン文学運動を受けて書かれた初期の小説には，女性に敵対的な傾向がみられたが（Chandra 2011；Pierrot 1981），1920年代後期以降の作品には，両性の平等という考え方に，より多く接した若い世代の作家たちの作風の中に，緩やかな変化を探り当てることができる。恋愛小説は引き続き女性主人公を定

---

4) 作家のジェンダーを完璧に判断することはできない。Gadis Goenoeng（山の少女）が女性的仮名を用いていた男性作家である可能性は捨てきれない。しかしながら，その小説の作風は，それが女性によるものであることを示唆している。
5) ジェンダーとジャンルが関連するという現象は，まったく新しいというわけではない。恋愛小説が速やかに女性ジャンルになりつつあったのに対し，犯罪・探偵小説は依然として男性ジャンルとみなされていた。ルイーザ・メイ・オルコット（『若草物語』の作者）は，粗製乱造小説を書くときには「A. M. バーナード」という名で書いていたが，恋愛小説と児童文学を書くときには彼女の本名を使っていた。バリの男性作家は伝統的に，「女性的」観点を表明するので，名前によってそのジェンダーが知られることがほとんどなかった。マレーの口承文芸では，「作者」は多くの異なる声を身に帯びて演じることができると考えられている。東南アジアの土着の文学的伝統には，比較可能なさまざまな実践があることを指摘してくれたバーバラ・アンダーヤに深く感謝する。

番とし，女性読者は，女性主人公の中に，自らの考えと欲望の影を見出していた。しかし，より若くより進歩的な作家は，男女を問わず[6]，紛争の焦点を次第に，厳格で非合理で女性に対して公正性に欠ける，華人両親世代と華人の慣習へと合わせるようになった。

3　女性たちが書いた物語

1920年代まで，女性小説家はほとんどいなかった。女性作家は主として，タン・チェン・ニオ（Tan Tjeng Nio）やリウ・グァト・キャウ・ニオ（Lioe Gwat Kiauw Nio）のような詩人か，リー・ケン・ニオ（Lie Keng Nio），リー・ロアン・リアン・ニオ（Lie Loan Lian Nio）やリー・ジン・ニオ（Lie Djien Nio）のような，中国作品の翻訳家であった。彼女たちは，1930年代に自ら小説と短編を書く以前，つまり1920年代には，中国語の推理小説を翻訳していた。

女性小説家は1920年代半ばに出現しはじめた。スラバヤ（東ジャワの大都市）を舞台とした華人家族ドラマ『自分の顔を叩く（Tamper Moekanja Sendiri）』（Chan 1925）というチャン・レアン・ニオ（Chan Leang Nio）の小説は，月刊文学誌『人生』の創刊年に特集された。『人生（Penghidoepan）』や『恋愛物語（Tjerita Roman）』といった人気雑誌が女性作家の作品を掲載するのが一年にほぼ一人であったことを考えると，それは女性作家にとって並々ならぬ偉業であった[7]。チャンの小説にみられるモラルは，酷い扱いを受けた妻ティン・ニオ（Tin Nio）を少なくとも擁護し，彼女を支配していた夫がついには自らの過ちを悔いて彼女に許しを請うという成り行きを描いている。とはいうものの，この小説では，スラバヤという町，特に華人コミュニティのゴシップ好きという環境が，華人女性の生活を抑圧する力として作用していたために，ティン・ニオが結婚に失敗したあと，再出発するためにはメダン（スマトラ島北東部の都市）に居を移さざるを得なかったと描かれている。1927年に『人生』誌に掲載された，スマ

---

6) 例えばマドンナというペンネームの小説家は，男女平等に関する問題について最も進歩的な男性小説家の一人であった。彼は，平均的な女性小説家よりも進歩的であった。

7) ニューヨークにあるチャイナタウンの中国人移民コミュニティを舞台にした推理小説『フアン・ジン・ホア（Huang Jing Hoa）』（1925）のリーによる翻訳は，『人生』の17号と18号を飾った。

ラン(中部ジャワの都市)を舞台にしている．クウェー・アイ・ニオ(Kwee Ay Nio)の創作『真実の恋(*Pertjintaan Jang Sedjati*)』は，チャンの小説と同じように，登場人物もナレーターも，女性固有の望みや，女性に重きを置いた生活観を伝えていないので，きわだったところはみられない．この小説の中では，にわかに裕福になるというモティーフが，伝統的教訓物語にみられるような，善悪が明確に二分される筋とともに，わかりやすく示されている．

同じように，テー・リプ・ニオ(The Liep Nio)の小説『神の懲罰(*Siksa'an Allah*)』(1931)は，それ以前の男性作家が作り上げた鋳型に収まるものであった．プロボリンゴ(東ジャワの小都市)出身のテーは，短編，詩，エッセイを『リバティ』誌と『中部ジャワ・レヴュー(*Djawa Tengah Review*)』誌へ寄稿していた(Salmon 1981)．『神の懲罰』は，落胆した主人公が猫を抱きしめ愛撫するシーンから始まる．それは，特別に優しく柔らかい旋律をともない，一見テーが，男性作家とは異なる筆致をもつように感じさせる．この小説の始まりは，女性作家は男性作家とは異なる作品を書くのではないかという期待を抱かせるが，女性主人公リアング・ニオ(Liang Nio)が，娘としての義務を顧みず，恋愛を追い求め駆け落ちという挙にでたあと，下降する螺旋に滑り込むという展開を読むに至って，期待が空しいものであったことがわかる．彼女の恋人は，わがまま放題の金持ち息子であり，困難な状況に追いやられると虐待男に変身する，怠惰な輩であることがわかる．両親がすでに見抜いていた彼女の恋人の質(たち)を，そして彼が彼女の愛情に値しないことを，リアング・ニオは思い知らされるが，時すでに遅し，という終末を迎える．彼女は激しい苦しみの中で死を迎え，彼女の夫が，まだ思春期にある彼らの娘リーシェに，金持ち老人の妾になることを強い，予想される人生の前にリーシェをたたずませるという，アンナ・カレーニナのようなエンディング・シーンを迎えることによって，おきまりの物語が繰り返されることになる．テー・リプ・ニオは，女性が正当性を主張できる選択をするという世界を創り上げるのではなく，むしろ，女性は理性ではなく熱情に突き動かされ，その結果彼女たちの家族に不名誉をもたらすという，それまで行き渡っていた考え方を確認しているといえよう．

「山の少女(Gadis Goenoeng)」というペンネームで書かれた小説は，広く行われていた縁組婚を問題としている．『私生児(*Anak Haram*)』(Gadis Goenoeng

1938)という小説は，駆け落ちした若い男女から生まれ，養子に出され，庶子という社会的スティグマとともに生きるリアン・ニオ（Lian Nio）という人物像を通して，終わりのない悲劇的結末に読者の注意を喚起する。リアン・ニオは，彼女の出自を探し当てるため，同時に，不名誉なステータスから逃れるために，スラバヤに移り住んだ。のちに彼女が有力な家族の息子と愛し合うようになったとき，予想されたように，彼の父親は，彼女のはっきりしない素性が家族の高い地位を汚すとして，結婚に反対した。打ちひしがれて，リアン・ニオはバンギル（東ジャワの地方都市）に帰り，失意のうちに死ぬ。かくして彼女は，小説の始まりにおいて夭逝した彼女の母の宿命を繰り返す。一見すると，テーの『神の懲罰』の主人公リアンゲ・ニオのように，この小説のリアン・ニオの悲しい運命は，彼女が両親に対する子どもとしての義務を無視したための，絶え間ない罰のようにみえる。この小説の中の男性主人公が述べているように，華人社会は男性をより尊重し，よりよく処遇する。女性に対する共感的視線があるにもかかわらず，「山の少女」の描く女性主人公は，現状に挑戦したり，主人公のような状況にある女性のために，より公平な代替的シナリオを提示したりすることはなかった。

　興味深いことに，『私生児』が著される数年前，概ね1930年ころから，華人マレー語文学の世界に，オランダ領東インドの華人女性による，注目に値する女性エイジェンシーを描いた小説が出現した。クー・トリマ・ニオ（Khoe Trima Nio，ペンネーム：アスター），タン・ラム・ニオ（Tan Lam Nio，ダリア），ミス・キン（Miss Kin），上述のリー・ジン・ニオ（Lie Djien Nio，リーダー夫人），ヤン・リウなどがこのような女性小説家にあたる。彼女らのうち何人かは，自らを恋愛小説作家であると同時に女性活動家でジャーナリストである，と述べていた。彼女たちの小説には，知的で，臆せず主張し，文化的に洗練され，独立独行である女性主人公が，ますます自律的になっていくさまが描かれている。彼女たちは，家族のためでもなく，夫のためでもなく，したがって夫の幸福の飾りではない，明確な自己実現の感覚をもって生きているという意味において，自律的である。

　「アスター（Aster）」というペンネームで書いていたクー・トリマ・ニオは，大衆文学文化誌『リバティ』の寄稿者であり，もう一人の女性ジャーナリスト

であるホン・レ・ホア（Hong Le Hoa）が 1928 年に創設したインドネシア華人女性協会のメンバーであった（Salmon 1981；Sidharta 1992）。『人生』誌（1930 年 2 月号）に掲載された彼女の小説『何をすべきか？（*Apa Moesti Bikin?*）』（Aster 1930）は，結婚に失敗したのち単身で娘を育てなくてはならないシングルマザーであるヒアン・ニオ（Hiang Nio）をめぐって展開する。ギャンブル中毒で思いやりのない夫と別居したヒアン・ニオは，苦悩を押し隠した安楽ではなく，不確実な人生を選択し，夫の住むチラチャップ（中部ジャワの都市）を離れ，リム・カイ・ニオという新しい名で，幼い娘とともにテガル（中部ジャワの都市）で再出発する。富裕な老寡婦が彼女にとても同情し，彼女が生活の地保を固め，テガルで尊敬されるドレス・メーカーになるに至り，学士号を得させるためにひとり娘を上海に送れるほど財政的に安定するのを助けた。クーの小説の女性登場人物たちは相互に支えあう。これは女性による作品に頻繁に見出されるモティーフである（Hellwig 2012）──全知のナレーターが女性たちの視座から物事を見，語り，そして女性が独立独行するための要件として，女性にとって公的な教育が重要であることを強調する。この小説がハッピーエンドを迎えるという点は，それより 2 年前に出版された，コー・ハン・シオク（Koo Han Siok）による同種テーマの小説，『自分のきょうだいと結婚する（*Kawin Soedara Sendiri*）』（Koo 1928）とは著しく異なっている。

　『人生』誌の同号は，「チラチャップの LSG」が著した短い小説も掲載している。サーモンはこのペンネームをクーのもう一つのペンネームであると同定している。チラチャップに住んでいるということがそれを裏書きしているようだ（Salmon 1981：221）。しかし，上述の主要なクーの小説とは異なり，二番手のこの作品は，第一人称で語る若い男性ナレーターの視点からつづられ，彼と少女との関係は，彼女の「厳格で因習的」な両親の犠牲となる，というものである。男性の見方を想定しているが，ナレーターは「思春期の娘を両親が情け容赦なく「婚前閉居」という名の牢獄に幽閉し，結婚が彼女にとって唯一（で不可避）の逃げ場であるという，華人に一般的である慣行」に異を唱えている（LSG 1930：66）。若き男性ナレーターであるキム・リアンの語りを通じてクーは，若い女性から基本的な自由を奪い，彼女たちの人生の選択を厳しく制限する，華人の家父長的慣習に異を唱えた。

クーの描いた主人公ヒアン・ニオが，抑圧的な結婚に留まることを拒絶したとすれば，ミス・キンの小説『砕け散るような世界！（*Doenia Rasanya Antjoer!*）』（Miss Kin 1931）に登場する思春期のヒロインは，縁組婚に反旗を翻している。主人公チオ・ホン・ニオ（Tjio Hong Nio）は，身分の低い少年リム・チン・セン（Lim Tjin Seng）と恋愛関係にあるが，彼女の両親はそれを受け入れることを拒絶し，その代わりに，ホン・ニオを第二夫人にしたいという元華人役人（*kapitan*）の息子タン・ギアウ・シアン（Tan Giauw Siang）からの結婚申込を受け入れてしまう。抑圧され，両親の望みに抗する力を欠き，両親との関係を断ち切る勇気や財力がないと感じたホン・ニオは，首を吊るという挙にでる。チン・センとの約束を破って第二夫人になるより死んだほうがましだと考えたのである。幸いにも，彼女はあわやというところで救われ，ついには彼女の両親が態度を軟化させた。女性自身が書いたこの小説は，男女平等についての驚くべき進歩的な見方を提示している。彼女の意志と願望を否定する両親に異を唱えることで，ホン・ニオは彼女の世代の女性を代表して語っているかのようである。ほかならぬ女性本人が彼女の結婚生活を遂行していかなくてはならないのだから，女性が自分の結婚相手を選ぶことができなくてはならないという，ホン・ニオの主張は，結婚を通じた絆に関する考え方の変化，家族間の縁組から二人の個人による核家族ユニットの形成へ，という変化を標している。第二夫人にされることに対する彼女の異議は，両性は基本的に平等であるという堅固な確信に根差しているので，さらに瞠目させられる。法的保護と安定を奪われ，主人のなすがままになり，主人を常に喜ばせなければならないのだから，第二夫人はその本質において娼婦であるという考え方に，ホン・ニオは同意を表明する。そのような縁組は，もし縁組が貨幣との交換を介したものであるならなおさら，第二夫人を男性の快楽の道具（*pekakas*）とするものである。父親の要求に従うのではなく，自らの人生を選び取ると決意することによって，女性主人公ホン・ニオは，女性が自分の人生に対する究極の権威を握っていることを，伝えようとしているようである。

『パシール・プティ（*Pasir Poetih*：字義は白砂，地名でもある）』（Yang-lioe 1936）と『人生の灯（*Pelita Penghidoepan*）』（Yang-lioe 1937）の作者であるヤン・リウ（Yang-lioe：柳の木）は本名ではなく，女性作家のペンネームであろう。

彼女は，当時としては非常に進歩的な雑誌であった『リバティ』誌のために書いていた。彼女は，『人生』誌と『恋愛物語』誌に緊密な人的コネクションをもっていた。彼女の小説『パシール・プティ』は，父親の死によって孤児になり，赤貧に到った，思春期の二人姉妹を登場させている。彼女たちはその後，強欲な母方オジと，西ジャワのパシール・プティにある，彼の大規模な茶農園に暮らした。それよりずっと以前に，彼女たちの母親は，彼女たちの父親と駆け落ちするという社会的逸脱のために，財産相続から外され，家族から勘当されたということが語られた。のちに，少女たちの母方祖父は，実は少女たちの母親を財産相続人とし，彼女たちはその大農園の正統な相続者となっていたことが明らかになる。しかし彼女たちの無節操なオジは，別の計画，つまり少女たちのうち姉の方キォック・ラン（Kiok Lan）を自分の息子のギォック・ホー（Giok Hoo）と結婚させて，その大農園を少女たちに譲らなくて済むようにしようとしていた。キォック・ランは，思いやりのあるギォック・ホーに対する真の感情にもかかわらず，命令的なオジに，特に結婚のような重要な事柄では，女性に命令することはできないことを示すために，この縁組を即座に拒絶した。高い教育を受け，近代的考え方を心地よいと感じるという，姉妹の人物像は，ヤン・リウ，つまり作者本人がそうであることを示しているようだ。この姉妹，キォック・ランもベティも，西洋の教育に接してきた人は，必然的に近代的な外観を呈し，したがって，敬意をもって女性を扱うという，よい礼儀作法を身につけていると，信じている。この小説はオースティン的特徴，中でも『傲慢と偏見』にみられる特徴をもっている——この場合は，主人公たちのロマンティックな融合への障害物は，キォック・ランが自らのプライドを克服し，ギォック・ホーがその父親のような偏見をもっていないことを証明してから，ついに崩壊する。ヤン・リウの他の小説『人生の灯』も，同じようにプライドが高くて強い女性が描かれているという点で，小説の性質が類似している。

　人物像という点については，リー・ジン・ニオ（Lie Djien Nio）の小説『夫？(Soeami?)』（Mrs. Leader 1933）の主人公は，おそらく同時代のヒロインの中でも最も「近代的」である。駆け出しの頃，中国語推理小説の翻訳者であったリーも，『リバティ』誌，『シン・ビン』誌，および『パノラマ』誌に記事を書いていた。彼女の初期の翻訳は明らかにおそまつだったが，1930年代に発表し

た彼女のオリジナル作品で地位を確立し，その翻訳やオリジナル作品は評判の高い雑誌，『読み物選書』『人生』『恋愛物語』などに掲載された。『夫？』（Mrs. Leader 1933）は，「リーダー夫人（Mrs. Leader）」という仮名の下に出版されたが，話の筋に関しては何も新しいところも目立ったところもなかった。それは，不倫をしている夫に無視され，結局は捨てられ，子どもを独りで育てるというという苦悩を生きる妻についての物語である。リー・チュー（Lie Tjoe）という名の妻の人物像が，同時代の他の小説のヒロインと異なるのは，彼女がジャーナリストだという点である。リー・チューは「近代的」女性としてのすべての資格を有している。すなわち，ヨーロッパ人小学校（Europeesche Lagere School：ELS）を卒業し，オランダ式に育てられ，友達や仲間とオランダ語で話し，男子との交際を心地よく思う女性であった[8]。同時代の女性とは異なり，彼女は他人のお膳立てではなく，自らの選択によって結婚する。彼女の夫ホー・アン（Ho An）も，彼女が職業人であることを禁止しない近代的男性であった。この点こそが，彼女が彼を夫に選んだ重要な理由であった。彼女の人生の目標は，作家でありジャーナリストであるオランダ女性アンナ・ド・サフォルニン（Anna de Savornin）のような著名な作家になることと，幸せな結婚生活を送ることである。しかし彼女は，これら二つの目標は両立できないのかしら，とときどき考える。ジャーナリストとしてリー・チューは，植民地の華人女性と妻たちの運命について書き，そして彼女自身は結婚している女性であり，彼女の書いたものは多くの女性読者の共感を得る。女性名を名乗る「偽物（*tetiron*）」ではなく，彼女は「真の（*soenggoean*）」女性ジャーナリストなのである。

　この小説の中の道徳観は保守的であるが，『夫？』（Mrs. Leader 1933）の語り手は女性作家を男性作家から区別するのに作動するパラメーターを示すことがおそらくできている。それは相対的に高い，女性読者に共鳴する能力である。女性自身が一般に女性のものだとする経験，感性，考え方，そして欲望を，鋭敏に伝達する能力である。どうやら，本物の女性作家には，男性作家や，女性の声で書いている男性より，これらの性質を表象する能力が備わっているとい

---

[8]　一般に，小説に登場する華人の第2と第3の名前の間にハイフンを入れるか否かは一貫していない。一貫性をもたせるために，本章ではハイフンなしにする。ここでは，Lie-tjoe は Lie Tjoe と記す。

うことらしい。そして一般的に，男性作家と比較すると女性作家は，結婚，教育，キャリア，両性間の平等など，ある種セットをなす問題を，情熱をもって取り上げたのも事実だ。こういった問題は，女性が暮らす現実世界によって規定され，彼女たちの書くものを，男性による作品よりも，商業指向性の低いものにしていた（Salmon 1984：169）。女性作家が描く物語と女性主人公は，作家自身の女性としての経験と近似していることをほのめかし，作家の大胆な筆遣いを反映する。「女性問題」を探求することに最も独創的で力強い筆致をもつ作家は，「ダリア」というペンネームで書いていた女性作家である。彼女について以下に述べていこう。

4　ダリア

　ダリア（Dahlia）は，タン・ラム・ニオ（Tan Lam Nio）のペンネームである。彼女は，20代初期に，とても際立った女性エイジェンシーの登場する小説を著した。タンは，1909年に西ジャワのスカラジャに生まれ，1929年に，ジャーナリストで作家のウン・ホン・セン（Oen Hong Seng）と結婚した。彼女の夫は，その年に短期間，月刊誌『満月（*Boelan Poernama*）』の監修をやっていた（Salmon 1981：273-274）。結婚したとき，彼女は20歳であったが，当時の水準からすると女性の結婚年齢として，とても若いというわけではなかった。彼女の同時代の女性小説家チャン・クァン・ニオ（Tjan Kwan Nio）（1992：159）[9] は，女性の適齢期は18歳であると述べたが，彼女自身16歳で結婚していた。タンが物書きとしてのキャリアを始めたのはウンと結婚してからのようであるが，書籍といえるような長さをもっている作品についていえば，タンは夫よりも先に出版していた。タン夫婦は結婚してからしばらくは，西ジャワに住んでいたようである。1930年と1931年に，彼らの作品は，いずれもバンドゥン（西ジャワの

---

[9] 解放という点からみると女性作家の進歩は常に単線的であるわけではなかった。女性小説家チャン・クァン・ニオは，1940年代初めに登場したが，彼女の小説『悲運な天使（*Bidadari Elmoet*）』（Tjan 1941）には「破滅する宿命の女性」のモティーフが予想外にも蒸し返されていることを含め，彼女の小説はかなり保守的な女性登場人物を特徴としている。

都市)に拠点のある雑誌『物語の宝庫(Goedang Tjerita)』と『満月』に掲載された。1932年以降は,スラバヤに拠点のある,比較的よく知られた雑誌『恋愛物語』『人生』『リバティ』に作品を提供した。ウン・ホン・センは「マドンナ」というペンネームを用いて,ヨーロッパ系言語と中国語の翻訳者としてそのキャリアを始めたのに対し,タンは本格的小説家としてスタートしたようだ。その後ウンは,華人の結婚の慣習,女性の権利,人種間の恋愛という観点に関して熟達した,妻の足跡をたどることになる。

　突然の病によって24歳で亡くなるまでに[10],タンは,『リバティ』誌に掲載した短編のほかに,『頂上に到るとき,或は,愛と犠牲(Kapan Sampe di Poentjaknja, atawa Tjinta dan Pengorbanan)』(Dahlia 1930),『涙の波のなかに生きる(Hidoep dalem Gelombang Air Mata)』(Dahlia 1932a),『東洋の礼節(Kesopanan Timoer)』(Dahlia 1932b),『結婚の棘(Doerinja Pernikahan)』(Dahlia 1933a)および『嗚呼,運命!(Oh, Nasib!)』(Dahlia 1933b)などの長編を書いた[11]。彼女の最後の小説2編は死後の出版であった。夫は,最後の一作の序文を書き,タンがその原稿を死のほんの何日か前に完成させたと述べている。彼女の最後の作品は,雑誌『恋愛物語』に掲載された。彼女の作品としては,最初にその雑誌に掲載されてから長い年月を経た後での,2回目の掲載となった。作品に付された,編集者による追悼記事は,「ダリア」を,文学における彼女のキャリアの絶頂とみえる地点において咲き誇る花になぞらえている。また,彼女が勤勉で忠実なスタッフ要員(pembantoe)であり,彼女の小説がとりわけ女性読者の間で人気が高かった,とも述べている。死を迎える頃には,タンはその雑誌のフリーランスの寄稿者になっていたようだ。文学出版業界と

---

10) 長編『結婚の棘』(Dahlia 1933a)の序文にはタンは24歳で逝去したと述べられているが,雑誌『人生』104号では,長編『嗚呼,運命!』草稿を完成した2週間後に逝去した,もしくは病気になったと書かれている。夫のウン・ホン・センによる上記小説の序文によれば,タンは1932年9月に病に倒れた。

11) 小説『涙の波のなかに生きる』(Dahlia 1932a)は,1932年に,メダンのあまり知られていない出版社 Dj. M. アリフィンから出版されたが,書籍自体の所在はわかっていない。この小説および,『時既に遅し(Soeda Kasep)』(『リバティ』53号,1932年8月)や『公正な判断(Pertimbamgan Adil)』(『リバティ』55号,1932年10月)などのタンの短編を,本章執筆中には利用できなかったので,本章には,ダリアと彼女の作品を研究する上で,紛れもない欠落部分があるといわざるをえない。

いう男性主導の世界において，女性がそのような業績を達成したのは，たしかに特筆すべきことであった。

　タンの小説において注目すべき点は，女性主人公の大胆さである。彼女の小説は，華人社会の女性の地位に関する一連のトピック——教育，恋愛，結婚，職業など——について探究し，最後の小説を除き，知的で，自信に満ち，果敢に発言し，勇猛に独り立ちした女性を登場人物とするという特徴がある[12]。中華学校の創設後しばらくのあいだは，少女の教育が議論の的であったが，1930年代には，女性解放のための争点は，経済的自立と家庭外のフォーマルセクターでの就業の権利に移っていた。縁組婚の慣行は引き続き争点となったが，娘自身の考え方の尊重と，個人の幸福を追求する権利を当然とする観点から，次第に異議が唱えられるようになり，娘の義務という儒教道徳からは離れていった。タンの小説『頂上に到るとき』(Dahlia 1930) と『東洋の礼節』(Dahlia 1932b) は特にこれらの主題を取り上げ，目覚ましく進歩的な枠組みと言葉で，構成しなおしている。

　『頂上に到るとき』(Dahlia 1930) はおそらく，タンの最初の小説であろう。それは，配偶者選択（あるいはその欠如）をめぐる，父-娘の間の対立という持続的テーマを取り上げている。このテーマは無数の方法で語られてきたが，華人読者だけではなく非華人読者の間でも人気が高く，最もよく取り上げられる小説の主題である。この小説の女性主人公である裕福なノラ・ティオ (Nora Tio) は，オジの事務所で働いているチェン・ギョック (Tjeng Giok) と友達になり，やがて恋愛感情を抱くようになったが，彼は慎ましい家族の出身である。二人は魅かれあっているが，富裕な家の息子ヘンリ・チュー (Henri Tjoe) も，ノラの預かり知らぬことだが，ノラに魅力を感じており，ノラの両親に結婚を

---

12) タンの最後の小説『嗚呼，運命！』(Dahlia 1933b) は，彼女が病気に斃れる数日前に脱稿され，死後に出版された。実母を亡くし，嫉妬深くて支配的な継母の下で暮らし苦悩する，教育はあるが，とても若くひ弱な少女が主人公である。タン自身，1932年末に亡くなった時に，幼子を後に遺したようである。この小説は，タンの作風から外れているばかりでなく，テーマの整合性も欠いている。この小説の序文を書いた夫ウン・ホン・センは，この小説に戸惑いを隠せず，タンは彼女自身が間もなくこの世を去ることを，無意識的に予期して書いたのではないかと，思いを巡らせている。

申し込む。彼女の父親は，ノラがチェン・ギォックと別れてヘンリの申し込みを受け入れるよう望んだため，ノラは怒りにかられる。父親が強制すると，ノラはバタヴィアに逃げ，より有望な転職を求めて先にバタヴィアに移動していたチェン・ギォックと合流する。

同時代のマレー語小説のほとんどの主人公と異なり，ノラはとても自己主張が明確である。自信に満ち，自分が何をしたいか心得，目的を達成するために行動を起こす。チェン・ギォックは強く興味を引きつけられるものの，自身が彼女のオジの仕事場で雇われていたことから，彼女に対して特に控えめな態度をとる。それゆえ彼女が主導権を握って彼に迫り，彼も彼女に好意を抱いていることを告白させる。彼女が運転するとき彼は助手席に座っているように，彼らの関係においては，彼女が責任をもつ役割を果たしている。チェン・ギォックの社会的地位が低いとして，彼女の父親が反対しているため，二人の関係が障害に突き当たったとき，彼女はびくつくチェン・ギォックに，彼自身が彼女の愛情にふさわしいと証明するよう迫った。彼は，二人の将来のための蓄えができるよう，給料のよいヨーロッパ系の会社で働くために，バタヴィアに向けてスマランを後にする。ノラは父親に異議を唱えるが，それは，娘の恭順を定める儒教道徳ではとりわけ無礼であるとみなされている行いだ。父親が，ヘンリ・チューからの求婚を受け入れる「可能性は極めて高い」だろうと言い渡すのを受けてノラは，次のよう言い返した。「何を論拠にそんなことを言うの？ 私がその決定を覆す可能性は同じくらい高いということをあなたは分かっているの？」(Dahlia 1930 : 61)[13]。

ノラは，彼らの頭を押さえていた，義務と礼節の観念を覆す。求愛における慣習的ジェンダー役割を覆すだけでなく，娘の義務という考え方を拒絶する。スラバヤの財産家のチュー一族と姻戚になることによって得られるであろう特権を彼女の家族が熱望しているので，ノラは，父親が物質的な安寧と名声を確保するために彼女を元手として利用し，彼女を売った代わりに得られる「財に目がくらんでいる」，と父親を糾弾する。華人の伝統では，女性が，結婚するまでは，両親の権威のもとにあるということを指摘されると，結婚は商売行為

---

13) 文化規範に従えば，ノラは父親を「あなた」という二人称で直接的に呼びかけることはしないで，「お父さん」という三人称の尊称で呼びかけなければならない。

のようなものなのか，とノラは問いただした。両親というのは，家族全体の利益のために娘に自己犠牲を求めること，ノラの場合は，一族全体の安寧を彼女個人の欲望よりも優先するよう求められるということが，かつては当然であった。これは，両親に対する娘としての義務，すなわち，彼女を生み育ててくれたことに対する両親への「返済」の一形態と理解される。しかしノラは，他の子どもの立場の人々同様，この世に産み落としてくれと頼んではいないからという単純な理由により，この広く行き渡っている考え方は有害であり，この義務は認められないとしている。代わりに前面に出てくるのは，家族の幸福とは切り離された，女性の個人的幸福追求の権利を含む，譲渡不可能な女性の自己決定権という新しい考え方である。別の言い方をすると，家族の幸福の付属品としてではなく，彼女自身の悦びのために存在する権利を主張する。この新しい権利概念は，女性の自己犠牲の上に成り立ついかなる娘としての義務もご破算にする。父親の求婚者選択に従うよう圧力をかけられた時，「自由と女性の権利の意味が分からない小娘たちのように私を取り扱わないように」，とノラは父親に忠告する（Dahlia 1930：95）。このような考え方に触れることは，拘束状態に従うことからノラを守り，この場合なら，父親が彼女の自由意志を踏みにじることから守るであろう。この小説においては，父親が頑なに親の権威を主張することは，存在への侵害，すなわち，彼女の基本的自由に対する「レイプ（perkosahan）」であると位置づけられ，バタヴィアへの彼女の逃避行に道徳的正当性を与える。

　この物語では，ノラの学校教育は，自立のための究極的資源であるばかりでなく，彼女の価値の基盤を保障し，何が適切で何が不適切かを判断する基準を与える。彼女の西洋的名前は，何らかの意味で，彼女の文化的傾向を表している。彼女の本名はティオ・キアン・ニオであるが，学校の友達の間では「ノラ」で通っていた。華人の学生はふつう，学校で，西洋人の教師から西洋名を与えられた。ノラは，近代的女性の振る舞いと思うところに従って行動する。彼女は，「モダン・ガールたるもの，男性と向き合うとあがってしまうのは恥ずかしい」という，人生の早い時期に養った勇気をもって，チェン・ギョックに近づく（Dahlia 1930：12）。オランダ式中等学校（Hoogere Burger School：HBS）を卒業していたので，ノラには異性の同級生と交流することに関してぎこちな

さはない。同時に彼女は，自分自身を扶養するための知性を十分備えている。彼女は，法的にはまだ結婚してないのだから，バタヴィアに落ち着いてからも，生活のためにチェン・ギョックに依存することをよしとしない礼節の感覚をもっていた。駆け落ちしたことによって父親から勘当されたが，ノラは容易にオランダ語華人小学校（Hollandshe Chineesche School：HCS）での教師の職を確保し，経済的に自立する。彼女同様，チェン・ギョックも高い教育を受けていて，彼らはオランダ語で手紙のやり取りをするのである。

　実際，学校教育と独立独行のアイデンティティという考え方は，タンの小説の重要なモティーフである。それらは，ノラやチェン・ギョックのような「近代的」個人を特徴づける。また反対に，財産，ことに相続財と親族的つながりに対しては，ほとんど敵対する姿勢がみられる。タンの小説では，裕福な一族の息子がほとんどいつでも，女性主人公が克服しなくてはいけない障害を表象する。彼らは，娘の幸せよりも世間的地位を重要視する旧弊な両親に気に入られる求婚者であるか，あるいは，競争自体を暴力で潰してしまおうとして女性に拒絶される，ライバル求婚者である。ここでは，相続財産は，怠惰，独立の欠如，旧弊，非合法，さらに犯罪性とも関連している。ヘンリ・チューは，ならず者を雇ってライバルのチェン・ギョックを亡き者にしようとし，それに失敗すると，正義の手を逃れるためにシンガポールに逃亡する。ヘンリの父親が金と影響力で息子を窮地から救おうとしたが，結果的には，これとその他の犯罪行為のためにヘンリには罰が課せられる。ヘンリの犯行は，中華マレー語新聞によって広く報道され，一族に恥辱をもたらし，間接的に，裕福なヘンリでなく慎ましいチェン・ギョックをノラが選んだことは正しいと証明される。この小説は，裕福な一族の息子というのは本質的に甘やかされたガキで，困難のもとであり，知的女性の愛情に値しないと示唆しているようだ。

　家族の財産ではなく個人の賢さを好んで選ぶという変化は，祝福された結婚を成り立たせるものの質的変化の中に，最も明確にみてとれる。マレー語のブルウントゥン（*beroentoeng*：幸運／財産，祝福された）という言葉は，物質的満足状態に言及するときにしばしば持ち出されるが，そのような場合には，財産家の家族メンバーである求婚者との縁組は完璧に道理にかなうものとなった。根強い華人慣習では，結婚は本質的には，二人の個人の結合というよりも，二

家族の同盟形成であった。かくして，女性の結婚紐帯がもたらす「幸運＝財産」は，彼女個人のものではなく集団のもの，つまり，彼女の家族全体に潤いをもたらすことのできる（理論的にはもたらすべき）恩恵であった。このような観点からは，他ならぬ結婚当事者二人だけがその恩恵を受けるという，結婚に対するノラの姿勢は，極端に自己中心的である。この「近代的」世代にとっては，結婚は集団的損得の計算であるよりも，求愛期間へと続くロマンティックな異性間の魅力の積み重ねである。このように，家族の富ではなく，ロマンティック・ラヴが結婚の唯一の正統な基盤とみなされる（Siegel 1997：135）。縁組婚の慣習では，花嫁花婿とも結婚式までほとんど知り合うこともなかったが，学校教育を受けた若者たちは一般に，男女共学を経験したおかげで，結婚前の求愛期間の習慣を育んでいった。ノラのように求愛期間を経験した若者たちにとって，相手にロマンティックな魅力を感じるようになるのは，暮らし（旧弊と対立する近代的な暮らし）への興味と展望に関して気が合うことから始まる。したがって，彼らにとって「ブルウントゥン（*beroentoeng*：幸運／財産，祝福された）」は，物質的ではなく，ロマンティックな至福と区別できないものであり，概ね恋愛小説が激増することによって広まった，抽象的な概念である。法的に結婚できないので，ノラとチェン・ギォックは小さな結婚式を挙げる。出席したのは，ごく親しい友人だけであり，その後ロマンティックな（蜜のような）至福で満たされたといわれる生活へと歩を進める。彼女自身の心に従い，ノラは本当の幸運＝豊かさを手に入れる。

　この小説はハッピーエンドである点で，同じようなテーマの多くの小説と袂を分かっている。より早い時期の小説では，あるいは，別の作家によるものは，自らの心に従う女性主人公は悲劇的な結末を迎える。しかし，タンの小説では，改心して，一人娘への処遇に後悔の念をいだくようになるのは，ノラの父である。ノラの父は，ヘンリに関連する自らの過ちに気づき，この世の富を期待するあまり配慮を欠き，道を誤った，という理解に最終的に達する。タンの小説の力強く明確化された新しい物語構成は，彼女の死後，夫ウン・ホン・セン（ペンネームはマドンナ）による小説に引き継がれることになる。

　とはいうものの，ノラがチェン・ギォックにロマンティックな魅力を認めたことは，かなり問題化されたに違いない。女性は行動においても思想におい

ても貞淑であることが期待されている時代に，これは性的欲望を暗示する。研究者たちは，オランダ領東インドにおける西洋の小説を含め，恋愛小説がエロティックな欲望を目覚めさせるために「女性たちの頭の中にそういった考えを吹き込んだ」としていかに責められたか，指摘してきた (Chandra 2011 ; McCarthy 1964 : xi)。この物語の中では，ノラの父は，エロティックな欲望と礼節は相互排除的であるとする保守的な価値や期待をもった世代を代表している。彼女が，誰かが選んだ相手と結婚するのではなく，自分自身で自分の結婚相手を選びたいと主張すると，父親は彼女を娼婦になぞらえる。それは，彼女にとってはことに堪えられない侮辱である。このエピソードは，女性を徳高きマドンナ（聖母マリア）と堕落した娼婦に二分する，深層にある男性中心的パラダイムを表面化させるので，大変興味深い。性的欲望は後者（娼婦）にのみ関連するとされるため，ただ単に自分で結婚相手を選びたいということが，'娼婦のようにふるまう' ということになる。性的な美徳と慎み深さは，ほぼ間違いなく，男性中心主義者が女性に投影したファンタジーであるが，このファンタジーはタンのような進歩的女性作家でさえ適切であると考えるほど，内面化されていることがわかる。そのような苦境を辿らなければならない若い女性に同情的である女性作家にとっての難問は，恋愛に基づく結婚のみを良しと断言し，自立し，家庭の外で収入を得，異性に対して不器用ではないが，聖母マリアのように貞節である女性主人公を創作することであった。タンの女性主人公は間違いなく近代的聖母マリアの原型である。

　ノラが結婚についての近代的女性の見方をまさに表象するのに対して，『東洋の礼節』(Dahlia 1932b) の女性主人公シェム・キョック・ニオ (Siem Kiok Nio) は，職業に対する正しい姿勢を例示する。この小説はキョック・ニオについて次のように語る。父親が商売で失敗して亡くなり，キョック・ニオと母は自らを養うために，家庭外で働かなければならなくなる。しばらくの間は，慣習的な仕事，つまり，家でケーキを作って売ることをなりわいとしていた。それでは収入が不十分であったので，キョック・ニオは世間の潮流に逆らって生きる選択をした。学校卒業資格を活かして，オランダ人経営の会社——それは華人の会社より大抵給料がいい——に就職した。キョック・ニオは，速記タイピストとして働き，順調に暮らす。彼女は真摯で大志に満ち，同僚たち，

第5章 花開くダリア　153

特に彼女の上司である若くて思いやりのあるオランダ人ヤンセンから，尊敬と賞賛を得る。彼はやがて彼女を好きになるが，彼女の想いは，キャック・ニオと同じように，教育を受け，成功するために個人の創意を頼りとする，クン・セン（Koen Sen）に注がれる。キャック・ニオにとっての最大の障害は，古臭くて物質主義的な父親ではなく，家庭外で働く女性に対する社会的偏見である。彼女にとっての難題は，職業婦人は明らかに貞節を欠いていないことを証明することである。

　タンの小説のほかの女主人公のように，シエム・キャック・ニオは間違いなく近代的である。彼女は上級小学校（Meer Uitgebreid Lager Onderwijs：MULO）を卒業しているので，「オランダ人少女に教育でひけをとらない」（Dahlia 1932b：4）。キャック・ニオも西洋名をもっていて，友達や同僚からはヨハナ・シェムと呼ばれている。彼女の「近代的」性質は教育だけではない――タンは，彼女の物腰，趣味，外観を強調する。彼女は，「西洋風に育てられた大抵の少女たちと同様に」（Dahlia 1932b：70），クバヤ（ジャワのブラウス）と長い布を巻いた伝統的服装ではなく，だいたいいつもスカートで過ごす。彼女は，長身でそれほど色白ではなかったので，欧亜混血とたびたび見間違われたと描写される。彼女が借りた家に，母親と住んでいるが，それは小さな郊外住宅で，ヨーロッパ人の家と間違われるような装飾がなされている。

　物語の始まり部分で，キャック・ニオが，女性であることをどれほどハンディキャップとみなしているかが語られる。彼女は上級小学校に加え速記タイプのコースを修めているのに，女性であるがために，卒業後も家庭に留まるよう拘束されている。当時の華人社会では，オフィスで働く女性は，「身持ちがよくない」「街を歩く娼婦と同じようだ」（Dahlia 1932b：70）という見方が広く行き渡っていたので，キャック・ニオは，しばらくの間，自分の卒業証書と技能証書を棚にしまっておかねばならず，そのかわりに調理や裁縫を試みた。「わたしが，男性だったらなあ」と彼女は嘆いていた。

　キャック・ニオが，このジェンダーにまつわるハンディキャップの克服に，ついには成功したのは，近代的精神をもっていたからである。経済的困難と母の福利に対する責任に押されて，彼女はヨーロッパ人経営の会社に仕事を見つける。仕事場でクン・センに出会い，やがて彼に恋愛感情を抱く。彼は，彼女

の会社の顧客である。彼もまたオランダ式中等学校を卒業した高学歴者で，オランダで勉強してきたが，彼女に出会ったとき心地よい驚きを示す。「あなたは商社で働く初めての中国人女性に違いない」と，彼は，名刺交換する前に，賞賛の言葉を発する（Dahlia 1932b：34）。彼は，彼女の物事に対する姿勢に感嘆し，彼女はといえば，彼の開放的精神に印象づけられる。彼らはオランダ語で会話を交わす。彼女が教育をうけていることは，彼女が望んでいない裕福な既婚男性のいいよりから，彼女を防御するという役割も果たした。そういう男性たちは，「キョック・ニオのような教育のある女性は，どんなによい条件を示しても易々と妾にはならないということに気づいていないようだ」(Dahlia 1932b：75）。彼女の近代的精神（*semangatnja jang modern*）は，相手があらかじめ思い描いた考え方や実践をやすやすと受け入れることを，自分自身に許さない。彼女は，女性を拘束する世間の傾向を，偏狭で，狂信的で，急速に変化する世界から孤立していると，批判する。生活の視野を台所と容姿とレジャーに狭めてしまっている女性たちの間にみられる「苔むした考え方（*anggapan jang boeloekan*）」を，キョック・ニオは残念に思う。物語が展開していくにしたがって，彼女が真剣で決然としていることを証明していくようになり，上司は，キョック・ニオは女性だけれど，「男性に劣らず，世帯を維持する能力がある」と彼女を高く評価する（Dahlia 1932b：27）。彼女は，女性であっても男性に劣らないのだから，もはや男性であることを望んだりしない。

　この小説では，父親的人物がいないが，公衆という抽象的な存在が，保守的な力を表象する。多くの同時代の恋愛小説では，（大抵，恋愛の洗礼をうけた）若者が克服しなくてはいけない，変化に抵抗を示す保守的家父長的声を，父親的人物が体現する。『頂上に到るとき』（Dahlia 1930）にもこれは当てはまる。そこでは，ノラの父が，彼女の自己決定を実践する際に，最も重要な障害となっている。キョック・ニオの場合は，社会的障害は，ゴシップを広める華人世間として顕れる。オランダ人女性とオランダ領東インドの他の女性たちは，教育を元手に生活することが普通になっていたが，華人女性たちは，現在ようやくそのような前例に倣うようになってきているといわれる。華人女性たちには，世評（*publiek opinie*）がいつも憑りついている。それは，多くの有能な女性が，自らにふさわしい場において，その才能を発揮することを妨げてきた。な

ぜなら「彼女たちは，世間に非難されることを怖れているからである」（Dahlia 1932b：40）。上司のオランダ人がキョック・ニオを訪れるたびに，お節介な近所の人たちがにわかに活気づく。けれども彼女は，男性と外国人の間で働いている女性は「ふしだら」だ，という世間の考えは間違っていると証明してみせると決意して，耐え抜く。この考え方は時代遅れでばかげているという意見を，彼女は表明する。

　このように，タンの物語には，近代性の再定義あるいは代替的な近代性を提示する試みが見受けられる。ここまででわかるのは，タンが想像する近代性は間違いなく「西洋的」（なものとほとんど区別できないさまざまな特性）であったということだ。それは，ヨーロッパ的とわかる——学校に行く，職業に就く，車を運転する，スカートを履くといった——広範囲にわたる行動様式にほかならないとされてきた。それはまた，恋愛，男女平等，女性の権利，個人の自己決定といった，無形の概念に連関していた。このためノラとキョック・ニオは，オランダ人女性の単なるコピー，派生物といったものになっていると同時に，彼女たちは，オリジナルで自律的になろうともしている。『東洋の礼節』（Dahlia 1932b）の序文において編集者のオン・ピン・ロク（Ong Ping Lok）は，「東洋」的であることの特性は，物質的というより精神的な意味をもっているので，ヴェールや女性の閉居慣習などと，狭く定義されるものではなく，西洋的礼節と同じように東洋的礼節も，時の流れとともに進歩を遂げるということであると述べる。言い換えれば，時の変化に合わせておけば「西洋的」女性ができあがるということではなく，人が近代的であり同時に東洋的であることは可能であると述べている。実際，小説のタイトル「東洋の礼節」はこのオルタナティヴ——キョック・ニオの道徳感覚によって例示されている東洋的近代性の可能性——を示唆しているようにみえる。上述のリー・ジン・ニオの小説『夫？』（Mrs. Leader 1933）の，ジャーナリストである女性主人公のように，キョック・ニオも，自分自身が設定している礼節の一線を侵犯しないで，男性と自由に交流する[14]。この一線は個人的なものと解され，それを守っている人にのみそれとわかり，社会の承認を必要としない。キョック・ニオが貞節であるのは，世間の叱責を怖れているからではなく，守るべき境界と自尊心を堅持しているからである。したがって，世間が，彼女は「西洋かぶれ

(*gilakebaratan*)」だ，とみなしても，彼女の良心（*liangsim*）は東洋の礼節にしっかりと碇を下ろしているのである。奇妙なことに，華人女性が東洋的であることは，華人男性に対してのみ欲望を感じるよう自己統制することも意味している。同等に適格な二人の求婚者——ヤンセンとクン・セン——を前にして，キォック・ニオは後者に引きつけられる。彼女は同種の人と共にいる方がここちよく感じるのだ。ヤンセンが求婚すると，彼女は，二人が異なる民族であり，ヤンセンの家族は承認しないであろうこと，「東は東と，西は西とともに」ということを，ヤンセンに思い出させた（Dahlia 1932b：51）。事実，この小説で真に近代的なことは，自分の民族集団に真の尊厳を与えることである。それは当時のオランダ領東インドにおけるナショナリスト感情の盛り上がりを考えると，予想できないことではない（Williams 1960）。これはキォック・ニオに見出されること，つまり，華人女性は，教育，外見，ライフスタイルなどあらゆる点でオランダ女性と同じようになれるけれど，欲望の対象についてはそうはいかないということである。キォック・ニオは，愛に民族の境界を設けないヤンセンのようにはなれない[15]。

　「西洋的」女性と「近代的華人」女性の違いは，タンのその後の小説『結婚の刺』（Dahlia 1933a）においてさらに探求されることになる。その小説では，オランダ人の学校と華人の学校をそれぞれ卒業した女性たちの徳性が比較され，対照されている。近代的な女性主人公は，父親とは衝突しないが，オランダ人

---

14) 実際のところ，『夫？』（Mrs. Leader 1933）の女性主人公は，タンの小説の影響を示しているようにみえる。『東洋の礼節』（Dahlia 1932b）の1年後に出版され，タンが創造した近代的華人女性の特性を踏襲している。
15) 興味深いことに，『東洋の礼節』（Dahlia 1932b）は，民族間結婚問題を取り上げたマドンナの『ドクター・リー』（Madonna 1932）を率直に踏襲したものである。タンの小説は，突き詰めれば「東洋人は東洋人と」というメッセージを発してはいるものの，女性主人公の視点からオランダ人を肯定的な光の下に描き出しているのに対し，『ドクター・リー』は，民族間結婚に関する否定的な感情を吐露している。高等教育を受けた医師リーは，美しい欧亜混血女性に夢中になり，彼の家族の逡巡にもかかわらず，結婚する。その女性は，自分の利益のためにドクター・リーを利用する食わせ者だというのが明らかになる。マドンナ（別名，ウン・ホン・セン）は，（おそらく1933年あるいはその後に出版された）『罪』（Madonna s.a.）および，嫁にとって抑圧的になりがちな三世代世帯同居という華人の慣習を吟味する小説『幸運を夢見る』（Madonna 1935）において，縁組婚問題について彼の妻タンが示した，進歩的な見解をまねることになる。

学校で教育を受けた夫や仲間たちと衝突する。有徳な主人公とその狡猾な敵対者にそれぞれ与えられた華人名とオランダ名——シウ・ラン（Sioe Lan）とティンチェ（Tientje）——がそれを如実に語っている。シウ・ランは近代的であるが，「東洋的」に育てられ，オランダ人学校ではなく，THHK中華学校の出身である。彼女は近代的でありながら貞淑であり，ティンチェのように近代的でふしだらではない。タンは，オルタナティヴな近代性の一つとして東洋的礼節の再定義を企てたことにより，やがてくるポスト・コロニアルな状況において，「西洋を統治の中心」としない，複数的な状態としての近代性を確立すべくなされた探究の，早い時期の先駆者となる（Gaonkar 2001）。

　不運にも，彼女が『結婚の刺』を脱稿してから間もなく死去したために，彼女の著作における，かなり民族主義的（あるいは初期ポスト・モダン的）な転回について説明するための材料はあまり多くない。1931年に日本が満州を属国化して以来，オランダ領東インドの華人の間で広く，民族ナショナリズム的な感情が勃興した。タンの小説では，この感情が，女性に抑圧的である慣習への批判とバランスをとりながら，華人にみられる数多くの徳目を守るべく，明示されたのかもしれない。

　にもかかわらず，だいたいにおいて，タンが詳説する近代性は，伝統的なジェンダー役割，特に女性について規定された役割に対する異議申し立てとして顕れた。シーゲル（Siegel 1997：146-147）は，タンと同時代の他のマレー語小説が，外見やライフスタイルなど，近代性の表層的側面にのみ着目し，西洋的近代性が内包する人種間の不平等構造や分離排除構造の問題を主題化できていないと指摘するが，タンの小説は，既存の社会文化的規範への異議申し立てという点において近代性の深い内実を捉えているばかりでなく，地球規模のより深い枠組みを視野にいれて人種間の平等性を主張している点において，西洋的近代性の問題を照らし出している。しかしながら，タンの小説が，西洋とは分離される東洋／中国という枠組みの中に，その登場人物たちを繰り返し生み出している点においては，西洋的近代が内包する人種構造と偏見を逆説的に支えてしまっているのではあるが。

5 結　　論

　本章は，華人女性作家によって書かれた文学作品を振り返り，彼女たちが，ついに作家として出版するようになった，20世紀の最初の何十年かのオランダ領東インドで，何を書いたかを素描することから始まった。女性による作品を，男性によるそれとは異なるものにするかもしれないテーマ，モティーフ，語りの視角のいくつかのパタンを描き出した。それによってわかったのは，作家が女性だからといって，必ずしも自律した女性が主人公として登場するわけではないし，女性を中心とするような語りが展開されるわけでもないということである。しかし，男性作家がより広範な領域の題材について作品を書いたのに対し，女性作家はたいてい，彼女たちに直接関係する問題を主題とした。一般的に，女性作家たちには，問題が悲観的な見方で提示されたとしても，華人社会における男女不平等や女性の地位に関してより単刀直入であることが期待できる。

　より広い意味をもつ，別の結論も導ける。オランダ領東インドにおいては，女性たちは1920年代になって小説を書きはじめた。また，初期の頃の散文体作品における女性作家たちの主張は，男性作家たちの主張とほとんど区別ができなかった。小説の主な登場人物たちは一般に女性であり，彼女たちは，あたかも，先の時代の男性作家が作りだしたものと同じ鋳型から取り出されたようである。提示される語りは時間を超越していて，それ以前の作家たちによってもさまざまな切り口で探求されてきた，旧弊な両親と近代的な娘の間の世代間衝突が提示された。小説の中の娘たちに与えられた可能性は限られている。すなわち，彼らは社会圧のもとにあるか，彼女たちが喜んで受け入れたいと望む近代性に圧倒されている。1930年代になって初めて，新しい女性像のプロトタイプ，すなわち盤石の守りをもつ父権秩序に異議申し立てをするために，教育などの近代的属性を首尾よく利用する女性主人公の登場を見る。

　華人女性作家の中で最も特筆すべきなのは，タン・ラン・ニオであり，彼女は「ダリア」というペンネームで書いていた。彼女の作品は，オランダ領東インドにおける華人社会の男女不平等に関係する問題，特に，教育や配偶者選択や職業的キャリアに関する問題に取り組んでいる。教育が普及した1930年代

には，女性が教育を受けることは異議申し立ての対象というほどではなくなり，男女不平等は，縁組婚と公的職業において顕著であった。タンは，こういったトピックを女性の視点から探求し，女性の登場人物に特有の女性像を与えるようなかたちで，それらを扱った。彼女の女性主人公たちは，著しく近代的である。少なくとも初期には，オランダ女性とほとんど区別できないような，近代的な華人女性像を登場させている。オランダ人女性のようになるというのが，タンの想像における近代的女性の原型である。それは，圧倒的に華人的である読者たちにとって，心地よくないものであっただろう。タンの対話者は異論の余地なく「華人」であり，このことが，彼女の二作目以降では，近代的女性の東洋版という女性主人公を登場させるようにさせたのかもしれない。それらの小説を読むと，近代的というのは，西洋的と同義語ではないし，東洋的と背反的ではないと私たちは考えをめぐらすことになる。不幸なことに彼女は，近代性，女性性，華人であること，そして（おそらく）インドネシア人であることを，それ以上探究する機会を逸した。ダリア24歳での夭逝はまさに，花の盛りの突然の落花であった。

●引用・参考文献

Aster (1930). Apa Moesti Bikin? *Penghidoepan*, *62*, February.（アスター「何をすべきか？」『人生』62, 2月）

Chan, F. Y.-W. (1995). Chinese Women's Emancipation as Reflected in Two Peranakan Journals (c.1927-1942). *Archipel*, *49*, 45-62.

Chan, L. N. (1925). Tamper Moekanja Sendiri. *Penghidoepan*, *6*, June.（チャン・レアン・ニオ「自分の顔を叩く」『人生』6, 6月）

Chandra, E. (2011). Women and Modernity: Reading the Femme Fatale in Early Twentieth-Century Indies Novels. *Indonesia*, *92*, 157-182.

Coppel, C. A. (2002). *Studying Ethnic Chinese in Indonesia*. Singapore: Singapore Society of Asian Studies.

Dahlia (1930). Kapan Sampe di Poentjaknja, atawa Tjinta dan Pengorbanan. *Goedang Tjerita*, *5*, September.（ダリア「頂上に到るとき，或は，愛と犠牲」『物語の宝庫』5, 9月）

Dahlia (1932a). *Hidoep dalem Gelombang Air Mata: Satoe Drama Penghidoepan terdjadi di Medan*. Medan: Dj. M. Arifin.（ダリア『涙の波のなかに生きる—メダンで起きたある人生のドラマ』）

Dahlia (1932b). Kesopanan Timoer. *Tjerita Roman, 42*, June.（ダリア「東洋の礼節」『恋愛物語』42, 6月）

Dahlia (1933a). Doerinja Pernikahan. *Tjerita Roman, 51*, March.（ダリア「結婚の棘」『恋愛物語』51, 3月）

Dahlia (1933b). Oh, Nasib! *Penghidoepan, 105*, September.（ダリア「嗚呼，運命！」『人生』105, 9月）

Departement van Economische Zaken (1935). *Volkstelling 1930, deel VII: Chineezen en andere Vreemde Oosterlingen in N.I.* Batavia: Departement van Economische Zaken.（経済省「1930年国勢調査，中国人と他の外来東洋人」）

Gadis Goenoeng (1938). Anak Haram. *Tjerita Roman, 115*, July.（山の少女「私生児」『恋愛物語』115, 7月）

Gaonkar, D. P. (ed.) (2001). *Alternative Modernities*. Durham: Duke University Press.

Govaars-Tjia, M. T. N. / Trytten, L. L. (trans.) (2005). *Dutch Colonial Education: The Chinese Experience in Indonesia, 1900-1942*. Singapore: Chinese Heritage Centre.

Hellwig, T. (1994a). *Adjustment and Discontent: Representations of Women in the Dutch East Indies*. Windsor: Netherlandic Press.

Hellwig, T. (1994b). *In the Shadow of Change: Images of Women in Indonesian Literature*. Berkeley, CA: Center for Southeast Asian Studies (Monograph No.35), University of California.

Hellwig, T. (2012). *Women and Malay Voices: Undercurrent Murmurings in Indonesia's Colonial Past*. New York: Peter Lang Publishing, Inc.

Koo Han Siok (1928). Kawin Soedara Sendiri. *Penghidoepan, 38*.（コー・ハン・シオク「自分のきょうだいと結婚する」『人生』38）

Kwee Ay Nio (1927). Pertjintaan jang Sedjati: Satoe Tjerita Pertjintaan jang Menarik Hati dan Bener Kadjadian di Semarang. *Penghidoepan, 31*, July.（「真実の恋――スマランで実際に起こった，心惹かれる物語」『人生』31, 7月）

LSG (1930). Oh Itoe Tjinta. *Penghidoepan, 62*, February, 55-82.（チラチャップのLSG「嗚呼，それは愛」『人生』62, 2月：55-82.）

Madonna (s.a.). *Berdosa*. Samarinda: Pewarta Borneo.（マドンナ『罪』）

Madonna (1932). Dr. Lie. *Tjerita Roman, 41*, May.（マドンナ「ドクター・リー」『恋愛物語』41, 5月）

Madonna (1935). Impiken Kaberoentoengan. *Tjerita Roman, 83*, November.（マドンナ「幸運を夢見る」『恋愛物語』83, 11月）

McCarthy, M. (1964). Foreword, In G. Flaubert/ M. Marmur (trans.), *Madame Bovary*. New York: New American Library, pp.vii-xxiii..

Miss Kin (1931). Doenia Rasanja Antjoer! *Goedang Tjerita, 14*, June.（ミス・キン「砕け散るような世界！」『物語の宝庫』14, 6月）

Mrs. Leader (1933). Soeami? *Tjerita Roman, 59*, September.（リー・ジン・ニオ「夫？」『恋愛物語』59, 9月）

Nio, J. L. (1940). *Riwajat 40 Taon dari Tiong Hoa Hwe Koan Batavia (1900-1939)*.

Batavia: Tiong Hoa Hwe Koan.（ニオ・ユー・ラン『中華学校の40年の軌跡』）

Pierrot, J.（1981）. *The Decadent Imagination, 1880–1900*. Chicago, IL: University of Chicago Press.

Roro Paloepie（1937）. Janie. *Tjerita Roman, 107*, November.（ロロ・パルピ「ヤニ」『恋愛物語』107, 11月）

Rosita（1936）. See Siang Kie, atawa Peringetan di Kamar Barat. *Tjerita Roman, 85*, January.（ロシタ「セー・シアン・キ、または西部屋の思い出」『恋愛物語』85, 1月）

Salmon, C.（1981）. *Literature In Malay by the Chinese of Indonesia: A Provisional Annotated Bibliography*. Ann Arbor, Mich.: University Microfilms International.

Salmon, C.（1984）. Chinese Women Writers in Indonesia and their Views of Female Emancipation. *Archipel, 28*, 149-171.

Shiraishi, T.（1990）. *An Age in Motion: Popular Radicalism in Java, 1912–1926*. Ithaca, NY: Cornell University Press.

Sidharta, M.（1992）. The Making of the Indonesian Chinese Woman. In E. Locher-Scholten, & A. Niefhof（eds.）, *Indonesian Women in Focus: Past and Present Notions*, Leiden: KITLV Press, pp.58-76.

Siegel, J. T.（1997）. *Fetish, Recognition, Revolution*. Princeton, NJ: Princeton University Press.

Tan Tjeng Nio（1899）. *Sair Tiga Sobat Nona Boedjang: Di Eret oleh Baba Pranakan Tangerang*, Second Edition. Batavia: Albrecht & Co.（タン・チェン・ニオ『三人の独身女性仲間の詩文─タンゲランのミスター華人混血氏の籠で』）

The Liep Nio（1931）. Siksa'an Allah. *Tjerita Roman, 30*, June.（テー・リプ・ニオ「神の懲罰」『恋愛物語』30, 6月）

Tjan Kwan Nio（1940）. Satoe Orang Sial. *Tjerita Roman, 140*, August.（チャン・クワン・ニオ「ある不運な人」『恋愛物語』140, 8月）

Tjan Kwan Nio（1941）. Bidadari Elmaoet. *Tjerita Roman, 147*, March.（チャン・クワン・ニオ「悲運な天使」『恋愛物語』147, 3月）

Tjan Kwan Nio（1992）. Kisah Hidupku, In C. Salmon（ed.）, *Le Moment "Sino-Malais" de la Litterature Indonesienne*. Paris: Association Archipel, pp.154-164.（チャン・クワン・ニオ「私の人生の物語」）

Williams, L. E.（1960）. *Overseas Chinese Nationalism: The Genesis of the Pan-Chinese Movement in Indonesia, 1900–1916*. Glencoe: Free Press.

Yang-lioe（1936）. Pasir Poetih. *Tjerita Roman, 92*, August.（ヤン・リウ「パシール・プティ」『恋愛物語』92, 8月）

Yang-lioe（1937）. Pelita Penghidoepan. *Tjerita Roman, 105*, September.（ヤン・リウ「人生の灯」『恋愛物語』105, 9月）

第6章
カルティニの読書ネットワーク

富永泰代

1 はじめに

インドネシア共和国で，カルティニの生誕日 4 月 21 日は「カルティニの日」に制定されている。各地で「カルティニコンテスト」が開催され，ジャワの伝統衣装を纏った婦人たちは，カルティニにいかに似ているかを競う。また，美しいバティックを母親とともに買い求めた思い出を，話す女たちも少なくない。

カルティニ（Raden Adjeng Kartini 1879-1904）はジャワ貴族の家庭に生まれ現地人女性としては最も早く洋式教育を受け，西洋人の文通相手に宛てた膨大なオランダ語書簡を残した。女子教育への貢献などが顕彰され，1964 年に「インドネシア共和国国家独立英雄」に列せられた。以降，カルティニは婦人運動や民族運動の研究対象とされ，論文が編まれている。とくに，アジアの新興諸国の独立が輝いていた時代は，アジアのナショナリズムを論じることは基本的には独立という輝かしい成果をもたらした成功物語を書くことを意味していた（古田 1996：3）。こうして，カルティニは民族運動史の初期段階に位置づけられた。

しかし，カルティニが実際に生きた時代は独立運動が始まる以前の 20 世紀転換期である。カルティニが読書と文通を両翼とし，20 世紀の「日々進歩する世界」に自らを位置づけ，伝統的価値観によって女性が社会的に束縛された苦境を生き抜き，現代的世界的な問題に挑み励んだ実相を描く[1]。

主要資料として『闇を越えて光へ（*Door Duisternis tot Licht*）』（Kartini 1911)

---

[1] 本章は筆者の「カルティニの著作と追悼記事について」（富永 1993）および博士学位論文（富永 2011）第 3 章「カルティニの読書」を基にした。

と『アベンダノン夫人とその夫へ宛てた書簡集（*Brieven: aan mevrouw R. M. Abendanon- Mandri en haar echtgenoot*）』（Kartini 1987）を用いる。前者を 1911 年版書簡，後者を 1987 年版書簡と呼ぶ。1911 年版書簡には，1899 年 5 月から 1904 年 9 月まで 10 名の文通相手に宛てた書簡が収録され，その編者であるオランダ領東インド政庁教育・宗教・産業局長官アベンダノン（J. H. Abendanon 1856-1925）も，カルティニの文通相手であった[2]。1987 年版書簡はオランダの KITLV（王立言語地理民族学研究所）で編集・出版され，原書の副題『アベンダノン夫人とその夫宛』が示すように，アベンダノン家宛書簡が 1900 年 8 月 13 日から 1904 年 9 月 7 日までノーカットで収録されている。本章におけるアベンダノン宛書簡はすべてこれを出典とする[3]。

2　20 世紀転換期ジャワの読書環境：
運輸・通信の発達とヨーロッパで刊行された出版物の入手状況

　1869 年，スエズ運河が開通するとアムステルダム（Amsterdam）とバタヴィア（Batavia）が 1 ヶ月で結ばれた。東南アジア海域の主要都市と欧州を結ぶ定期航路の開設にイギリス，フランス，ドイツ，オランダが参入し，東西を往来するアクセスの利便性がはるかに高まった。さらに，1870 年代までにはインド，東南アジア各地とは電報により即日通信が可能となった。このことは，ヨーロッパにおける植民地物産の国際商品市場の形成と大衆投資家による植民地産業への投資を可能にした（加納 2012：52）。

　1870 年，農地法の制定は強制栽培制度（Cultuurstelsel）が廃止され国家的植民地経営が終わったことを意味した[4]。東インド政庁は，民間資本を招致し世界市場向け商品作物の生産拡大を目指し，物流のインフラストラクチャーの整備を喫緊の要事とし，東インドの運輸・通信の発達に力を注いだ[5]。

2）文通相手について第 5 節で述べる（本章註 34 参照）。1911 年版の出版の意図と編集の恣意性については冨永（2011, 2015）に詳述した。
3）カルティニの書簡の中に現れたオランダ語による作品名および著者名は，カルティニが単に興味をおぼえた作品として感想を述べたもの，文通相手との共通の関心事や話題として取り上げられた書籍だけに限られたとするべきであり，カルティニは書簡に記した書籍以外にも，多くの書籍に目を通すことができたと考えられる。

歴史を通じて古来から二つの世界を結ぶ東南アジアの地理的条件において，輸送革命は社会変容に決定的な意味をもった（桜井 2002：233）。まずなによりも市場が世界規模で急速に拡大した。保健衛生学や西洋医学の進歩は，オランダ人が家族を伴って東インドへ渡航する条件をととのえた。この結果，物流を預かる都市在住のヨーロッパ人の規模が拡大した[6]。

---

4) 強制栽培制度はジャワ戦争やベルギーの独立などで経済的に打撃を受けたオランダが，ジャワ，スマトラ，スラウェシの一部で，住民に特定作物の栽培を義務づけその輸出で得られた収益を本国財政に繰り入れる制度であり，1830 年に導入された。コーヒー，砂糖，藍がその 3 大主要作物で，砂糖や藍の加工の一部が政庁と契約したヨーロッパ人，華人経営の工場で行われたほかは，栽培，収穫，政庁の倉庫への納品は住民により，外国への輸送と販売はネーデルランド商事会社 NHM によって行われた。作物の栽培は村単位で管理され，作物の種類と量，栽培用地の選定と労働力の調達はオランダ人官吏から現地人首長，次いで村長へと指令，執行された。現地人首長，村長には生産量と地位に応じた栽培歩合，住民には栽培賃金が支払われたが，栽培賃金のうちかなりの部分が地租等の税金として政庁に還流した。この制度によりオランダの国家財政は莫大な収益をあげ，オランダ国内の産業革命も進んだ。しかし，民間企業が台頭し自由主義思想が広まるとともに強制栽培制度を批判する声も高まった。また『マックス・ハーフェラール』によりコーヒー強制栽培の苛酷さが告発されたり，中ジャワの一部で農村の疲弊のために飢饉が起きたりしたこともオランダ世論による批判を強めるきっかけになった（加納 2012：40-41）。
 農地法は土地利用の門戸を民間に開放し，ヨーロッパ人企業家に土地の自由な賃貸を認める法律であった。
5) 中部ジャワに 1864 年，東南アジアで最初の鉄道が開通した（加納 2012：59）。1920 年代半ばまでに，ジャワ島では今日使われている鉄道網がすべて完成した。それまでは，総督ダーンデルス（H. W. Daendels 1762-1818，在任：1808-1811 年）が対英防衛戦略の一環として建設した，バタヴィア—スラバヤ間の北海岸幹線道路（現通称 Jalan Daendels）が主要な幹線であった。この道路には駅逓が敷設され，郵便の輸送に使われた（加納 2003：28, 31）。その後，鉄道網の拡張と迅速性によって，鉄道が郵便の輸送に使われるようになった。20 世紀以降は自動車の登場で道路網も緊密化の一途をたどり，植民地支配のネットワークが全土に及んで官庁・学校・裁判所があまねく行き渡り，その拡大に拍車をかけた（土屋ほか 1991：162）。さらに，タンジュン・プリオック（Tanjung Priok）港が 1886 年に完成，輸送量が飛躍的に増大しインドネシア最大の港湾としての機能を果たす。
 また，通信について，1876 年，電話が発明されるとただちにオランダ本国で使用され，1881 年にバタヴィアで電話会社が設立，1890 年代には電話回線がバタヴィアと主要植民地都市の間に敷設された。
6) 東インドの植民地都市，例えばスマラン（1880 年の人口は約 70,000 人）には約 3,000 人のヨーロッパ人が居住し，1880 年代初期には山手に小規模ながらもヨーロッパ人コミュニティーが形成されていた（Termorshuizen 1988：76）。

東インドに居住するオランダ人はヨーロッパの動向を熱心に把握し，女性も読書の担い手として大きな存在であり，海運・造船の発達を利用してオランダからの出版物の輸送量が増加した（Termorshuizen 1988 : 145）。日刊紙『デ・ロコモティーフ（De Locomotief）』には，ゾラ（E. Zola）などのフランス文学の原書や，ディケンズ（C. Dickens）や H. ジェームズ（H. James）などの英米小説のオランダ語訳書籍の広告が掲載された。東インド発行の新聞とともにオランダ，イギリス，フランス，ドイツから取り寄せた新聞も購読が可能であった。西洋の最新の文化はそのまま東インドに流入していった（富永 1991 : 39-45）。

東インド在住のオランダ人を対象としたオランダ語新聞は，バタヴィア，スラバヤ，スマランなどの植民地都市で発行されていた[7]。県知事（ブパティ（Bupati））ソスロニングラット（R. M. A. A. Sosroningrat ?-1905）の令嬢であったカルティニは，父親が定期購読する『デ・ロコモティーフ』を毎日読む環境にあった[8]。また，巡回文庫（leestrommel）には当時のオランダおよび東インドを代表する雑誌が毎号供給されていた[9]。カルティニもその愛用者であり『道標（De Gids）』[10]『新道標（De Nieuwe Gids）』に掲載された作品が書簡に言及された。前者は文学を含む社会生活についてあらゆる視座における記事や，国外の文芸

---

[7] 『デ・ロコモティーフ』とともに東インドを代表する商業新聞には『ジャワ・ボド（Java Bode）』（1852-1958 バタヴィアで発刊），『スラバヤ・ハンデルスブラッド（Soerabayasch Handelsblad）』（1837-1958 スラバヤで発刊）があり，19世紀中葉の創業である。一方，『ジャワ官報（Javasche Courant）』は，1810 年に発刊された『バタヴィア植民地新聞』を前身とする。

[8] 『デ・ロコモティーフ』は 1852 年から 1956 年までスマランで発行されたオランダ語新聞。最初，『スマラン・ニュース広告紙（De Semarangsch Nieuws-en Advertentieblad）』として創刊，1864 年にジャワ初の鉄道が開通したことに因み『デ・ロコモティーフ』に改称，1880 年に日刊紙となった（Feber 1930 : 65）。当時，東インドの新聞は，東インド各地で発行される新聞から記事を選定し，それを転載して紙面が作られた。しかし，同紙では 1879 年にダウム（P. A. Daum 1850-1898, 新聞記者から作家に転身）が他紙に先駆けて新聞連載小説を自ら執筆，人気を博した。また，斬新性で当時のヨーロッパを席巻したゾラ（E. Zola 1840-1902）の作品を 1881 年 7 月に紹介（Termorshuizen 1988 : 147），すなわちヨーロッパの文芸批評が時を移さず東インドで報道され始めた。1902 年に国会議員ファン・コルが文通相手であったカルティニと会談した件を「ファン・コル氏旅行同行記（Met van Kol op reis）」という記事にした（1902 年 4 月 25-28 日号）。カルティニはアベンダノン長官の公務に関する最新情報を，同紙から得ていた（富永 2011 : 53-54）。同紙を通じてロイター（Reuters）通信社が配信する最新の世界情勢を知ることができた。

評論も掲載された。後者は1880年代の文学運動から生まれた文芸評論誌であるが[11]，法律，芸術，科学などジャンルを広げ，自己解放をうたい女性解放問題や，社会主義など当時の時代思潮が映し出された雑誌である（Meijer 1978：239）[12]。すなわち，オランダ人だけでなくオランダ語が解せる個人であれば誰でも，あまねく世界の公開情報にふれることが可能となり，そして，国境を越えて届けられた思潮の中に普遍志向を見出すことができた（富永 2011：21）。

このように，運輸・通信の目覚ましい進歩は当時にあって想像もつかないほどの圧倒的な時間の短縮を可能にすると同時に，自身の環境を超越した空間にいる面識のない人々と，通信手段を使って相互に自由なコミュニケーションをはかる可能性を拓いた。実際，カルティニはアムステルダムで発行された週刊誌をほぼリアルタイムで読み，文通によって最新情報を入手した。カルティニが受容した知識・情報はどのような「翼」を彼女に与え，そして，どのような新しい世界がカルティニの心の中に描かれたのか。以下において，彼女の愛読書について，彼女の想いや書評を文通相手に宛てた手紙に探っていこう。

3　東西に架ける橋：ジャワを語るオランダ人作家

カルティニはジャワ語を母語としたが，洋式初等教育，読書および文通を通じてオランダ語を使う能力だけでなく，オランダ語で思考する能力を獲得した。

---

9) 一般に，巡回文庫とは移動図書館または貸し出し図書館を指すことが多いが，カルティニのいうそれは書店と契約し，書店から本・雑誌の入った箱（trommel）を一定期間貸し出されるサービスをいう。ソスロニングラット家では書店との契約を継続・更新していた（Kartini 1987：13）。『道標（De Gids）』『新道標（De Nieuwe Gids）』『エイヘン・ハールド（Eigen Haard）』『デ・ホランセレヴュー（De Hollandsche Revue）』などのナンバーが揃っていた。

10) 1837年に創刊，中心人物はポットヒーター（E. J. Potgieter 1808-1875，表 6-1（☞ p.190），No.28），ブスケン・ヒュッツ（C. Busken Huet）であった。

11) 1885年に創刊，中心人物はクロース（W. Kloos 1859-1938），ホルテル（H. Gorter 1864-1927），フルウェイ（A. Verwey 1865-1937），ファン・エーデン（F. van Eeden 1860-1930，表 6-1，No.40）であった。

12) カルティニの書簡中にボレル（H. Borel 1869-1933，表 6-1，No.4），デ・ウィッツ（A. de Wit 1864-1939 ☞ 表 6-1，No.12），ヤコブス（A. Jacobs 1854-1929：第 4 節参照），ネリー・ファン・コル（カルティニの文通相手かつ読書アドバイザー的存在の女性）などの寄稿者または作品名が記され，カルティニの関心の高さを示している。

カルティニの学び舎は，オランダ本国の小学校と同じカリキュラムに基づきオランダ人教師が教鞭をとるヨーロッパ人小学校（Europeesche Leger School：ELS）であった。彼女はヨーロッパの文化・歴史を学び，かつオランダの「帝国」の領域も教えられていた。すなわち，彼女自身が住むジャワはオランダ領東インドの一部であり，「帝国」の領域の広大さを認識していた。カルティニは婚前閉居（pingitan）というジャワ貴族女性に課せられた慣習のため，小学課程の半年を残して学校を去り進学を断念したが，オランダ語テクスト主に文学作品と学術雑誌から当時の新思潮のみならずジャワについても学んだ（富永 2011：60-70）。

　カルティニが書簡で最もよく言及する作家が，エドワルト・ダウエス・デッケル（E. D. Dekker 1820-1887, ムルタトゥリ（Multatuli）という筆名は「大いに苦しんだ」という意味（Multatuli 1988：270））であり，その作品『マックス・ハーフェラール，もしくはオランダ商事会社のコーヒー競売（*Max Havelaar, of de koffieveilingen der Nederlandsche Handel-Maatschappij*）』（以降『マックス・ハーフェラール』と略す）（表6-1, No.24）を繰り返し読んでいた[13]。

　デッケルはオランダ東インド政庁の官吏として19歳の時から十数余年の間，バタヴィア，スマトラ，メナド，アンボンなどの各地で勤務した後，1856年に西ジャワ・ルバック（Lebak）の副理事官に任命され，その勤務経験をもとにした『マックス・ハーフェラール』を1860年に出版し[14]，オランダ植民地文学[15]の秀作の一つに数えられている。例えば，オランダのデルフトにあっ

---

13) テクストには第19版を用いる（1988年出版）。オリジナル原稿は1910年に発見され，「ゼロ版」（ムルタトゥーリ 2003）と呼ばれるが，カルティニは1904年に他界したため，それを知らない。よって，本章では上述のテクストを用いた。
　本章では，オランダ語書籍の読み手としてカルティニを考察することを主眼としており，『マックス・ハーフェラール』それ自体の政治的・文学的書評を行うのが目的ではない。本章では『インドネシアの事典』に準拠して「ムルタトゥリ」と表記する。
14) 植民地支配の腐敗・癒着・御都合主義，そして強制栽培制度による植民地の窮状を告発した小説は，オランダで大反響を呼んだといわれる。出版の経緯，現地人支配者層の権力乱用などについてはムルタトゥーリ（2003：509-516）に佐藤弘幸氏による詳細な解説が記されている。
15) オランダ文学の一ジャンル，オランダ領東インドを題材とするオランダ語作品。作家の大半はオランダ人であるがジャワ人やユーラシアンも名作を残し読み継がれ，カルティニも作家人名事典に掲載されている。

た植民地官僚養成学校へ入学する青年は皆、『マックス・ハーフェラール』を読んでいたといわれるし、厳しい禁令にもかかわらずジャワに持ち込まれ、バタヴィアのオランダ人クラブの1冊などはバラバラになるまで多くの人に読まれた（永積 1980：19-20）。そして、カルティニに代表されるようなオランダ語を理解する読者が19世紀末頃の東インドに現われ、20世紀に入ると植民地支配批判のテクストとして当時のナショナリストに影響を与えたといわれ、『マックス・ハーフェラール』は本国オランダと植民地の双方で話題の書であった。

事実、カルティニとアムステルダムに住む文通相手のステラは『マックス・ハーフェラール』で描かれた強制栽培制度における現地人支配者層の権力乱用が、「実話」であるという認識を共有していたことが書簡から判明する（Kartini 1911：45）。ここで、カルティニが書簡を執筆するにあたり念頭に置いた作中の箇所のあらすじを述べる。

> マックスの赴任地である西ジャワ・ルバックで、「粘土質の土地」に不適当なコーヒー栽培を強制され、耕作手段として不可欠な水牛を原住民官吏に再三奪われ、家宝を換金し水牛の購入に当てることを繰り返して資金を失い、水牛を賃借し農耕を続けるも限界に達して逃亡する住民達が描かれる。一方、知事（Bupati）〔その地で30年間ブパティを務めるカルタ・ナタ・ナガラ（Adipati Karta Nata Nagara）〕は公共建設事業に不正を働き、それを知ったオランダ人副理事官は毒殺される。前任者の惨事を知ったマックスは、知事の不正を理事官に訴えるが抗議文の撤回を求められ、次に総督へ直訴しようとするが拒否され、辞職する（Multatuli 1988：219-239，〔　〕は本章筆者による補足）。

デッケルはルバックの惨状を訴える手段として、小説を選び自身の経験を告白するにあたり留意したことをすでに述べた（富永 2011：61-63）。ここでは次の三点を確認しておきたい。

①デッケルはルバックの住民の窮状をオランダの人々に直接訴えることが目的であったので、口語体を用いて読者に語りかけた[16]。

② 「私」という語り手が「誰」であるか，察知されることを恐れた。
③ 「作者である私の特異な」経験を描いた作品として受け取られないように，作中の理事官マックス，コーヒー商人ドロフストッペル（Droogstoppel），その従業員ステルン（Stern）がそれぞれ三人の視点で語る，すなわち「三人称」を用いて事物を客観視する姿勢を強調した。そして，これらの登場人物の背後に作者を隠し読者に気づかれないよう物語を展開し，最後に作者が登場し「一人称」で語る構成とした[17]。

カルティニは，『マックス・ハーフェラール』を繰り返し読みこの技法を習得し，ジャワの慣習である婚前閉居を強いられた「十代の自分」に「三人称」を用いて第三者の経験であるかのように描写した。なぜなら，彼女は西欧人であるアベンダノン夫人に，婚前閉居が特異な個人的経験に映るという危惧から，その苦渋を身勝手から描写したのではなく，客観的視点から慣習が残酷である事実を訴える必要に迫られたからである[18]。読書からの学びを通じて，カルティニは文通相手にジャワ人女性の惨状に対する理解を求め，共感を誘うことに成功した（Tominaga 2010：28-30）。

さらに，それまでのオランダ植民地文学に登場する東インド植民地の人々は，熱帯の「風景画あるいは舞台装置の一つ」であり，したがって，ほとんどキャラクターの描写はなされず，読者にとって彼らはいわば「非在」に等しかった（Termorshuizen 1988：29）。しかし，『マックス・ハーフェラール』では，「Saidja（サイジャ）と Adinda（アディンダ）が血の通ったひと」として描かれた。それはオランダ文学史上初の事例であった（Multatuli 1988：219-239）[19]。なぜ，作者はサイジャやアディンダ，すなわち「原住民」を照射したのか。

---

16) KITLV 教授 G. テルモスハウゼン博士のご教示によれば，従来，オランダ文学は文語体を用いて芸術性と文体の美が求められたが，それ以後は口語体を用いたストレートな表現へ移行した。
17) 作者デッケルが採用した「三人称の語り」については，KITLV 教授 G. テルモスハウゼン博士のご教示による。
18) 1900 年 8 月付アベンダノン夫人宛書簡（Kartini 1987：6-15）参照。

第 6 章　カルティニの読書ネットワーク

> 私がサイジャとその恋人を理想化したと断言するであろう者達に，「一体何を知っているのか。」と，問わなければなるまい。なぜなら，彼らが「原住民」と呼ぶコーヒーや砂糖の製造機の感情を知覚することを侮り，自分の頭と心をわざわざ原住民に傾けるヨーロッパ人は現実に殆どいないからだ（Multatuli 1988：238-239）。

　デッケルは植民地主義を否定しない。しかし，「原住民を安価な労働力」とみなすヨーロッパ人の見解には批判的であった。

　それはカルティニの植民地批判を代弁していた。そのゆえに，カルティニは「ムルタトゥリの才能を尊敬する」と賞賛し，「土地の人びと」に理解を示す偉大な作家とみなした（Kartini 1987：249）。カルティニがいう「才能」とは，オランダ人作家が東インドの住民という異なる者と東インドについて深い認識をもち，オランダの人々へ伝える筆力と理解させる能力を意味し，カルティニはまさにこの「才能」と作家の使命感をオランダ人作家に求めた（富永 2011：64）。この基準をクリアして初めて，カルティニは「心底ムルタトゥリが大好き」と讃えた（Kartini 1911：31）。

　なぜカルティニは上述の視点で書評を行ったのか。なぜなら，カルティニは，実際に苦しむ人を放置し生活環境が改善されない実態を憂慮したが，支配される者が訴えることを許されないのであれば，オランダ人に対しジャワ人の苦境を直接伝える力を有するオランダ人の存在が，必要不可欠であると考えたからである。カルティニはオランダ語の書籍を通じて，19世紀末のヨーロッパ社会における子ども・女性・労働者など，社会的に弱い立場にある人々の地位や権利の問題が議論され始めたことを知っていた。しかし，それはまだ西ヨーロッパ域内での認識の変化であり，現実にはスエズ運河を越えた世界の人々は「蚊帳の外」に放置されていた。だからこそ，カルティニには，植民地社会で

19）後に，「サイジャとアディンダ」の物語は小冊子となって出版され，オランダとジャワの双方で「美しくも悲しい物語」として広く知られた。筆者が KITLV（オランダ王立言語地理民族研究所）で閲覧した古書カタログ（20世紀初頭，ハーグで出版）に小冊子が掲載されていた。それは「サイジャとアディンダの物語」が歳月を越えてオランダの人々に読み継がれていることを明示する。

弱い立場に置かれた「原住民」の地位が改善されることを希求し，カルティニ自身の考えを代弁してくれる作家を「味方」と認識し，賞賛した。しかし，カルティニが自分たちの問題を代弁してくれる「エージェント」を求め続ける限り，カルティニ自身が「自分の世界」から踏み出せない状況に甘んじていることを意味した（富永 2011：65-68）。

4　読書の翼を広げて：女性解放，平和主義，福祉活動への目覚め

インドネシアでは一般に，ティルトアディスルヨ（R. M. Tirtoadisoeryo 1880-1918, 中ジャワ・ブロラ出身）が 1907 年に『メダン・プリヤイ（*Medan Prijai*）』紙を創刊し，「インドネシア・ジャーナリズムの先駆者」と讃えられる。が，その以前からオランダ人や華人が経営する印刷所でオランダ語による出版が活発に行われ，1880 年代にはマレイ語新聞が日刊紙または専門ジャーナルとなり，質量ともに商業ジャーナリズムが発展期に入った。1899 年，ジャワ初の「女性問題」を主題とするオランダ語週刊誌『デ・エホー（*De Echo*：こだま）』が中ジャワ・ジョグジャカルタで刊行され，1905 年まで続けられた[20]。その発刊は，女性解放が謳われた 19 世紀末のオランダで女性誌『オランダの百合（*De Hollandsche Lelie*）』[21] が創刊され，その波がジャワに到達した証左であっ

20）『デ・エホー』の構成，カルティニが担当した連載記事，特集記事，読書案内ではオランダ人作家とともに数多くの欧米人作家，例えば，オリーヴ・シュライナー，ケイト・グリーナウェイ（K. Greenaway 1846-1901, UK），マリー・コレリー（M. Corelli 1855-1924, UK），ピェール・ロティ（P. Loti 1850-1923, フランス），マリー・スメール（M. Summer 1842-1902, フランス），クレマンス・ロヤール（C. Royer 1830-1924, フランス），オシップ・シュービン（O. Schubin 1854-1934, ドイツ），ロバート・バーデット（R. Burdette 1844-1914, USA），エリザベス・リントン（E. L. Linton 1822-1898, USA）などが紹介されたことなどについてはすでに述べた（富永 1993：131-134）。
21）カルティニは予約購読者であった。当時のヨーロッパで，自らペンを執りはじめた女性たちに紙面を提供する雑誌が刊行された。『オランダの百合』はアムステルダムで 1886 年に創刊，平等・自立・解放をめざす姿勢を打ち出し 1898 年より週刊となった女性誌の草分けである。編集長が投稿者に呼びかける形式の返事を掲載する「文通欄」は，読者に雑誌という公の場で意見を交わす機会を提供し，女性の地位の問題を提起した（富永 1991：48-51, 2011：77-82）。

第6章　カルティニの読書ネットワーク　*173*

た。カルティニはその定期購読者であると同時に，連載記事を担当し詩を寄稿する「発信者」として活躍した。

　ではまず，『デ・エホー』の趣旨を創刊号の巻頭言にみよう。

> 社会における我々女性の地位を，我々が望む地位にまで高めるために，あらゆる分野の知識や教養を習得し，日々立ちむかう時が東インドにも到来した。即ち，我々の社会的地位が如何様であるか問われる時が，東インドに到来したのである[22]。

『デ・エホー』は「文通欄」「投書箱」を設け読者とのコミュニケーションを促進する姿勢を打ち出した。特に，投書について「デ・エホー規約」によれば，「すべての予約購読者が質問を投函する権利があります。ただ，『デ・エホー』は宗教色がない雑誌ゆえ，宗教・信仰についてのお尋ねはあまりなされませんよう希望します。[略] 医療のお問い合わせの場合，デ・エホーの協力者である専門家がお答えします」[23] とする。

　作品の投稿については，以下のような記述がみられる。

> 予約購読者は挙って賞を競うことができます。匿名，筆名を用いて作品を掲載することが可能です。採用されなかった場合は4週間以内に作品を返送し，その際，投稿時の送料と同金額の切手を同封します。[略] フランス語，ドイツ語，英語の投稿も受け付けております[24]。

このように，誌上への積極的参加を呼びかけ『デ・エホー』を読者の意見発表と交流の場とした。女性たちは『デ・エホー』を読み，今まで自分一人では気づかなかったことを知る機会を得た。例えば，家父長制によって自身が教え込まれた女性像を問い直し，自己不信を払拭し自信を得たカルティニのような

---

22) *De Echo*（『デ・エホー』）(1899年10月11日号)．編集長テル・ホルスト（Ter Horst-De Boer）夫人が執筆。
23) *De Echo*（『デ・エホー』）(1899年10月11日号), p.12。
24) 同上。

女性がいた。それは，まさに『デ・エホー』の目指すところであった。

とはいえ，20世紀転換期，東インドにおいて『デ・エホー』はオランダ語表記のため読者の母数が小さいゆえに，本国オランダにおける『オランダの百合』のような女性解放思想に特化した編集をするには非常に難しい環境にあった。東インドに在住する一人でも多くの女性の関心を引き購読者の獲得に努めたことが，次に挙げるトピックスから認識できる。

> ①家庭面：子どもの教育問題，救急処置法，家計，料理（フランス料理やパンの作り方，コースメニューの立案の仕方などを初心者むけに解説）など，衣食関連の記事を毎週掲載。
> ②芸術面：ギリシア芸術，ニーベルングのリング，ワーグナーの生涯，シューベルト，ショパンなどクラシック音楽の関連記事を掲載。
> ③文芸面：本国オランダで話題の的となっている新刊書をいち早く紹介，連載小説を掲載。
> ④読者の大半が東インド在住者であったため，例えばバタック，メナドなど東インド各地の文化や生活の連載記事や紀行文，バティックや木彫美術工芸品などの伝統工芸を支援する東西協会の活動，ジャワやセレベスそしてバタヴィアの伝説，また，日本からのレポートも複数回掲載。

では，購読者層が反映する広告から『デ・エホー』の読者像を検討する。例えば，週刊誌『教育―オランダ領東インドにおける保育と教育の情報誌（Het Onderwijs）』（表6-3 ☞ p.193），日刊紙『セントラム―中ジャワ・ジョグジャカルタ地域の土地貸借公式情報紙（Het Centrum）』，情報誌『マガザンレトワール（Magasin L'Etoile）』（スラバヤで女性向きの手工芸品に関する相場を伝える），バタヴィアでグランドピアノやオルガンなどを扱う楽器店，ジョグジャカルタの時計・貴金属店，スラバヤのガス・灯油調理用加熱器具取扱店，スラバヤでファン・ロヘム（A. J. van Loghem）女史が校長を務める私立女子寄宿学校の新入生募集広告，ジャワの主要都市に展開する自転車販売店，パリのプランタン百貨店・衣料部門のカタログ販売，ドイツ郵船（Keizerlijk Duitsche Mail）のジャワ発ヨーロッパ行船便の運賃，出航日と到着日時，寄港地が掲載された。さ

らに,『デ・エホー』の版元 Boening 出版社は古書を扱うほかに,ロンドンの壁紙を扱う会社の代理店であったことも広告から知ることができる。求人広告には「礼儀正しく上品で優しく親切な子無しの未亡人で,料理と家屋敷・庭園の管理がよくできる者を求む」とある。

また,『デ・エホー』が仲介する求人もあった。例えば,家庭教師の場合は「中ジャワ・ソロ（Solo）に住む家族と一緒に暮らし,13歳の娘を指導し,ピアノも教授ください」。またほかに,「1900年11月1日から2-3か月勤務可能な独身女性または未亡人,裁縫と家事手伝いができる方」などである。さらに,特集記事「女性の職業紹介」には,例えば,看護婦や薬剤師の仕事を説明すると同時に,平均的賃金を提示し就職先を斡旋した[25]。

上述の広告は,教育に関心が高く仕事に就く女性を肯定し,耐久消費財の購入時に自身の選択が反映できる女性をターゲットにしていたと思われる。換言すれば,その女性たちがカルティニの連載記事の読者であった。そして,『デ・エホー』は新思潮を紹介するとともに,女性が経済的に自立することを促し,実際に家から一歩踏み出し行動する機会を提供していたといえよう。

誌上に複数回にわたり名前が挙げられる女性たちの思想・活動は[26],編集長が女性読者に伝えたい知識・情報を示唆する。すなわち,それはアレッタ・ヤコブス（A. Jacobs 1854-1929）とオリーヴ・シュライナー（O. Schreiner 1855-1920）である。それは編集長が,読者が入手する情報を決定する一例を示すといえよう。それはまた,当節のファッションに流されず女性解放の思潮・活動を育てる『デ・エホー』のミッションを表している（富永 1993：131-135）。

本節ではまずヤコブスとその友人シュライナーのメッセージを紹介し,カルティニがみた「Nieuw Vrouw（新しい女性）」の「翼」を検討する。

アレッタ・ヤコブス（表6-1, No.17）は,一貫して女性の経済的自立を唱える先駆者であった。「読書案内」欄では「女性の現況における3大課題（*Vrouwenbelangen, drie vraagstukken van actueelen aard*）」が紹介され,ヤコブスは女性の経済的自立の必要性,廃娼,産児制限を重要課題とする。女性が

---

25) *De Echo*（『デ・エホー』）（1900年2月4日号）。
26) 文通相手のファン・コル夫人やオーフィンク夫人も寄稿者であった（富永 2011：82-84）。

まずこれらの問題の重要性に気づき，協力して悪弊の改善に立ち上がることが非常に重要であると説く。責任をもって子どもを養育するためにも産児制限は必要とする[27]。また，ヤコブスは 1898 年に刊行されたアメリカ人女性シャーロット・パーキンス・ステッツオン（C. P. Stetson 1860–1935）の著作『婦人と経済（De Economische Toestand van Vrouw（原本：Women and Economics: A Study of The Economic Relation Between Men and Women as A Factor in Social Evolution））』（1900）を翻訳した。日本ではその著者名をステッツオン（ギルマン）と表記し，1911 年に大日本文明協会より刊行され，日本のフェミニズムを築いた西洋の書物として紹介された。ヤコブスが時を移さず『婦人と経済』をオランダ語に翻訳し，オランダと東インドの女性たちに広く知らせたことは，ヤコブスの多大なる貢献の一例である。その翻訳を決めた理由は，次のように記されている。

> 『婦人と経済』が女性の経済的自立を問題提起し，女性が男性に経済的に従属する状況を批判すると同時に，その背後にある結婚，婚姻法について隠れた実態を明るみに出し追求する姿勢にあるとする[28]。

ここに，ヤコブスに共鳴するカルティニが女子教育における職業教育の重要性を唱える原点をみることができる（富永 2011：76）。同時に，カルティニは，「問題に気づいた者から行動する」勇気をヤコブスから学んだ。

ヤコブスは 1871 年にオランダで女性初の HBS 教師となり女性の経済的自立を唱道し，その後オランダにおける最初の女性医師となり産児制限を唱え，また，婦人参政権運動を推進した。さらに，ヤコブスは 1915 年，第一次世界大戦の真最中にハーグで開催された女性による史上初の国際平和女性会議の呼びかけ人でもあった。たとえば，ヤコブスの親友ベルタ・フォン・スットナー（B. von Suttner 1843–1914，オーストリア出身の作家・平和運動家，1905 年，女性初のノーベル平和賞受賞）（表 6-1, No.47）[29] もヤコブスの呼びかけに呼応し，出席

---

27) *De Echo*（『デ・エホー』）（1900 年 5 月 13 日号）。
28) *De Echo*（『デ・エホー』）（1901 年 2 月 3 日号）。

第 6 章　カルティニの読書ネットワーク　　*177*

を決めていた（1914 年に永眠）。そして，オランダのような中立国のみならず交戦国であるドイツ，イギリスからも女性たちは参集した。女性国際平和自由同盟（WILPF）の結成が決議され[30]。WILPF はその後，世界中の女性平和運動（feminism peace movement）の母体となり国家・体制を超えて女性が絆を結び行動する国際 NGO 活動に発展した。ヤコブスは，今日，オランダの中等教育の社会科の教科書で「オランダの女性解放運動」の単元の筆頭に位置し，顕彰されている。

　ヤコブスの友人オリーヴ・シュライナー（英国籍，南アフリカ在住の作家，平

---

29) 1889 年，『武器を捨てよ（*Die Waffen Nieder*）』（Suttner n.d.）がドイツで出版されると「反戦の書」としてヨーロッパ各国に広まった。1899 年，スットナーは国際仲裁裁判所の設立に賛同し万国平和会議に出席のためハーグを訪問，またジュネーヴ条約の原則を海戦に応用するハーグ条約が成立し，国際協調のムードを反映し翌 1900 年，『武器を捨てよ』がオランダ語に翻訳された直後，カルティニは同書を女性の友人から贈られ，その喜びをステラに伝え（Kartini 1911：140），また，アベンダノン夫人宛書簡では「素晴しい力が湧く本，いまだその感動から覚めやらず大きな影響を受けました」と絶賛した（Kartini 1987：39）。『武器を捨てよ』は当時の戦況（イタリア統一戦争，晋墺戦争，晋仏戦争）を詳細に記すことを目的とし，当時の新聞や公文書，従軍記者のリポートや軍医の報告書など膨大な量の記録を読み込んだと，スットナーは述べる（Suttner 1906：294-295）。カルティニは『武器を捨てよ』を読み，武力で国民国家を建設するドイツに列強が対峙する 19 世紀の国際関係を知った。当時，新しい国際秩序のあり方を提唱するスットナーは「非現実的」であるとヨーロッパ中で激しい批判を受けた。しかし，それは，威嚇し合う関係性を否定するカルティニの倫理観と共鳴した。実際に，カルティニは宗主国オランダとアチェ（スマトラ島北部）の争いに遺憾を示し，「利益を貪る支配関係に代わる」関係の結び直しを模索し，読書を通じて国際社会に直接接続する情報回路をもち，スットナーの作品に平和主義の萌芽と「世界主義」を標榜する思潮を感じると同時に，「国際的正義の確立」に賛同した最初のジャワ人女性であったことは既に述べた（富永 2011：165）。
　1972 年に『武器を捨てよ』は *The Garland library of war and peace* に収録され国連ジュネーヴ本部におさめられた。現代のドイツでもなお広く読み継がれている。
30) 会議の決議には①平和構築にむけて中立国会議を早期に開催する，②各国の安全確保に必要な最低限まで軍備縮小する，③植民地問題を解決する，④通商の自由を保障するなどがもりこまれ，アメリカ合衆国大統領ウィルソン（W. Wilson）による「14 か条の平和原則」に影響を与えたといわれる。第一次世界大戦後，アダムズ（J. Addams：1889 年アメリカ初のセツルメント，ハルハウスの創設者，1931 年ノーベル平和賞受賞）が総裁に就任した。WILPF は，その基本理念を「命の尊さを知る女性の手で平和な地球を次世代に」とし，20 世紀最大の女性平和機関といわれた（「20 世紀はどんな時代だったのか」『読売新聞』（1998 年 5 月 18 日））。

和運動家)(表 6-1, No.32)は,オランダ人女性作家を除くと『デ・エホー』誌上で紹介された回数が最も多い女性作家の一人であり,1899 年,シュライナーが *The Woman Question* (Schreiner 1899) を発表すると,1900 年 9 月 9 日号と次週 16 日号で紹介された。女性の経済的従属を否定し,女性の自立は可能であるとするシュライナーの主張とともに,次のような添え書きが掲載された。

> ヘンリエッタ・ファン・デル・メイ(Henriëtte van der Meij)〔表 6-1, No.39,オランダ在住〕が編集長を務める *Blang en Recht*〔表 6-3〕で,ダイセリンク・ボック(Dyserinch-Bok)夫人の英語訳による *Woman's Question*(ママ)を連載しました。誠に読むに値すべき気高い作品です。『デ・エホー(*De Echo*)』の読者のために要約して掲載したしだいです[31]。

後に,カルティニは東インド政庁に提出した覚書で「Geef den Javaan Opvoeding!(ジャワ人に教育を与えよ)」と主張しその覚書の題目としたが(カルティニ 1987),それは「Give us labor and the training which fits for labor! Give us labor!(我々女性に仕事を,そして仕事を得るための教育を与えよ)」(Schreiner 1899:46)と唱えたシュライナーの言葉を彷彿とさせる。なぜなら,カルティニは「女性の自立」という主張に共感し,自身が構想する女子中等学校のカリキュラムに職業訓練を導入し,ジャワ女性の自立を目指していたからである(Kartini 1987:68-69;富永 2011:148-155)。

シュライナーは自身の体験を基にして家父長制を批判する作品を執筆し続けると同時に,南アフリカの婦人解放連盟発足当時の副会長を務める活動家であった。カルティニと同じように,「殆ど全て独学,旺盛な読書が彼女の教師だった」といわれ,不朽の名著『アフリカ農場物語(*The Story of an African Farm*)』(シュライナー 2006)は,作家・リベラリスト・フェミニストとしての彼女の令名と結びつく唯一の作品と評され,主人公は彼女の分身であり,結婚の中に男性による支配を看破し,女性のあり方,社会的地位について考えた結果,服従を意味する結婚を拒否し,男女平等の新生活の可能性に前向きに努力

---

31) *De Echo*(『デ・エホー』)(1900 年 9 月 16 日号),〔 〕は本章筆者による補足。

する女性の生き方を追求した（シュライナー 2006：227-253）。南アフリカで育ったドリス・レッシング（D. Lessing 1919-2013, 2007年ノーベル文学賞受賞）は「人間精神のフロンティア」をゆく作品であると称賛している（シュライナー 2006：253）。

シュライナーが『デ・エホー』に紹介された当時はブーア（Boer）戦争中であったが，オランダ人女性たちがシュライナーに強く共感し，オランダと東インドで極めて好意的に報道する姿勢が窺える。周知のように 17 世紀から，オランダ人はカープスタッド（Kaapstad, 現ケープタウン）を中心に移住しブーア人と呼ばれたが，19 世紀中頃にイギリス領ケープ植民地になると支配を逃れ，北方にオレンジ自由国（Orange Free State）とトランスヴァール（Transvaal）共和国を建設した。その後，ダイアモンド，金の大鉱脈が発見されるとイギリス（ケープ州首相セシル・ローズ（C. Rhodes 1853-1902））がこれに注目し，ブーア戦争（1899-1902）が勃発した。オランダ本国や東インドでは南アフリカに縁戚がある者も少なくなく，シュライナーに率直な感情表現をすれば敵方であった。が，*The Woman Question*（Schreiner 1899：46）に次いで *Dreams*（Schreiner 1890），寓話など続けてシュライナー作品が紹介された。このことは，『デ・エホー』の編集姿勢がフェミニズム平和主義を標榜したことを意味する。事実，シュライナーはブーア戦争開戦前，反戦パンフレットを書いて戦争阻止を訴え，第一次世界大戦では反戦の立場を貫き，ヤコブスの呼びかけに呼応し，先述したハーグ国際女性会議，すなわち 1915 年の反戦平和女性会議に英国代表団を率いて出席予定であったが，英国政府と港湾労働者の妨害を受けて出席が叶わなかった，という経緯があった（バーグマン 1992：221）。

ヤコブスやファン・デル・メイに代表される女性たちが，「新しい女性」の生き方を追求するシュライナーの主張に共感し，既存の文化・慣習を超克して支持を表明し行動した。すなわち，オランダの女性たちはフェミニズムを標榜する他国の女性たちとネットワークを構築することができた。なぜなのか。なぜなら，オランダ人は英語，フランス語，ドイツ語など外国語に堪能で，かつ周辺諸国から多様な分野の最新情報を即時に入手できる開放的な環境が整っていたからである。そして，オランダ語教育を受けたカルティニは，上述の女性たちのネットワークに誘われたといえよう。

19世紀末，シュライナーが『アフリカ農場物語』(2006)に次ぐ純文学作品を生み出せずにいたとき，『デ・エホー』は先述した *The Woman Question* (Schreiner 1899)のように女性の自立に関する複数の彼女の作品を高く評価し紹介した。またそれは，後述するカルティニの寄稿にもいえた。執筆者として実力を備えていたとはいえ，当時，未知数であったカルティニの能力を理解し，評価できる女性の存在があったからこそ，カルティニが連載を任されたのであった。連載期間を通じて，カルティニの潜在能力が引き出されたことはいうまでもない。編集長が女性たちの苦節を痛いほど知るがゆえに，女性たちのためのチャンスを誌上に提供していたといえるであろう。言葉を換えていえば，『デ・エホー』は女性たちの「バーチャルな寄合所」を開設したのであった。それはまた『デ・エホー』の先見性を表象する。

時が下って，本書の桑原論文で論じられた山田わか (1879-1957) は，『青鞜』に「三つの夢」（シュライナー1913）や寓話を，また，神近市子 (1888-1981) は1917年に『婦人と寄生』（シュライナー1917）を翻訳し，大正期の女性たちが文化・習慣を超えてシュライナーに共感する様子が窺える。また，21世紀転換期に，シュライナーが執筆した作品群がフェミニズムの先駆を成していると再評価された（バーグマン1992；スタンレイ1987：146-162）。

次に，カルティニが強い関心を寄せた Toynbee werk（トインビー活動）が特集記事として掲載された。カルティニは初めてステラに宛てた1899年5月25日付書簡で次のように記している。

> Toynbee werk（トインビー活動）を新聞や雑誌で知りましたが，東インドにありません。愛する隣人であるあなたの活動を通じ，Toynbee werk について理解を深めたいのです (Kartini 1911：7)。

次に述べるエレーヌ・メルシエール (H. Mercier 1839-1910)（表6-1, No.22）もヤコブスの友人であり，オランダに Toynbee werk を紹介し，自らも活動に従事していた。

メルシエールは，当時のオランダのフェミニズムを代表する女性であった (Coté 1999：469)。『デ・エホー』のコラム「ウィーク・カレンダー」には，ゲ

ーテやシェークスピアの格言と並んで彼女の言葉が掲載され，カルティニと文通相手の女性たちはメルシエールを「新しい女性」のロールモデルとして共感し，その著作を絶賛した（Kartini 1987：35）。

女性問題の著作のほかの業績を次に挙げる。

> ①ブラウニング夫人（E. B. Browning 1806-1861）が著した『オーロラ・リー（Aurora Leigh）』（1856）（表6-2, No.12）を1883年にオランダ語に翻訳し版を重ねた。
> ②オクタヴィア・ヒル（O. Hill 1838-1912）[32]やバーネット（Barnette）夫妻の社会活動をオランダに紹介した。ヒルは多様な人々が互いに対等で，平和のもとに共生しようとする立場からバーネット（S. A. Barnette 1844-1913）と活動し，彼の妻がヒルの最も有能な助手ヘンリエッタ（Hennrietta ?-1936）であった。その後，バーネットはトインビー・ホール（Toynbee Hall：世界初のセツルメントの活動拠点，1884年創設）を開設し，座右の銘を「鳥が啄むからといって，種を蒔くことを恐れるな（Fear not to sow because of birds）」としたが，それは『オーロラ・リー』の作者の夫ロバート・ブラウニング（R. Browning 1812-1889）の詩作であった（ブリッグス 1987：xii）[33]。

先に挙げたカルティニがステラに宛てた書簡は，オランダ語が読めるジャワ人女性がジャワで初めて「社会福祉活動」を知った証左である。カルティニが

---

[32] メルシエールがヒルを紹介したことはすでに述べた（富永 2011：75）。ここで次のことを確認しておきたい。今日ではナショナルトラストの創始者の一人として著名であるが，1862年にイギリスにおける女子中等教育の草分けである「ノッティンガムプレーススクール」の運営に着手，「実際，その学校は大変幸福な家族の生活だった」と評価されている（モバリーベル 2001：75）。その後，住居管理活動（Housing work）を通じて「職工及び労働者住居法」の立案段階で意見を求められた女性として知られる。

[33] カルティニはメルシエールがイギリス人と構築したネットワークを通じて，ブラウニング夫人の文学作品に関心を広げ，また，個人の貧困を社会の問題と捉え社会的に弱い立場にある人に寄り添い社会・経済の民主化を目指す活動を知ったことについてすでに述べた（富永 2011：74-76）。

その活動に強い関心を示した世紀末，すなわちその活動の萌芽期にそれが世界中に広まるという予測を，関係者を除いて誰が一体どのような方法で成しえただろうか。それはまさにジャワの慣習に拘束され苦しみ続けたカルティニだからこそ，読書で培った翼を広げ我が身に即して新情報を読み込み，未来図を描くことができたのである。

一方，誌上にはヤコブスたちとは意を異にするアンナ・デ・サフォルニン・ロフマン（A. de Savornin-Lohman 1868-1930, 以降サフォルニンと略す）（表6-1, No.11）も登場した。なぜなら，『デ・エホー』の「読書案内」は本国オランダで評判の高い書籍を知らせることを意図していたからである。サフォルニンは1898年にハーグで開催された全国女性工芸展（Nationale Tentoonstelling van Vrouwenarbeid）のオーガナイザーに就任し，また，1902年から1年間，週刊『オランダの百合』の編集長を務め，さらに，『週刊東インド（*Weekblad voor Indie*）』など複数の雑誌編集に名を連ねる著名な作家であり，フランス語の翻訳も数多く手がけた。サフォルニンは女性の経済的自立よりも結婚生活を重視する主張を展開し，自立する女性を批判の対象とする人々の支持を得ていた（Kartini 1987：80）。

カルティニの書簡には「サフォルニン批判」が複数回見受けられ，例えば，次のように批判した。

> 新しい女性は我々の誤った社会におけるばかげた思い込みであると言うレディー・ロフマンには，新しい女性に反対するanti-Nieuwe Vrouw 傾向がある（Kartini 1987：80）。

ヤコブスやシュライナーが既成社会を変革する先駆者として「茨の道」を歩み，彼女たちに共感するカルティニはジャワのジェンダー規範を侵犯し，ジャワ社会の非難を十分認識し覚悟の上で「言うべきこと」を唱えた。一方，サフォルニンは上述のように当時のオランダ社会においていわゆる「名誉職」を歴任した。彼女の死後まもなく出版されたインドネシア語の大衆小説に，サフォルニンに憧れる主人公が登場する。

本書第5章のチャンドラ論文によれば，リー・ジン・ニオ（Lie Djien Nio）

の小説『夫？（Soeami?）』（1933）の主人公リー・チューはオランダ語を話すヨーロッパ人小学校 ELS を卒業したジャーナリスト，人生の目標が作家でありジャーナリストであるオランダ女性アンナ・デ・サフォルニン・ロフマンのような著名な作家になること，また，同時代の華人女性とは異なり自らの選択によって（妻が職業人であることを禁止しない夫と）結婚する近代的女性として描かれる。

　小説の出版には市場原理が働くため，ターゲットとなる購読者の嗜好を踏まえ，作家が読者の思いを代弁することがある。このように，小説が社会を映す鏡であることを考慮すれば，カルティニたちの次世代の女性たちに継承されているのは，極めて表層的な「サフォルニン的生き方」の方である。そもそも，実際のサフォルニンは先述のように「新しい女性」を批判したが，サフォルニンが既成社会で認められた作家・ジャーナリストであった事実が記憶され，成功した有職女性の代表格として好印象をもたれている。『夫？（Soeami?）』が発表された1933年までに，ヤコブスたちの努力が実りオランダ本国では1919年に婦人参政権が獲得され，先述のように，彼女の仲間たちは暴力や戦争に反対する姿勢を継続して平和運動を続けている。が，賛否両論を伴う言論・活動を展開するヤコブスたちよりも「世間に受けのよい」サフォルニンの方が，いわゆるカルティニの「娘世代」に「憧れ」の対象となっている。そして，カルティニについてはパネ抄訳インドネシア語版『闇を越えて光へ』（Kartini 1938）が未刊行であるこの時点のジャワで，まだ広く語り継がれていない。ここに，女性の知的伝統を継承し育む難しさが表出する。

5　カルティニと読書ネットワーク

　このようにカルティニは，ヤコブスたち「新しい女性」が主張し諸活動に従事する姿勢に共感すると同時に，19世紀末における最新の動向の中に自らを位置づけジャワでも何かできるという勇気を得て，そして書き，活動を始めた。ゆえに，カルティニにとってその新思潮は決して机上の空論ではなかった。

　そもそもカルティニは一体どのようにしてオランダ語の読解力を高めたのか。カルティニはいう。

> 一度読んで解らなければ二度，三度と読み返し四度目には理解した。知らない単語はメモし，兄カルトノの帰省時にその意味を尋ねると喜んで教えてくれた。読書は一度だけの喜びを与えるのではなく，限りない多くの教訓を与えることに気づいた（Kartini 1987：13）。

このように，「繰り返し読む」行為と「メモする」ことは記憶を促進する。また，巡回文庫の返却前に「お気に入りの文章」が書写され，プロの文体を書写する行為は自身の文章スタイルを向上させる機会となった。その過程において，彼女は洞察力・思考力を錬磨した。

さらに，読書について，「教育の効果的な方法は読書である。読書は優れた先生である」（カルティニ 1987：204）と述べている。これは，カルティニが東インド政庁に提出した覚書「ジャワ人に教育を」（カルティニ 1987）の中の一文である。読書が無知と偏見で荒ぶ心に滋養を与え，人を育てることを経験に即して主張した。

では，どのようにして読書の「翼」を広げていったのであろうか。カルティニが実にさまざまな分野の書籍に親しんだことは，表6-1– 表6-3が示している。カルティニの文通相手がオランダ語書籍の「供給者」であり[34]，しかも，そのうち7名が自ら論考・エッセイなどを出版している執筆の経験者，つまり当時の文筆エリートがその切り口でカルティニに書籍を選んで贈り続け，その読後感想を引き出したという意味において，カルティニの読書に決定的に重要な役割を果たした（富永 2011：49-51）。

中でも，オーフィンク夫人（M. C. E. Ovink-Soer）がカルティニに女性解放思想を紹介した。彼女はオランダ東インド政庁の副理事官の妻としてジュパラに1894年から1899年まで滞在した。オーフィンク夫妻が東ジャワへ異動した後，カルティニは夫人と文通を始めた。オーフィンク夫人は作家で小説を幾編か著し，先述した『デ・エホー』に著作が紹介され，『オランダの百合』にも寄稿していた。カルティニは閉居の慣習に従い進学を断念したが，オーフィンク夫人とオランダ語で会話を行うことによってオランダ語学力に磨きをかけることができた。また，オーフィンク夫人もカルティニとの交流を通じて，ジャワを知った。そして，ジャワ人との交流が，オーフィンク夫人の著作となって表

出し，オランダの人々にデサに住むジャワ女性や子どもたちの暮らしを知らせ，ジャワへの理解を促した。カルティニとオーフィンク夫人は「感謝の念が互いに通い合った愛情をもって，二人は親しくなった」(Karniti 1979：406)。カルティニは，書簡の中で夫人を「お母様」とよんでいる。

> お母様の心地よい居間で過ごさせて頂きました素晴らしい時を思い出します。お母様はいつも私たちに素晴らしい読み物を享受させてくださいました。お母様とは本当にたくさんのお話をいたし，私の反抗的な意見や不安定な心の裡のありのままを聞いて頂きました。私が塞ぎこんでいる時，存分に甘えさせて頂くうちに，再び壮快に歌を歌う元気な子になっているのでした(Kartini 1911：37)。

　上述の「読み物」の中に『オランダの百合』があったことはいうまでもない。そして，「反抗的な意見」とは婚前閉居や強制婚などの慣習に対する批判を意

---

34)『闇を越えて光へ』に収録された文通相手は以下の10名である。
　1. ローザ・アベンダノン (R. Abendanon：政庁教育・宗教・産業局長官の妻)
　2. ヘンリ・アベンダノン (J. H. Abendanon：政庁教育・宗教・産業局長官)
　3. E. C. アベンダノン (アベンダノン夫妻の子息，通称ディディ，エディ，地質学の専門家)
　4. アドリアニ (N. Adriani：オランダ聖書協会が派遣したトラジャの言語・文化の専門家)
　5. アントン (G. K. Anton：ドイツ人，イエナ大学教授，国際法と政治学の専門家)
　6. ヒルダ・デ・ボーイ・ボアスベーン (H. G. de Booy-Boissevain：総督付副官の妻)
　7. ヘンリ・ファン・コル (H. van Kol：SDAP 社会民主党議員)
　8. ネリー・ファン・コル (N. van Kol：ファン・コルの妻，文筆家，女権拡張推進者，社会福祉活動に従事)
　9. シャルロッテ・オーフィンク・スール (M. C. E. Ovink-Soer：副理事官の妻，文筆家)
　10. エステラ・ゼーハンデラール (E. H. Zeehandelaar：アムステルダムの公務員，社会福祉活動に従事，通称ステラ)
　他に，アンニ・フラーセル (A. Glaser：1877年オランダ生まれ，師範学校卒業，1901年から1年間ジュパラのヨーロッパ人小学校の教師として赴任。東インドへ所持した全書籍をカルティニが随時使用することを許可した) と考古学者のフロヌマン (I. Groneman)（表6-1, No.15）も「供給者」であった（富永 2011：51）。

味し，それを口にする方がジャワ社会で厳しく非難される。そのゆえに，上述の書簡はカルティニが理解者であるオーフィンク夫人に相談していたことの証左である。オーフィンク夫人はカルティニの苦悩を共有し，女性解放思想の視点からカルティニの父親に閉居からの解放を提案した。

たしかに，ジャワでオランダ語を読解できる女性の人口比率は極めて小さかった。が，先述した「鳥が啄むからといって，種を蒔くことを恐れるな」が意味するように，「一粒の種」が共感する人々の中で実を結ぶことは周知の事実である。カルティニとオーフィンク夫人はジャワ海北岸の小さな町で，自分の中に無い価値を相手の中に発見し合い，共通の価値を探究するなかで女性解放の考え方に共感した。

次にカルティニがオーフィンク夫人に宛てた文通を挙げる。

> 一昨日の日曜の朝，父は弟と近隣を巡回して帰宅しました。弟は興奮し「お姉様，軍艦が艀に来ているよ。市場には大勢の水兵がいて，そこで出会った士官二人が今プンドポでお父様と話しているよ。」［略］父はオランダ語で話しかけると，彼らの裡一人が父を知る家族の一員であることがわかりました。なぜかわかりませんが，私は海の男たちとすぐに打ち解けました。御承知のように，私たちは海に夢中，舟遊びを喜び，強い海への情熱があります。私の海に対する気持ちは神聖で，男であったら脇目も振らず水夫になっていたでしょう（Kartini 1911：33-36）。

そして，カルティニは，オランダ人士官たちから聞き知った艦船の話を伝えている。『デ・エホー』から寄稿を依頼されたとき，カルティニはオーフィンク夫人のために手紙に書いた話を再構成し，「艀の軍艦（*Een Oorlogsschip op de Ree!*）」を創作した。オーフィンク夫人を彷彿とさせる夫人とカルティニ姉妹と父親で艦船の内覧を楽しむ描写，すなわちカルティニの「夢」である未婚女性が閉居の慣習を破って外出する行動力を縦糸に，部下から信頼の厚い船長，艦船内の仕様，乗船員の様子が編まれた。カルティニは，オランダの軍艦つまり男性ばかりの集団を訪問する設定で，「艀の軍艦」を明るくユーモラスな物語に仕上げた。同時にそれは，カルティニが読書とオーフィンク夫人の影響を

受け，活字メディアを用いてジャワのジェンダー規範を侵犯する行為を成文化し，正当化する意志の表明であった。文通が『デ・エホー』の連載記事に発展した（富永 2011：34-35, 85）。

　カルティニは，編集長の意図が読者に「原住民女性への関心を惹起させる」ことにあると，ステラ宛書簡で述べている（Kartini 1911：119-120）。カルティニは自らのテーマである「ジャワの女子教育問題」についてではなく，ジュパラに入港した軍艦について書いた。なぜなのか。なぜなら，オランダ人女性の関心を惹起するには，オランダ人女性には心の距離を感じる異文化社会（ジャワ）を前面に出すよりも，オランダ人女性が知っているようで本当のところは余り知らないテーマの方が，効果的であると考えたからであろう。そして，その物語の中心に，オランダ人と交際する明朗でフレンドリーなジャワ人女性を登場させた。その筆致は，軍艦の「裏話」まで聞き及ぶ機会がないオランダ人女性読者の関心を取り込んだ。カルティニの目論見は的を射た。その成果は次に挙げるように，カルティニが①の連載の後に再び連載の担当を任されたことに表出する。

①「艀の軍艦（Een Oorlogsschip op de Ree!）」：1900年4月15日号から同年6月10日号まで7回連載
②「総督の日（Een Gouverneur - Generaalsdag）」：1900年9月2日号から同年11月18日号まで12回連載
③「我々の友達へ（Aan Onze Vrienden）」：1902年8月25日号掲載の詩作
※①②の筆名はティガ・スダラ（Tiga Soedara：インドネシア語，ジャワ語ともに三姉妹を意味する言葉）である。③の筆名はジワ（Djiwa：インドネシア語，ジャワ語ともにこころあるいは魂を意味する言葉）である。

　②においても，カルティニは州都スマランへ赴きオランダ領東インド政庁総督の祝賀会に列席し，閉居の慣習を打破したことを公表した（富永 1993：133-134）。筆名ティガ・スダラがカルティニであると特定され，当時のジャワでは未婚女性の名前が公の場にのぼることは，その女性に「傷がつく」こと（Kartini

1911：239）とされたため，カルティニは父親からメディアへの寄稿を禁止された。③で筆名を変更していることは，そのためであろう。ともかく，上述の著作はカルティニが読書や文通で構築したネットワークを基にして「発信者」となったことの証左である。

カルティニが知ったヨーロッパの新思潮は激しい賛否両論があったが，カルティニは新しいものを「婚前閉居・強制結婚」問題を解決しようと励む中で見出し，積極的に理解し，自身のやり方で実践しようとした。読書によって羽ばたいた翼は，カルティニを因習のわだかまりから解放した。カルティニはジャワ人の問題の利益のために行動しなければならないのはジャワ人自身であることを自覚し，気づいた者からまず一歩踏み出す勇気をもち，ジュパラに暮らし働く者たちのために，具体的には木彫工芸振興を通じて生活向上を推進する活動に尽力した。そして何よりも，代弁者を求めていたカルティニが自らオランダ人に対して，すなわち外界へ向けて発信する側に立った（富永 2011：86-123）。

ジャワで『デ・エホー』が創刊された1899年に，カルティニはアムステルダムに住むステラと文通を始めた。毎週届く『デ・エホー』はカルティニに「新しい道」を示す「ガイドブック」であった。しかし先述したように，ジャワ女性が西洋諸国の言語を用いて読み書きすることは，ジャワ女性に関する慣習を侵犯する行為であった（Kartini 1911：12）。さらにその後，カルティニは『デ・エホー』に連載記事を担当し，地場産業（木彫美術工芸）振興に取り組み，教師を目指して勉強を始めオランダ留学に挑戦し，留学を断念して知事邸内に女子校を開設し，ジャワの慣習を侵犯し続けた。しかし，ついにカルティニは父母の強力な要求に抗しきれず望まぬ結婚を決意し，知事夫人の役割を務め子息を出産した直後に亡くなった。

6　むすびにかえて

カルティニはオランダ語による読書を通じて，自身が置かれた環境や経験を照射し，周囲の世界を慎重に観察し，自分が進む道を探し求めた。その過程で，彼女は自己を認識し自身の価値に気づき，ジャワ人として自尊の念をもち得た。そして，彼女は自己とそれをとりまく世界を認識し，他者を感じる力を高め助

け合う心を育んだ。事実，カルティニは文通によってジャワの域を越え異なる地に住む友に出会い，相互理解を深め，オランダ語の出版物を読み新思想や最新情報を獲得し，自らの内に醸造する中で自身とジャワにとって新しい意味を見出し，それを書き発信しはじめた。それは，カルティニがジャワ女性に課せられた慣習に勇気をもって挑み，西洋諸言語で読み書きする努力を通じて自ら構築した情報ネットワーク，すなわち異なる人々と結んだ絆によって広げた翼であった。

その結果，カルティニは追従する者から前を行く者に転身し，生命を懸けて道なき道を進み始めた。その通奏低音には，互いの文化の相違を認識してともに苦しみ共感する心があった。カルティニは「寛容の心の礎を築く」ため，新たな広い翼を模索しはじめた。

表6-1 オランダ語出版物（* は女性作家）（出典：富永 1991：41-42；2011）

	作者名	題名・掲載誌など
1	Abendanon, J. H.（1852-1925）カルティニの文通相手	東インド政庁教育・宗教・産業局長官。オランダ領東インド植民地の産業振興についての報告書など。
2	Adriani, N.（1865-1926）カルティニの文通相手	代表作（共著）*De Bare'e sprekende Toradja van Midden-Celebes*（de Oost-Tradja）, *Bijdragen tot de Taal-, Land-, en Volkenkunde* および *Album Kern* の中のスラウェシの言語・文化についての学術論文。
3	Anton, G. K.（1864-1924, Germany）カルティニの文通相手	*Een tot verbond met Nederland*（原題：*Ein Zollbundnis mit den Niederlanden*（1902））。
4	Borel, H.（1869-1933）	オランダの文豪。*Het Jongetje*（1899, 代表作『少年』）：その成長過程を教養小説（bildungs-roman）として写実的に描いた作品。*De Echo* で紹介された。ほかに, *De Laaste Incarnatie*, *Een Droom van Tosari*, ガムランについての記事（*De Gids* に掲載）など。
5	Brandes, J.（1857-1905）	ジャワ学の碩学。*Het infix in niet een infix om passieve vormen te maken, maar de tijdsaanwijzer om aan een vorm de waarde te geven van een gedecideerd afgeloopen handeling*.
6	Couperus, L.（1863-1923）	オランダ屈指の文豪。*De Stille Kracht*（1900）：*De Echo* で紹介された。不可視だがジャワの内なる世界に秘められた力と影響を主人公オランダ人の目を通して描いた作品。
7	Cremer, J. J.（1827-1880）	*De Lelie van s-Gravenhage, Tooneelspeleres, Hanna de Freule*.
8*	de Bosch-Kemper, J.（1836-1916）	*Belan en Recht* 創刊（1896），初代編集長を務める。アベンダノン夫人宛の最初の書簡（1900年8月13日）の中で女史の言葉を引用。
9	de Genestet, P. A.（1829-1861）	*Terugblik Een meikindje*, 巧みな表現力とメランコリックな作風で多くの読者を魅了した詩人。*De Echo* など文芸誌で紹介された。書簡中に引用あり。
10*	de Jong van Beek en Donk, M.（1866-1944）	*Hilda van Suylenburg*（1898）：当時のフェミニズムを代表する小説といわれ，オランダ社会で話題を呼んだ作品。カルティニの愛読書。
11*	de Savornin-Lohman, A.（1868-1930）	全国婦人工芸展のオーガナイザー，*De Hollandsche Lelie* の編集長を務める（1902-1903）。
12*	de Wit, A.（1864-1939）	*Java-Feiten en Fantasien*（1898）はオランダ人女性作家として始めて英語で発表した作品，*De Gids* に紹介された後オランダ語で出版，ドイツ語にも翻訳された。*Orpheus in de Dessa*（1902）はカルティニの愛読書。
13	Fielding, H.（1859-1917, UK）	*De Ziel van een Volk*（1901, *The Soul of People*），Buddisme。ミャンマーの人々・生活・宗教について。
14*	Huygens, C. L.（1848-1902）	*Barthord Meryan*（1897）：社会主義の観点から女性問題・結婚問題を追及。
15	Groneman, I.	ジャワ文化の分野における論文。考古学者。
16*	Hoven, T.（1860-1945）	*De Echo* の巻頭言など，世紀転換期に活躍した著名な作家，筆名 Adinda, Fanny。
17*	Jacobs, A.（1854-1929）	*Het Doel der Vrouwen Beweging*（「婦人運動の目的」），*Wat is de Taak der Nieuwerwetse Vrouw?*（「新しい女性の役割は何か」）。*De Gids* など多数論評掲載。オランダを代表する女権拡張論者，オランダで最初の女性医師として有名。
18	Kern, H.（1833-1917）	*Album Kern* 中の学術論文。ライデン大学ジャワ学講座の第2代教授を務め，兄カルトノの道標教授。
19*	Lagerlöf, S.（1858-1941, Sweden）	*Gösta Berling Sage*（1891）。1909年，女性初のノーベル文学賞受賞（『ニルス・ホルゲンソンの不思議な旅』の作者）。
20*	Lyall, E.（1857-1903, UK）	*Wij Beiden*（*We Two*, 1884）：キリスト教について。
21*	Max-Koning, M.（1864-1926）	*Het Viooltje dat weten wilde*. 19世紀末オランダの女性童話作家。
22*	Mercier, H.（1839-1910）	*Verbonden Schakels*（1889），*Karakervorming der Vrouw*（1900），書簡中に女史の言葉を引用（1900年8月アベンダノン夫人宛）。*De Amsterdammer*, *Eigen Haard*, *Sociaal Weekblad*, *De Gids* などに論評を多数掲載。A.ヤコブス（☞17*）の友人。
23	Mulder, L.（1822-1907）	*De Vaderlandsche Geschidenis*：オランダの歴史について。

第6章　カルティニの読書ネットワーク　　　191

	作者名	題名・掲載誌など
24	Multatuli（1820-1887）	Max Havelaar（1860），Gebed van den Onwetende（1860），Minnebrieven（1861），Vorstenschool（1875），書簡中に小説の言葉を引用。カルティニの愛読書。
25*	Nijhuis, J.	題名には言及していないが，書簡中に小説の中の言葉を引用（1901年12月5日アベンダノン夫人宛）。
26*	Ovink-Soer, M. C. E.（1860-1937）カルティニの文通相手	19世紀末の女性作家，De Hollandsche Lelie や De Echo で連載を担当。副理事官夫人としてジュパラに滞在（1894-1899）。
27	Ort, F.（1866-1959）	Naar het Groot Licht（英語からの翻訳），キリスト教について。Boeddhisme も翻訳。雑誌 Waarheid en Vrede 編集長。
28	Potgieter, E. J.（1808-1875）	文芸雑誌 De Gids の主導者，オランダ文学の振興に努めた。題名は書かれていないが，難解な作品という感想が書簡にみられる。
29	Prevost, M.（1862-1911, France）	Moderne Maagden（Les Demi Vierges, 1894）；女性解放を主題としてフランスのブルジョアの結婚における葛藤を描き，巧妙な女性心理解剖の手腕をみせた作品として高い評価を受ける。
30	Ruiter, F.（1810-1874, Germany）	題名に言及していないが「心を快復する物語で元気を呼び起こす」（1902年10月4日付アントン宛書簡）」と述べる。作品の特徴は，あらゆる困難に楽天主義で打ち勝ち人生の成功へと推し進めると作風にあるといわれる。
31*	Roland-Holst, H.（1869-1952）	オランダを代表する女性詩人。De Echo に寄稿。
32*	Schreiner, O.（1855-1920, UK）	Dreams，女性の経済的自立を説く The Woman Question（1899）などが De Echo に紹介された。A. ヤコブス（☞17*）の友人。南アフリカに生まれ，男女平等を説く。反戦論者。『アフリカ農場物語』（1881）の著者として世界的名声を得る。
33	Sienkiewicz, H.（1846-1916, Poland）	Quo Vadis（1895），ネロの時代の異教徒的世界とキリスト教世界との構想を描き，ノーベル文学賞受賞（1905）。De Echo の読書案内に掲載（1900）。
34	Snouck Hurgronje, C.（1857-1936）	Album Kern に論文収録。書簡中 De Hollandsche Revue の記事に言及。政庁の東インド・アラブ問題の顧問 Adviseur を務める（1899-1906）。
35*	Soer, E.	オーフィンク・スール夫人（☞26*，文通相手）の姉，画家。De Hollandsche Lelie に掲載された Wat de Kerstengel bracht をカルティニが賞賛（1901年1月1日アベンダノン夫人宛書簡）。
36*	Sylva, C.（1843-1916, Rumania）	Deficit。ルーマニアのカルロス1世の王妃エリザベト，ルーマニアの文芸復興に尽くした。
37*	ter Horst-de Boer	De Echo 編集長，巻頭言ほか多数の記事を執筆。
38*	Tonnet, M.	Wayang Orang（1899）が De Gids に掲載され，カルティニが賞賛する。
39*	van der Meij, H.（1850-1945）	Belang en Recht 編集長。ステラ（☞53，文通相手）の友人。De Echo に巻頭言を寄稿し，また Ams の筆名で記事を掲載した。
40	van Eeden, F.（1860-1930）	De Kleine Johannes（1887）；主人公ヨハネス少年の心の成長過程を描いた自叙伝的小説。De Echo でも紹介された。
41	van Kol, H.（筆名 Riënzi）（1856-1926）カルティニの文通相手	Land en Volk van Java（1896，序文はファン・コル夫人が執筆，カルティニが絶賛），Onze Coloniën（1903，カルティニの木彫工芸振興活動に言及），社会民主党労同党（SDAP）議員。
42*	van Kol, N.（1851-1930）カルティニの文通相手	代表作 Wat zullen de Kinderen Lezen?（子どもは何を読むべきか，1899）は De Gids に寄稿，De Hollandshe Reveu, De Hollandsche Lelie, Oost en West, Koloniaal Indië, Bintan Hindia などに多数寄稿，De Vrouw 編集長を務め Ons Blaadje と Volks-Kinderbibliotheek を主宰。
43*	van Riemsdijk, J.（1861-1931）	Moderne Vrouwen（『新しい女性』）をフランス語から翻訳。
44*	van Wermeskerken-Junius, S.（1853-1904）	Vrouwenarbeid および De Hollandsche Lelie 初代編集長，作家。女性ジャーナリストの先駆者として賞賛を受ける。代表作 Hollandsch Binnenhuisje（1888）。
45*	van Zuilen-Tromp, N.	東西協会 Oost en West 設立の主導者，ジュパラ木彫工芸品の主要顧客。Vrouwenarbeid, Maatschappelijk Werk in Indië 編集。De Echo に寄稿。
46	Veth, B.（1860-1941）	Het Leven in Nederland-Indië（1900）

	作者名	題名・掲載誌など
47*	von Suttner, B. (1843-1914, Austria)	De Wapens Neergelegd (Die Waffen Nieder, 1899):『武器を捨てよ』1905年ノーベル平和賞受賞。平和運動家。A. ヤコブス（☞ 17*）の友人。
48	Vosmaer, C.（1826-1888）	Inwijding（1888）：未完の小説。
49	Wallace, L.(1827-1905, USA)	Ben Hur（1880）：主人公ベン・ハーの苦難の半生でローマとユダヤの対立やキリスト教を描く。1899年ウィリアム・ヤングが劇化し声価を高めた。
50*	Ward, H.（1851-1920, UK）	Marcella. 1890年代に女性の近代的反抗を表現する能力を示した一群の女性作家たちの一人に数え上げられている（表6-2参照）。
51	Wertheim, J.	題名は書かれていないが、言葉を引用し賛同の意を示す（1900年12月12日アベンダノン夫人宛書簡）。
52*	Zangwill, I.（1864-1926,UK）	Droom van het Ghetto. ユダヤ系イギリス人の小説家劇作家。
53*	Zeehandelaar, E.（1874-1936）カルティニの文通相手	De Holandsche Lelie に連載記事を寄稿。雑誌 Belang en Recht の編集長 H. van der Mij（☞ 39）の友人。SDAP党員。福祉活動に従事。
54		Grieksche Mythologie（ギリシア神話、アントン教授からの贈物）
55		De verhalen van Duizend en Een Nacht（千夜一夜物語、アントン教授の贈物）
56		Aardrijkskundeboek van Nederlandsch Oost Indië（オランダ領東インドの地理の中等教育レベルの教科書）、ほかに動物学・植物学・フランス語など当時の師範学校で使われていた教科書をアベンダノン夫人から贈られた。
57		クルアーン。カルティニは幼少時、家庭で教師の下クルアーンを暗唱した。
58		聖書。書簡中、聖書からの引用句あり。

注）オランダ人作家以外は国籍を記した。作者, 作風などについて簡単なコメントを「題名・掲載誌など」の項目に記した。

表6-2 本のリスト （出典：Kartini 1987：343）

カルティニはこの書簡を書いた10か月後に亡くなったため全てを読了したかわからないが、このリストからカルティニの関心事、読書傾向を窺い知ることができる。

	作者名	題名・掲載誌など
1	Ritter（The Netherlands）	Paedagogische Fragmenten（Pedagogical Fragment）, Ethische Fragmenten.
2	Vosmaer（The Netherlands）	Amazone（Amazon）, Inwijding（Introduction）.
3	Jonathan（The Netherlands）	Waarheid en Droomen（Truth and Dreams, 1840）.
4	Limburg Brouwer（The Netherlands）	Akbar.
5	Jacques Perk（The Netherlands）	Gedichten（Poems, 1882）.
6	Hamerling（Germany）	Aspasia（1884）.
7	Maeterlink（Belgium）	Wijsheid en Levenslot（『叡智と宿命』, 1898）.
8	Tolstoy（Russia）	Opstanding（『復活』, 1889-99）.
9	Tegnér（Sweden）	Frithjof Sage（『フリチオフ物語』, 1825）.
10	Smiles（UK）	Plicht（『義務論』, 1880）.
11*	Egerton（UK）	Grondtonen（Key notes, 1893）.
12*	Browning（UK）	Aurora Leigh（『オーロラ・リー』, 1856）.
13*	Ward（UK）	Robert Elsmere（『ロバート・エルズミア』, 1888）.
14*	Eliot（UK）	Adam Bede（『父の面影』, 1859）.
15	Tennyson（UK）	Idyllen van den koning（『国王牧歌』, 1859）.
16	Kipling（UK）	Het licht dat verging（『消えた光』, 1891）.
17*	Harraden（UK）	Voorbijgaande schepen in een donkere nacht（『夜通過する船』, 1839）.

注）作者の国籍、出版年、日本語の定訳を補足し、定訳が見つからなかったイギリス文学作品には原題を、その他の作品には英訳を付した。また、数字の * は女性の作家を表す。

第6章 カルティニの読書ネットワーク 193

表 6-3 新聞・雑誌ほか (出典:富永 1991：43；2011)

〈新聞・雑誌〉
Amsterdammer
Belang en Recht
Bijdragen tot Taal-Land-en Volkenkunde
Bintang Hindia
De Echo: Weekblad voor Dames in Indië
De Gids
De Hollandsche Lelie
De Hollandsche Revue
De Nieuw Gids
De Locomotief: Semarngsche handelse en advertentieblad
De Vrouw
Eigen Haard
Elsevier's
Het Koloniaal Weekblad: Orgaan der vereeniging Oost en West
Het Onderwijs: Weekblad gewijd aan de belangen van opvoeding en onderwijs in Nederlandische Indie.
Javasche Courant
Nederlandshe taal
Neerlandia
Oost en West: Staat-en letterkundig weekblad
Tijdschrift voor Nederlandsche Taal-en letterkunde
Vrouwenarbeid: Orgaan van de Vereeniging Nationale Tentoonstelling van Vrouwenarbeid
Weekblad voor Indië
Wetenschappelijke Bladen
〈その他〉
Regeeringsalmanak van Nederlandsche Indië (政庁年鑑)
Friedrich Max Muller の原稿の写し

●引用・参考文献

【定期刊行物・新聞】
De Echo-Weekblad voor Dames in Indie (1899-1901, 1904). Yogyakarta.
De Hollandsche Lelie (1886-1901). Amsterdam.
De Locomotief: Semaransche handels en advertentieblad (1902-1904). Semarang.

【著書・論文・史料集】
Abrams, I. (1972). *Memory of Bertha von Suttner*. New York & London: Garland Publishing Inc.
Anten, J. (2005). De Ontbrekende Brief van Kartini. *Indische Letteren, 20*, 24-32.
Bouman, H. (1954). *Meer Licht over Kartini*. Amsterdam: H. J. Paris.
Briggs, A., & Macartney, A. (1984). *Toynbee Hall: The First Hundred Years*. London: Routledge & Kegan Paul plc.（阿部志郎［監訳］(1987).『トインビー・ホールの100年』全国社会福祉協議会）
Chandra, E. (2011). Women and Modernity: Reading the Femme Fatale in Early Twentieth Century Indies Novels, *Indonesia, 92*, 157-182.
Coté, J. (1999). Our Indies Colony: Reading First Wave Dutch Feminism From The Periphery, *European Journal of Women's Studies, 6*, 463-484.
Coté, J. (2002). Reading Kartini 1899-1999: Education and Colonial Experience in Java, in J. Goodman, & J. Martin (ed.), *Gender, Colonialism and Education: the Politics of Experience*. London: Woburn Press.
Deventer, C. Th. (1912). *Kartini, overdruk uit De Gids, 1911*. Amsterdam: Uitgaaf Mij.
Faber, G. H. von, (1930). *A Short History of Journalism in the Dutch East Indies*. Surabaya: Kolff.
Furnivall, J. S. (1939). *Netherlands India: A Study of Plural Economy*. Cambridge: Cambridge University Press.
Jaquet, F. (1988). Kartini: een Reactie. *Indische Letteren, 3*, 75-83.
Kartini, R. A. (1911). *Door Duisternis tot Licht: Gedachten over en voor het Javaansche volk* (bezorgd door J. H. Abendanon). s'-Gravenhage, Semarang, Surabaya: Van Dorp.
Kartini, R. A. (1912). *Door Duisternis tot Licht: Gedachten over en voor het Javaansche volk* (bezorgd door J. H. Abendanon). s'-Gravenhage: Luctor et Emergo. Naar de 2e en 3e durk herzien.
Kartini, R. A. (1938). *Habis Gelap Terbitlah Terang* (diterjemahkan oleh A. Pane). Jakarta: P. N. Balai Pustaka.（Kartini (1911) のインドネシア語抄訳版）
Kartini, R. A. (1964). *Letters of a Javanese Princess* (A. L. Symmers, trans., H. Geertz, ed.). New York: Norton.
Kartini, R. A. (1976). *Door Duisternis tot Licht Gedachten over en voor het Javaansche volk* (bezorgd door E. Allard). Amsterdam: Nabrink.
Kartini, R. A. (1979). *Surat-Surat Kartini Renungan Tentang dan Untuk Gangsanya*,

diterjemahkan oleh S. Sutrisno, Jakarata. (Kartini (1911) のインドネシア語完訳版)
Kartini, R. A. (1987). *Brieven aan mevrouw R. M. Abendanon-Mandri en Haar Echtgenoot* (bezorgd door F. G. P. Jaquet). Dordrecht: Foris Publication.
Kartini, R. A. (1992). *Letters from Kartini: an Indonesian Feminist, 1900-1904* (J. Coté, trans.). Monash University.
Kartini, R. A. (2005). *On Feminism and Nationalism: Kartini's Letters to Stella Zeehandelaar 1899-1903* (J. Coté, trans.). Clayton: Monash University Press.
Kartini, R. A. (2015). *Kartini: The Complete Writings 1898-1904* (J. Coté, ed. and tr.). Clayton: Monash University Press.
Meijer, R. P. (1978). *Literature of the Low Countries: A short history of Dutch literature in the Netherlands and Belgium*. The Hague; Boston: Martinus Nijhoff.
Moberly Bell, E. H. C. (1942). *Octavia Hill: A Biography*. London: Constable Edition Published (平　弘明・松本　茂 [訳] (2001). 『英国住宅物語——ナショナルトラストの創始者オクタヴィア・ヒル伝』日本経済評論社)
Multatuli (1988). *Max Havelaar: of de koffieveilingen der Nederlandsche Handel-Maatschappij*. Rotterdam: A. D. Donker.
Nieuwenhuys, R. (1978). *Oost-Indische Spiegel*. Amsterdam: Em. Querido's Uitgeverij B.V.
Ovink-Soer, M. C. E. (1925). Persoonlijke Herinering aan R. A. Kartini, *Vrij Arbeid*, Mei-nummer.
Sampson, G. (1953). *The Concise Cambridge History of English Literature*. Cambridge: Cambridge Univ. Press.
Schreiner, O. (1890). *Dreams*. London: T. F. Unwin.
Schreiner, O. (1899). *The Woman Question*. New York.
Sears, L. J. (ed.) (1996). *Fantasizing the Feminine in Indonesia*. Durham & London: Duke University Press.
Soebadio, H. (ed.) (1980). *Satu Abad Kartini: Bunga Rampai Karangan mengenai Kartini*. Jakarta: Sinar Harapan.
Soeroto, S. (1977). *Kartini: Sebuah Biografi*. Jakarta: Gunung Agung (船知　恵・松田まゆみ [訳] (1982). 『民族意識の母——カルティニ伝』井村文化事業社)
Stetson, C. P. (1900). *De Economische Toestand van Vrouw: Een studie over de economische verhouding tusschen mannen en vrouwen als een factor in de sociale evolutie* (bezorgd door A. Jacobs). Tjeenk Willink. (原書：(1899). *Women and Economics: A Study of The Economic Relation Between Men and Women as A Factor in Social Evolution*. Small, Maynard, & company；大日本文明協會 [編] (1911). 『婦人と経済』大日本文明協會)
Suttner, B. von. (n.d.). *Die Waffen Nieder*. Dresden: Pierson. ((1906). *Lay Down Your Arms: The Autobiography of Martha von Tilling* (T. Holmes, trans.). New York, London, Bombay: Longmans, Green and Co.；(1972). *Lay Down Your Arms: The Autobiography of Martha von Tilling* (T. Holmes, trans.,With a new introd. for the

Garland ed. by I. Abrams). New York: Garland Publishing Inc).
Taylor, J. (1989). Kartini in her Historical Context, *Bijdragen tot de Taal-, Land- en Volkenkunde, 145,* 295-307.
Taylor, J. (1993). Once More Kartini: Autonomous Histories Particular Truth, in L. J. Sear (ed.), *Autonomous Histories, Particular Truths: Essays in Honor of John R. W. Small.* University of Wisconsin, Center for Southeast Asian Studies, pp.155-171.
Taylor, J. (ed.) (1997). *Women Creating Indonesia: The First Fifty Years.* Clayton: Monash Asian Institute.
Termorshuizen, G. (1998). Daar heb je waarachtig weer een Indische roman!: Indische literatuur en literaire kritiek tussen 1885 en 1898, *Indische Letteren, 13,* 139-148.
Termorshuizen, G. (2004). Was Kartini wel de Schrijfster van Haar Brieven?: Een Polemiek uit 1921, *Indische Letteren, 19,* 167-175.
Toer, P. A. (1962). *Panggil Aku Kartini Sadja. jilid I dan II.* Jakarata: Nusantara.
Toer, P. A. (1998). *Gadis Pantai.* Jakarata: P. T. Hasta Mitra.
Toer, P. A. (2000). *Panggil Aku Kartini Saja: Jepara, 25 Mei 1899: Sebuah Pengantar pada Kartini.* Jakarta: P. T. Hasta Mitra.
Tominaga, Y. (2010). Kartini: A Woman of Cosmopolitan Outlook in Late Nineteenth-Century Java, in Y. Nagazumi (ed.), *Large and Broad:The Dutch Impact on Early Modern Asia, Essays in Honor of Leonard Blussé.* Tokyo: The Toyo Bunko.
van den Berg, J. (1998). 100 jaar Feiten en fantasiën over Java. *Indische Letteren, 13,* 149-158.
Vreede-de Stuers, C. (1960). *The Indonesian Woman: Struggles and Achievements.* 's-Gravenhage: Mouton & Co.
Vreede-de Stuers, C. (1965). Kartini: Feiten en Ficties. *Bijdragen tot de Taal-, Land- en Volkenkunde, 121,* 233-244.
Vreede-de Stuers, C. (1968). Een Nationale Heldin: R. A. Kartini. *Bijdragen tot de Taal-, Land- en Volkenkunde, 124,* 386-393.
Zainu'ddin, A. T. (ed.) (1980). *Kartini Centenary: Indonesian Women Then and Now.* Melbourne: Monash University.
青木恵理子（2012）．「蘭領東インドにおけるロマンチック・ラブと近代家族―ジャワ女性の解放を希求したカルティニの視点から」『龍谷大学国際社会文化研究所紀要』*14,* 65-84.
加納啓良（2003）．『インドネシアを齧る―知識の幅をひろげる試み』めこん
加納啓良（2012）．『東大講義―東南アジア近現代史』めこん
カルティニ, R. A.／牛江清名［訳］（1940）．『暗黒を越えて―若き蘭印女性の書簡集』日新書院
カルティニ, R. A.／早坂四郎［訳］（1955）．『光は暗黒を越えて―カルティニの手紙』河出書房
カルティニ, R. A.／富永泰代［訳］（1987）．「ジャワ人に教育を―1903年1月にカルティニが記した覚書」『南方文化』*14,* 199-212.

桜井由躬雄（2002）．『東南アジアの歴史』放送大学教育振興会
シュライナー，O./山田わか［訳］（1913）．「三つの夢」『青鞜』（11月号）
シュライナー，O./神近市子［訳］（1917）．『婦人と寄生』三育社
シュライナー，O./大井真理子・都築忠七［訳］（2006）．『アフリカ農場物語　上・下』岩波書店
スタンレイ，L./遠藤芳江［訳］（1987）．「オリーヴ・シュライナー（1855-1920）―新しい女性・自由な女性・すべての女性」D. スペンダー［編］／原恵理子・杉浦悦子・遠藤芳江・遠藤晶子・勝方恵子［訳］『フェミニスト群像』勁草書房，pp.139-162.（Stanley, L. (1983). Olive Schreiner: new women, free women, all women（1855-1920）, Spender, D. (ed.) (1983). *Feminist Theorists: Three Centuries of Women's Intellectual Traditions*. the Women's Press, pp.229-43.）
土屋健治（1984）．「カルティニの心象風景」『東南アジア研究』22(1), 53-74.
土屋健治（1986）．「カルティニ再論」日蘭学会［編］『オランダとインドネシア―歴史と社会』山川出版社, pp.217-271.
土屋健治（1991）．『カルティニの風景』めこん
土屋健治・加藤　剛・深見純生［編］（1991）．『インドネシアの事典』同朋舎出版
富永泰代（1991）．「カルティニの「世界認識」の形成過程―カルティニの読書体験についての一考察」『南方文化』18, 33-55.
富永泰代（1992）．「土屋健治著『カルティニの風景』」『史学雑誌』101(10), 1809-1817.
富永泰代（1993）．「カルティニの著作と追悼記事について―19世紀末ジャワとオランダにおいてカルティニはどのように認識されていたのか」『史林』76(4), 608-626.
富永泰代（2011）．「カルティニの虚像と実像―1987年編カルティニ書簡集の研究」博士学位論文（東京大学）
富永泰代（2015）．「アベンダノン編カルティニ書簡編集の考察―1911年編と1987年編を比較して」『龍谷大学国際社会文化研究所紀要』17, 33-50.
永積　昭（1980）．『インドネシア民族意識の形成』東京大学出版会
バーグマン，J./丸山美知代［訳］（1992）．『知られざるオリーヴ・シュライナー』晶文社（Berkman, J. A. (1989). *The Healing Imagination of Olive Schreiner: Beyond South African Colonialism*. The University of Massachusetts Press.）
古田元夫（1996）．『アジアのナショナリズム』山川出版社
松尾　大（1997）．『バタビアの都市空間と文学―近代インドネシア文学の起源』大阪外国語大学学術出版委員会
ムルタトゥーリ／佐藤弘幸［訳］（2003）．『マックス・ハーフェラール―もしくはオランダ商事会社のコーヒー競売』めこん

【引用・参考資料】
KITLV（オランダ王立言語・地理・民族研究所）所蔵史料 Collectie Kartini. Koninklijk Instituut voor Taal- Land- en Volkenkunde No. 897, Leiden.

第7章
何が聖女を飛翔させたのか？
19世紀末から20世紀初めのインドネシア・フローレス島における修道女たちの活動

青木恵理子

1　はじめに

　19世紀終わりから20世紀の初めにかけて，インドネシアの南東部に位置するフローレス島で，ローマン・カトリックのヨーロッパ人修道女たちが果敢に活動した[1]。フローレスは，ポルトガル語で花を意味する。16世紀に，ヨーロッパ人の中では初めて，この地に足跡を印したポルトガル人による名づけである。現在でもフローレスという言葉が島の名前として使われ，住民のほとんどがカトリックの洗礼を受けているという現状は，このポルトガル人到来が遠因となっている。時は流れ，フローレスはオランダ植民地下に入るが，ジャワ島とは異なり，オランダの介入は限られたものであった。

　インドネシアは17世紀から1945年の独立宣言まで，300年間オランダに植民地化されたとしばしば語られるが，長い間その統治はジャワ島とスマトラ島南部に限られていた。19世紀末から20世紀初めに，オランダ領東インドの統治がジャワ島を超えて外領へと広がってゆく過程で，その先鋒に立ったのは植民地政府の軍隊であり，軍隊と微妙な関係を保ちながら，真っ先に異郷の地へと居を定めたのは，宣教者たちであった。中でも，修道女たちは，19世紀末以降，オランダ領東インドに住まい，現地の人たちと親しい社会関係を結んだ。彼女たちは，カトリックの指導だけでなく教育，医療，社会福祉などに携わってきた。現地に最初の足跡を印すやいなや彼女たちが開始したのは女子教育で

---

[1] 本章で登場する修道女はすべて，ローマン・カトリックである。

あった。聖女たちは，少女たちに出会っただけでなく，異質な世界の出会い空間の形成に大きく貢献した。

それから100年以上の時を経た現在，フローレスにおける修道女たちの社会活動——教育，医療，社会福祉活動——は持続的発展を遂げ，住民女性の高学歴化は，男性に劣らない勢いで進んでいる。フローレスからは多くの修道女が輩出され，任務のために海外に赴くことも少なくない。このような現状を，フローレスの女たちの「飛翔」——境界や限界を越えていくこと——とするならば，19世末から20世紀初めの聖女たちの活動は，「飛翔」への端緒を開くものであった。また，境界を越えることが一つの「飛翔」であるなら，彼女たちは，ヨーロッパ世界の境界を越えてフローレスに赴いたとき，すでに「飛翔」を成し遂げていたことになる。さらに，フローレスにおいて女子教育という実践を行うことは，自らと少女たちの新しい世界を切り開いていくことにほかならなかった。しかし，一方において，すべての修道女会は，「貞潔」「清貧」とともに「従順」をその指針の一つにしているため，権力批判という近代の眼差しからみれば，聖女たちは，植民地政府やカトリックの父権的権力構造に従い，それを再生産してしまうという側面もあった。

また，同様の眼差しは，フローレスの少女たちの教育についても，民族／人種，ジェンダー・セクシュアリティに関する両義性を浮かび上がらせる。修道女たちの到着当時無文字社会であったフローレス島において女子教育を行うことは，来たるべき有文字社会——植民地政府やその後の国民国家政府によって統治される社会——で生きてゆく少女自身に資するものであった。しかし，同時に，修道女による女子教育には，カトリック・キリスト教とヨーロッパにおける同時代の女性役割を基本にしていたという側面をもつ。現地の少女にとって，修道女たちから教育を受けることは，現地の社会とヨーロッパ社会の境界を超える手段を得ることであったと同時に，新たなヨーロッパ・カトリック的な制約のなかに自らをゆだねることにもなった。

本章の目的は，19世紀末から20世紀初めにヨーロッパ世界の境界を越えて，過酷な生活環境の異郷の地フローレスへと赴いた修道女たちの視点に近づき，何が彼女たちのそのような飛翔を可能にさせたのかを問うことである。そのために，フローレスがカトリックの島になっていく歴史的流れと，その潮流の中

での彼女たちの実践を提示し，それらの実践をオランダ領東インドと近代西洋世界の歴史的コンテクストの中に位置づける。それらを踏まえて，彼女たちの視点に接近したうえで，何が彼女たちを飛翔させたのかを考察する。本章全体の考察を通じて，私たちが無意識のうちに行っている修道女たちに対する他者化と，修道女たちや少女たちの「飛翔」に両義性を見出す現代の私たちにも通底する「近代の眼差し」を，逆照射したい[2]。

2 フローレスにおけるカトリックと修道女の付置

　フローレス島は，面積おおよそ15,000km^2，人口1,800,000人余りを擁する[3]。インドネシア共和国の人口の約90％がイスラムであるのに対し，フローレス島の人口の約90％はカトリックである。統計が示すこのような現状は，フローレス島のヨーロッパ世界とのコンタクトの歴史，植民地統治の歴史，インドネシアの国民統合の歴史と関係している[4]。

　フローレス島と西洋世界の最初のコンタクトは16世紀である。ポルトガル語で花を意味するフローレスという名前は，ポルトガル人が足跡を印したフローレス東部の岬に花が咲いていたことに由来するとされる。それ以前にフローレス島がどのように呼ばれていたか定かではないが，フローレス島がヨーロッパ人の到来をもってはじめて拓かれたわけではない。フローレスの位置する東南アジア島嶼部は，ヨーロッパ人とのコンタクトのはるか以前から，交易圏を形成していた。1511年，マレー半島のマラッカ王国を陥落させたポルトガルは，モルッカ（香料諸島）の香料と，ティモールの白檀をもとめて東から南へと向かった。水先案内人を務めたのは，その海域の交易に携わっていた現地人であった。16世紀半ばから，すなわち，日本列島でのカトリック布教と期を一にして，フローレスの東端の海岸部で，ドミニコ修道会による布教活動がはじまった。ポルトガル勢力は，そこに教会を擁した要塞をつくるなどして，植民地化のための拠点を作ろうとしたが，17世紀には，ジャワから東へと勢力拡大を図るオランダ勢力との間に武力衝突がくりかえされた。

　1851年，フローレス東部（ラランカゥカとアドナラ島を含む）のポルトガル要塞を，在東ティモール・ポルトガル政府にƒ80,000支払って，オランダが奪

取した。1859 年，さらなる交渉の結果，オランダによる ƒ120,000 の支払いと，プロテスタントではなくカトリックの布教地域とすることを条件に，フローレ

---

2) カトリック教会や修道会についての著書であっても，修道女について触れられること，修道女自身が書き残したものが取り扱われることは極めて少ない。修道女に関するこのような位置づけは，インドネシアのカトリックについての研究に限ったことではない（李 2005；ディンツェルバッハー・ホッグ 2014）。それが，さらに 19 世紀末から 20 世紀初めのフローレスに限定されると，ほぼ空白に近い。例えば，2 巻 1,200 頁からなる Catholics in Indonesia（Steenbrink 2003, 2007）で，修道女について触れられている箇所は，男性聖職者に比べて圧倒的に少ない。フローレス島には，男性修道会「神言会 SVD」が運営する出版社（1926 年創設）があり，そこから出版されたフローレスのカトリック教会についての著作，神父による神父についての著作は少なくない。修道女／修道女会について書かれたもの，修道女が書いた著作には，1979 年から出版社の書店を訪れているが出会ったことがない。在フローレス中部の三つの修道女会で，当時の資料を尋ねたが保存されていないとのことであった。入手できた当時のオランダ語資料にも，カトリック修道女についての記述を見出せなかった。

　以上のような資料の現状の中で，本章では，基礎的な資料として，スティンブリンクの著作（Steenbrink 2003, 2007）の中のオランダ領東インドとりわけフローレスの修道女についての記述と，そのアペンディクスとドキュメントの修道女に関する記述を取り上げる。異文化の中における修道女の活動を考察するために，異なる時代や地域の研究，フローレスの修道女会が作成した記念冊子その他の資料，シスターたちへのインタビューを参考にする。

　筆者は，2000 年代に入ってから，ザンクト・アウグスティン（ドイツ）神言会修道会，ローマの神言会本部，ローマの SSpS 修道女会本部，ジャカルタの神言会修道会，フローレスの神言会修道会と神学校，フローレス各地の CIJ 修道女会，ウルスラ修道女会，フランシスコ修道女会などを訪れ参与観察とインタビューを行ってきた。2012 年には，フローレスで活動する日本の修道女会メンバーにインタビューし，2015 年には関西の修道女会でインタビューおよび参与観察する機会を得た。また，1958 年に創設された現地修道女会 PRR の内部に向けて書かれた修道女会創設者についての伝記を手に入れることができた。2015 年に創設 80 周年を迎える CIJ の 2 巻本の記念誌を直接もらい受けることができた。2014 年 12 月に CIJ の担当者から送ってもらえる予定だったが，エンデ CIJ の修道女によれば，創始者レーヴェン神父（20 世紀半ばにすでに故人）がまだ許可を出していないということだった。2015 年 8 月のフローレスにある同修道女会の訪問まで待たなければならなかった。

　当時の修道女たちが置かれていた時代状況を考慮に入れるために，修道女会一般に関係する歴史的研究，修道女が登場する小説などのフィクションやそれらの研究も参考にする。以上のような研究方法は，そのような歴史的流れの延長線上にある現代の眼差しをも照らすことになる。出典が示されていないフローレスに関するデータは，1979 年から継続しているフィールドワークによる。

3) Badan Pusat Statistik, Sensus Penduduk 2010〈http://sp2010.bps.go.id/index.php/site?id=5300000000&wilayah=Nusa-Tenggara-Timur〉（2015 年 3 月 10 日最終閲覧）参照。

4) インドネシアの国民統合とカトリック普及の関係については，青木（2002, 2014）を参照。

ス島および周辺諸島をオランダ植民地下におくという協定が両政府間で結ばれた（Steenbrink 2003：71；Ginkel 1924：172）。フローレスはカトリックの宣教地域であるという区分は，インドネシア独立後も実質的に引き継がれることになった。この協定はヨーロッパ勢力の目論見上のことであり，フローレス島のほとんどの地域では，ヨーロッパ勢力とは関係なく暮らしていた。ドミニコ修道会の聖職者が去ってから200年の空白のあと，オランダ植民地政府の依頼に応えて，ジャワの司教は1860年にライデン生まれの宣教師をフローレス東岸の町ララントゥカに送った（Prior 1988；Steenbrink 2003：73）。1863年には，複数のイエズス会神父が赴任し，現地の子どもたちを対象に学校教育を開始し，子どもたち，とくに有力者の子どもたちの洗礼と布教を通じて，カトリック教徒の数を増やしていった（Steenbrink 2003：77）。それに先立って，オランダ領東インドには，1849年に，初めてイエズス会の拠点がジャワに置かれ，その後，そこに居住する聖職者や，世俗助祭，神学校生などが着実に増加していった。イエズス会はオランダ領東インド各地に宣教師を送った。フローレスには，ララントゥカに続き，東部北海岸の町マウメレに1865年，東部南海岸の町シッカに1883年に宣教師を送った。このようなカトリックの活動の活発化は，オランダ領東インドにおけるイスラム復興およびプロテスタント宣教の成功，オランダにおける1853年以降のカトリック復興に連動していた。しかしながら，ヨーロッパ人にとってフローレスの自然環境は厳しく，宣教師の健康が蝕まれたにもかかわらず，イエズス会は現地聖職者を生み出す方針をとらなかったため，布教活動を維持していくことができなかった。イエズス会は，現地聖職者を育てる方針をとっていた神言会に布教を託し，1910年から撤退しはじめ，1920年には完全に撤退した（Prior 1988：17-20；Steenbrink 2003）。神言会がとってかわったのは，イエズス会と異なり，その本部がオランダ国内にあったということも大きく関係しているだろう。

　1910年からフローレスでの布教を担っていった神言会は，ドイツ人神父アルノルドゥス・ヤンセン（Arnoldus Janssen）が，ドイツの文化政策をのがれて1875年にオランダのシュテイルに創設した。創設当初から，社会の中での奉仕と布教先の文化・社会の理解に重点を置いてきた。印刷出版施設，道路，農場，学校，病院の建設によって社会に奉仕することにも積極的であった。す

べての非キリスト教の信仰は，キリスト教に通じるものであり，キリスト教の教えによって，非キリスト教信仰の不足を補い，豊かなキリスト教信仰へと導くことを布教の目的とした。魂の救済や三位一体に関わる教義の理解を現地の人に求めることよりも，どのようにしたら無理のない形で布教を達成できるかを明らかにするために，文化人類学的調査にエネルギーを注いだ。1922年には，フルタイムの研究者として，アルント（Paul Arndt）神父がフローレスで言語や文化の調査を始め，多くの業績を残している（Steenbrink 2007：557-558）。また，現地人神父養成にも積極的で，制度上は現地人とヨーロッパ人の差別はなかった。現地人神父も，ヨーロッパ人神父と同じ修道会に属し，現地の修道会を創設することはなかった。

　20世紀の初頭まで，オランダ政府にとってフローレスのほとんどの地域は未知未踏の世界であったが，植民地化拡大の流れの中で，オランダは1907年にフローレス内陸部に軍事遠征を行った。オランダ政府の方針に従い，カトリックがフローレス島内陸部で布教を始めたのはオランダ軍事遠征の後であった。フローレスにおけるカトリックは，ポルトガル時代から現在にいたるまで，政府との関係を無視しては布教できない立場にあった。別言すれば，カトリックにとって，世俗勢力との政治的交渉，政治的対抗は避けがたいものであった。そのような交渉劇や対抗劇の表舞台に登場するのは，「父」と呼ばれる（Pater/Father）神父や修道士であって，「兄弟」と呼ばれる世俗助祭（助修士：Broeder/Catholic Brother/Lay Brother）が登場しないように，「姉妹」（Zoester/Sister）や「母」（Moeder/Mother）と呼ばれる修道女はほとんど登場しない。現在まで，フローレスの神父たちは，活字メディアを通じて盛んに政治的発言をしてきたが，修道女が公的に政治的発言をすることはない。しかし，孤児院などの社会活動，教育活動，医療活動において，フローレスの修道女たちは目覚ましい活躍をしてきた。

　イエズス会は現地のヨーロッパ人及びユーラシアン（欧亜混血）の男子教育に力を入れたが，修道女たちによる女子教育はそれ以上の発展をみせた（Steenbrink 2003：37）。イエズス会は1903年のオランダ領東インドのカトリックによる教育について次のような統計データを発表している。ジャワでは，カトリックが運営する幼稚園，小学校，さまざまな中等学校で，男子生徒999人

（カトリック 737 人，カトリック以外 262 人），女子 3,127 人（カトリック 2,074 人，カトリック以外 1,053 人）のヨーロッパ人の子どもが教育を受けており，教育の多くが修道女たちによって担われていた。外領のカトリックの学校に通っていたユーラシアンとその土地出身の子どもたちは，男子 2,366 人（カトリック 2,001 人，カトリック以外 365 人），女子 3,974 人（カトリック 2,921 人，カトリック以外 1,053 人）であり，事務運営を担っていたのは，94 人の俗人，191 人の修道女と 17 人の助修士であった（Steenbrink 2003：462-464）。

　年代は下るが，1942 年中間期における，オランダ領東インドのカトリック聖職者の数とその内訳は次のようになっている。神父 565 人（ヨーロッパ人 549 人，インドネシア人 16 人），助修士 510 人（ヨーロッパ人 450 人，インドネシア人 60 人），修道女 1,933 人（ヨーロッパ人 1,727 人，インドネシア人 206 人）(Steenbrink 2007：595)。20 世紀初頭のオランダ領東インドにおいて，修道女たちは，男性聖職者を数において圧倒的にしのぎ，教育をはじめとする活動においても男性聖職者に優る活躍をしていたといえる。これらのことは，19 世紀末から 20 世紀のフローレス島に初めて居を定めた修道女たちについてもいえる。

　しかし一方で，当時のフローレス島の修道女たちは，教区神父，オランダ領東インドの大司教，ヴァティカンの法王という父系的指示系統と，オランダ領東インド管区長，在ヨーロッパ本部という修道女会内の制度的指示系統に対する従順が制度的には課されていた。さらに男性聖職者たちもまた，オランダ領東インド植民地政府に対して従属的にならざるを得ない側面を常にもっていた。しかしながら，男性修道会同様，女性修道会はその活動に関しそれぞれ独立性をもっていた。彼女たちは，オランダ領東インドやフローレス島の生きた現実を，ヨーロッパ人のなかでは最もよく把握し，従属性と独立性を同時に実行しながら，19 世紀末から 20 世紀初めまで，オランダ領東インドまたはフローレスでたゆまず活動していた。修道女会の活動について以下に述べよう。

3 修道女はどのように活動したか？

❖ 3-1 ウルスラ修道女会：オランダ領東インド初の修道女会

　1856年，最初のカトリック修道女7人がオランダ領東インド政府庁バタヴィアに到着した[5]。彼女たちはウルスラ修道女会（Ursuline）[6]に属していた。ウルスラ修道女会は，学校教育の質の高さにより，ヨーロッパにおいてもエリートの間で名声を博していた。彼女たちは，14, 5歳までの少女たちの教育をオランダ領東インドで行った。カトリックであるか否かに関わらず，エリート子女を積極的に受け入れて，高い授業料で質の高い教育を行うことができた。1905年までに，およそ361人のウルスラ修道女がオランダ領東インドで活躍するようになり，ジャワ島に次々と学校を開設して行った。1857年に，最初のウルスラ小学校をジャティヌガラ（Jatinegara）に，1858年，パサールバル（Pasar Baru）に2校目を，1863年，東ジャワの町スラバヤ（Surabaya）に3校目を開設した。19世紀末になると，少女だけではなく，少年も受け入れるようになった。1903年統計によれば，カトリックの少年10人，カトリックではない少年14人，カトリックの少女106人，カトリックではない少女187人がウルスラ修道女会の学校で学んでいた。3分の1の生徒たちは，同修道女会の経営する寄宿舎で生活していた（Steenbrink 2003：34）。ステインブリンクは，修道女による教育の隆盛について以下のように述べている。

> 伝統的カトリックの教義に縛られた神父よりも，それから自由であった修道女のほうが，近代的であるというイメージを獲得しやすかった。修道女会の教会も，同様のイメージで人気があった。1880年と1903年の間に，オランダ領東インド生まれでそこで教育をうけた修道女47人がウルスラ修道女会に入ったことは，オランダ領東インド・エリート社会でのウルス

---

5) 日本への最初のカトリック修道女が到着し活動を始めたのは1872年である（富田1980）。カトリック史という点から，日本とインドネシア（オランダ領東インド）の間に同時性がみられる。

6) ラテン名：Ordo Santo Ursula (OSU)，英語名：The Order of the Religious Ursulines of the Roman Union. フランシスコ修道会の世俗メンバーであったイタリア人アンジェラ・メリチ（Angela Merici）によって1535年に創設された（Steenbrink 2007：579）。

> ラ修道女会の人気を示している。オランダ植民地政府は，修道女を「宗教者」とみなしていなかったので，オランダ領東インドに入るのに，神父たちが必要とした政府の許可を取る必要がなかったためより自由に行動することができた（Steenbrink 2003：35）[7]。

　ウルスラ修道女たちの出身地は多様であった。修道女会内の共通語はフランス語であったが，ドイツあるいは英国出身者も少なくなかった。彼女たち自身，高等教育を受けていたので，高度なヨーロッパ式教育を行うことができた（Steenbrink 2003：35）。彼女たちは，マレー語やその他のオランダ領東インドの現地語を話さなかったこともあり，生徒はヨーロッパ人かユーラシアンであった。彼女たちの生活は，隠遁宗教者に匹敵するような，厳格な制限と規律のもとにおかれた。定型の祈りが課せられ，外出は禁止であった。たとえ親族女性であっても，客は，応接間以外で迎えてはいけないという規則のもとで生活した。オランダ領東インドで活動を始めた当初，経済的な困難はあったが，エリート子女のための学校から収益があがったため，彼女たちは事業を拡大することができた（Steenbrink 2003：35-36）。

　ウルスラ修道女会が，フローレスに拠点をもったのは，1957年であった（Biara Santa Ursula Ende 2007）。筆者は，2012年に，中部フローレスのエンデの町のウルスラ修道女院を訪問したが，よく整備された広い庭の入口近くにある東屋で待った後，案内されたのは修道女院の中ではなく，隣接する小学校であった。応対してくれたのは，小学校の校長をしているインドネシア人のシスターであった。また，ウルスラ修道院の経営するエンデの学校は，授業料が高く，華人など経済的に余裕のある家庭の子どもたちが多いとのことであった。ジャワ島などと比較するとフローレスは貧富の差やエリート層は明確ではないが，厳格な制限と規律と高い授業料によるエリート教育の傾向は多少引き継がれているようである[8]。

---

[7] 日本占領時代にも同様の傾向はみられた。1942-1945年まで，フローレスに日本軍駐屯。カトリック聖職者，神父70名，助修士14名，修道女29名がマッカサルへ強制移動させられた。残留が許可されたのは，同盟国籍者を含む神父7名，助修士6名，修道女30名。国籍に関係なく病院で働く修道女が解放された（原 1995）。

❖ 3-2 フランシスコ／ヘイタウセン修道女会：
1879年フローレス・ララントゥカに

　1870年，フランシスコ修道女11人が，中部ジャワの町スマランに到着した。フランシスコ修道女会[9]は，主として貧しい人々を対象に活動することを方針としている。オランダ領東インドに赴任したフランシスコ修道女会のオランダでの本拠地はヘイタウセン（Heythuysen）であったので，それにちなんでヘイタウセン・シスターと呼ばれた。当時オランダ軍一般兵士の結婚は禁じられていたが，多くの場合彼らは現地の女性を内縁の妻として暮らしていた。そのような内縁関係から生まれた子どもは多くの場合孤児となり，オランダ領東インドにおける孤児は増加していった。ヘイタウセン・シスターたちは，孤児院を開設して孤児救済活動を行ったため，孤児たちの生活は大きく改善された。また，カトリック以外のエリート子女も受け入れる学校やカトリックの貧民のための学校の開設と運営も活発に行った（Steenbrink 2003：36）。

　1879年，フランシスコ修道女会は，ララントゥカ（フローレス島東端の町）をオランダ領東インドにおける第二の拠点とし，そこに女子学校を設立して活動を開始した。最初に到着したのは6人のシスターたちであったが，その年のうちに9人になり，その後着実に増え，1904年には16人になっていた。女子生徒のための寮を建設し，その寄宿生は着実に増え，1879年に40人，1881年に47人，1883年に76人，1888年に150人，1902年には214人になった。最初に到着した6人のうち4人の修道女は40歳以上で，それ以前にオランダから出たことがなかった。6人の修道女はすみやかに現地の生活に適応していっ

---

8) エンデのウルスラ修道女会と現地発のCIJ修道女会（後述）の記念誌，Biara Santa Ursula Ende（2007）と Biara Pusat CIJ（2010）を比較してみると，69頁からなる前者の文字頁は43頁であるが，96頁からなる後者はほとんどが文字頁である。前者は多くのカラー頁を擁し，銀行をはじめ企業の宣伝ページを擁している。このような違いには，二つの修道女会の方向性の違いが表れているのではないだろうか。

9) オランダ語名：Congregatie der Zusters van de Boetvaardigheid en van de Christelijke Liefde van de Derde Orde van den H. Serafijschen Vader Franciscus, 英語名：the Congregation of Sisters of Penitence and of Christian Love of the Holy Serafine Father Francis. フランシスコ系修道会の中でも，修道院に籠るのではなく，社会活動のために外に出てゆくことを指針としている。別称 OSF（Order of Saint Francis）（Steenbrink 2007：580）。

たが，6人のうち1人は，結核で1882年に34歳で死亡した。フランシスコ修道女たちは，現地の人々が住む土着王の村の真ん中に居住した。神父たちは，植民地政府の建物の近くに住んでおり，現地住民とは社会関係においても距離があったが，修道女たちは土着王や人々とより親しい関係を築いた（Steenbrink 2003：111）。

スマランとララントゥカでは，フランシスコ修道女会の財政環境がまったく異なっていた。スマランの孤児院経営には政府の助成があったが，ララントゥカではなかった。ララントゥカの神父は政府の給料をもらっていたが，修道女にはなかった。1884-86年にようやく，給料について規則が定められた。長い時間がかかったのは，オランダ・ヘイタウセンのフランシスコ修道女会長，バタヴィアの司教，スラバヤのイエズス会長，ララントゥカの教区神父，ララントゥカの修道女たちという利害の相違のある人々が関係していたからだ。1890年に，スマランのフランシスコ修道女院の孤児院収益と寄付を，ララントゥカの経費の3分の1に充てることが取り決められた（Steenbrink 2003：112）。

ステインブリンクは，フランシスコ修道女たちと神父たちとの関係について次のように述べている。

> 修道女たちは，とても活動的で，学校教育以外にも多くの領域で活動を展開した。女子学校長は，1881年に一般女性のための朝の教室を開き，60人の女性が参加した。1882年に，35人の女性を陪餐（聖体拝受）メンバーとして受け入れた。牛を飼い農場を始めた。神父たちは，修道女たちがあまりに自由奔放なので，文句を言うほどだった。例えば次のような出来事にそれが表れている。
>
> 　1889年，フランシスコ修道女会運営の学校寄宿舎とチャペル用の材木がかなり遅れて到着した。修道女たちは一刻も早く建設しようと，年かさの少女たちと，木材を運ぶ仕事にたびたび加わった。その過程で，教区神父の許可なく，修道女院から遠く離れた場所に赴き，時には海岸で寝てしまうこともあった。この事態に面食らったララントゥカ教区神父は，バタヴィアの司教に「フランシスコ修道女会長アンブロシアは，日曜のミサに出る時間はないのに，材木を入手するための時間はある。何人かのシスタ

> ーたちは，あまりに野性的すぎる。彼女たちに何らかの制限制裁をすべきでしょうか」と手紙を書いた。これを受けて司教は，スマランのフランシスコ修道女会長に問い合わせたが，彼女は，「壊れかかって危ない建物の補修のための材木を入手するために，何日間か旅に出るのは当然のことでしょう。本来は，神父さんたちが面倒を見なくてはならないのですが，どうやらお忙しそうですから，シスターたちがやらざるを得ないでしょう」と答えた。

 以上のことから，宣教集団内の男女の関係の一面が垣間見られる。シスターたちは，男性聖職者たちの苦情に屈することなく，堅固に立場を保持し，初志貫徹して行動していた。なかでも，1879年から1901年までラランカトゥのヘイタウセン修道女会長を務めたアンブロシア修道女は，毅然としてダイナミックな活動を展開したという逸話が数多く伝えられている。
 例えば，「シスター・アンブロシアは，あまりに建設熱に取りつかれている」と，ラランカトゥ教区司教が教皇代理に苦言を呈したのをシスター・アンブロシアは知っていたが，すぐその後で，最初の計画通り，女子寄宿舎用の鉄芯をオランダに注文した。下位教区神父も，「シスター・アンブロシアは，教区神父と一時たりとも平和な関係を保てない」と苦情を述べていた。この苦情の背景には，次のような出来事があったとステインブリンクは述べる。

> 修道女たちが建てた大きくて華美なチャペルで，ミサをやってほしかったが，神父たちは，日曜日とか，結婚式や葬式があるときには，そこに行けないのだから，シスターたちがカテドラルに来たらいいと，神父たちは答えた。修道女たちはそれに対して何も言わずに，自分たちのチャペルで，日曜のミサの時間に集会をして，カテドラルには出かけて行かなかった（Steenbrink 2003：113-114）。

 ステインブリンクの2巻本には，長短さまざまのドキュメントが138掲載されているが，修道女会に関するドキュメントは，ウルスラの予算に関する一つのみである。修道女に触れているのは，ラランカトゥ王の娘が兄に，彼女らの

父親がオランダの役人に拘束されたことを知らせる 1903 年にマレー語で書かいた手紙である。わずか一行であるが，「修道女の「お母さん（Moeder）」とシスター（Zoester）が慰めてくれた」とある。彼女とフランシスコ修道女たちの関係を垣間見ることができる。

一度フローレスを去ったフランシスコ修道女会は 1979 年に，筆者がしばしば滞在する村のある郡庁所在の町で養育院の活動を始め，現在にいたる（Panti Asuhan Brayat Pinuji 2010）。養育院内に暮らしながら経営に携わっているのは，修道女 2 名と職員の女性 1 名男性 1 名であり，いずれもフローレスと近隣の島出身である。2013 年現在，経済的に恵まれていない子どもや養育者を失った子ども 35 人が暮らし，近くの学校に通っている。学校から帰ると，野菜栽培や家禽や小家畜の飼育，生姜砂糖の加工などをする職員を助けている。ここの子どもたちは，学校の成績が良いことで近隣では有名である。養育院長はティモール島出身である。市場の立つ水曜と土曜日は，養育院長が，村々からやってくる人々に立ち混じって，かごをぶら下げてのんびり買い物をしているのにしばしば出会う。ヨーロッパ人ではなくティモール人という違いはあるが，養育院長のなかに，19 世紀末から 20 世紀初頭にかけてのフランシスコ修道女たちと共通する気さくな活力をみる思いがする（図 7-1）。

図 7-1　フランシスコ修道女会養育院長（2013 年 8 月，筆者撮影）

❖ 3-3　SCMM／ティルブルフ修道女会：1890 年フローレス東部シッカに

1890 年，本拠地のあるオランダの地名ティルブルフ（Tilburg）にちなんで，ティルブルフ・シスターと呼ばれる SCMM 修道女[10]たち 6 人が，フローレス東部のシッカに到着し，活発に活動を始めた。ティルブルフ修道女たちは，

---

10) 英語名：Our Lady, Mother of Mercy，オランダ語名：Congregatie der Zusters van Liefde van Onze Vrouw Moeder der Barmhartigheid. 1832 年にヨハネス・ズウェイセン 's-Hertogenbosch 司教によって創設された。SCMM はラテン語名の頭文字からの名称（Steenbrink 2007：582）。

1885年に，パダン（スマトラ島中西部の都市）に，彼女たちの修道会にとってオランダ領東インドで最初の修道院を作った。そこでは，孤児院経営やヨーロッパ人やユーラシアン少女の学校を建設運営した。しかし，シッカ（東部フローレス島南海岸の町）では，現地の少女の教育に携わり，地元住民のなかで活動した。彼女たちがシッカに到着したとき，修道院はすでに，土着王によって建設されていた。ティルブルフ・シスターたちは，マレー語と地方語であるシッカ語の習得に努めた。1892年に120人用の寄宿舎が完成するまで，25人の少女にカトリック教義と縫物を教える授業をしていた。1892年頃には，修道女と地元住民は相互に親しい関係を形成した（Steenbrink 2003：142-3）。

❖ 3-4 SSpS／シュテイル修道女会

1910年から1920年にかけて，イエズス会に神言会が代わった。それに伴って，ティルブルフ修道女会に，「聖霊のしもべ」SSpS[11]修道女会が代わった。「聖霊のしもべ」修道女会は，神言会の創始者アルノルドゥス・ヤンセンによって1889年にシュテイルに創設された修道女会である。1917年に，ティルブルフ・シスターがマウメレとレラを後にした。その中には，27年間レラで活動した修道女やシッカ語が堪能で，教義問答書や教科書をシッカ語で書いたような修道女もいた。それまで熟練した12人のティルブルフ修道女によって行われていた仕事を，6人の「聖霊のしもべ」修道女が担うことになったが，学校と寄宿舎の仕事は，ティルブルフ修道女に教育を受けたシッカ女性たちが行った。彼女たちは，おそらく，教師になった歴史上初めてのフローレス女性である。新たにラランドゥカの女性が2人マレー語の先生として雇われた。1925年代には，ティルブルフ修道女が去ったのと同じ理由で，ヘイタウセン修道女たちもフローレスをあとにした（Steenbrink 2007：127）。SSpS修道女は，一般的女子教育を行うだけではなく，現地の少女を修道女として育成し，フローレス発の修道女会を設立した。

---

11) オランダ語名：Missiezusters Dienaressen van den Heiligen Geest，英語名：Mission Sisters, Servants of the Holy Spirit，現在インドネシア名はSuster-suster Abdi Roh Kudus。SSpSはラテン名Sorores Spiritus Sanciの頭文字をとったものである（Steenbrink 2007：583）。

4 フローレス発修道女会 CIJ 創立と民族／人種および ジェンダー・セクシュアリティ

　フローレスにおける土着修道女会の設立の経緯について触れながら，当時のフローレスにおける，カトリック修道会と修道女会の関係，ジェンダー・セクシュアリティと民族／人種の問題について触れておきたい。

　上述したように，SSpS 修道女会は，神言会の創始者によって設立されたが，神言会の女性版あるいは女性支部というわけではなかった。他の修道女会同様，社会奉仕を活動の中心に据えていた点については神言会以上であったかもしれない。例えば，1930 年には，フローレス東部レラに病院を，中部の町エンデには産院を設立し，現在でも優れた病院・産院としてフローレス内では評判が高い。

　インドネシア人女性を SSpS 修道女として迎えたのは，1954 年である[12]が，1923 年には，数名の現地人少女が，在レラの SSpS 修道女になりたいと申し出た。まだ時は熟してないと，その時点では拒絶された。その後，彼女たちに対して，非公式で未組織的ではあったが，聖霊に関する修練などが施された。1930 年 11 月 29 日に，修道女を目指す 12 人の現地少女が，レラから西部のマタロコにある神学校に移動することになった。神父の運転する自動車に乗った少女たちをめぐって，両親と家族対宣教団の争奪戦のような光景が繰り広げられた。両親や家族たちは，山刀や槍や石を手に手に，自動車を取り囲んだ。ある者は行く手を阻もうと，道に寝転がったりした。運転していた神父は，クラクションで彼らを驚かせ，怒りと涙にくれる両親たちと親族たちを残して，少女たちはマタロコへと向かった（Biara Pusat CIJ 2010：25）。

　1920 年代 30 年代には，宣教地の女性のための修道女会を設立するようにというヴァティカンの公式指針が示されていた。それに呼応して，神言会のレーヴェン神父がカトリック上位組織との交渉にあたり，1935 年に，フローレスでの初めての現地修道女会 CIJ「イエスのしもべ」が設立され，1937 年に，5 人のフローレス出身の修道女が，初めて誕生し，CIJ はメンバーをもつに至っ

---

[12] 現在はこの状況は大きく変わり，1997 年には，SSpS は 505 人のインドネシア人修道女をメンバーとしている（Steenbrink 2007：583）。

た。CIJ の拠点が最初に置かれたのは，フローレス中南部海岸にあるジョプという村であった。オランダ軍が残したバラックを住まいにするという，極めて質素な出発であった。ジョプには 1920 年に神言会が，1924 年に SSpS がそれぞれ修道会を設立した。CIJ の建物は，SSpS の下手に作られた。SSpS のサヴェル修道女が長い間 CIJ の指導にあたり，「CIJ に対しこの上ない愛着を持っていたが，当時の規則上 CIJ のメンバーになることはできなかった」（Biara Pusat CIJ 2010）。

CIJ 設立 75 周年記念冊子によれば，CIJ の設立に熱心に取り組んだレーヴェン神父は，設立の理由を以下のように考えていた（Biara Pusat CIJ 2010：29）。

> 第一に，処女を貫いて生きようと考えている現地人少女たちは数多いが，いまだに彼女たちを受け入れる現地修道女会がない。第二に，言語，教育，生活様式の違いがあるので，（1920 年代）現在，フローレスで宣教している修道女会に受け入れることはできない。第三に，修道女候補者自身の母語と慣習をよりよく理解しているので，彼女たちが慈善事業を行うのは容易である。

第一，第二の理由から，レーヴェン神父が，制度，言語，階層，文化，社会に関し，ヨーロッパ人修道女と現地の少女との間に越えられない境界があると考えていたのがわかる。神言会が，現地人神父の養成を行い，同じ修道会のメンバーとして現地人を受け入れる方針をとっていたことと照らし合わせると，ジェンダー・ダブルスタンダードに立たない限り，これらは CIJ 設立の理由にはならない。

オランダ領東インドにおいては，政府，宣教団，現地社会いずれの中にも根強い父権文化が見出されたとステインブリンクは指摘する（Steenbrink 2007）。ヨーロッパ人修道女であっても，政府および宣教団の会議には参加できなかった。カトリック教会は，神父が独占している洗礼と聖餐中心の世界であり，少年の教育や神父養成には，ヴァティカンは特別な財政援助をしたが，少女の教育や修道女の養成には，そういうことはなかった。身分の高い現地人の間では，娘が修道女になるのは望まれなかったが，娘が修道女たちに純潔を守られて教

育を受けることは，高い婚資を要求するための手段となった。19世紀末から20世紀初頭においては，このような環境の中で，修道女は活躍したのである。ステインブリンクの指摘が正しいとすれば，財政的には恵まれない，制度的に排除された環境の中で，修道女たちによる教育が，修道士たちのそれよりも多くの人々に広まっていたというのは興味深い。また，神言会は，その方針に基づき，1922年にはフローレス東部のレダレロに神学校設立を計画し，1926年には神父の養成に着手したが，フローレス最初の神父叙任は1941年であり，CIJ修道女の誕生より4年あとであった。CIJはその後持続的に発展してきた。多くのメンバーを擁し，国内外のネットワークを確立している。学校や病院の経営，不遇の子どもたちの養育院の経営，宿泊施設の経営など，インドネシア国内だけでなく，東ティモールとイタリアでもさまざまな事業を展開している（Komisi Spiritualitas CIJ 2015b）。

　1920年代末になると，神言会の神父の中には，ハリウッドで映画の技術を身につけるものが出てきた。『リア・ラゴ』というタイトルの映画が，1929年に作られた（Hamilton 1994：39）[13]。当時は，西洋社会において寄付を集めるために上映することを目的としていた。筆者が1983年にフローレス中部のエンデ県中央山岳地帯の村でフィールドワークをしていた時に，ドイツ人教区神父が村人たちを集めて，チャペルで『リア・ラゴ』を上映した。それを見た村人たちは，別の地域の昔の物語として楽しんでいた。内容は，以下の通りである。

---

[13]　『アナ・ウォダ』という映画も同時期に制作されたが，筆者は見る機会を得ていない。2016年9月30日現在，以下のサイトで『Ria Rago』を見ることができる（Film dokumenter pertama Indonesia "Ria Rago"〈https://www.youtube.com/watch?v=tPCGh5kjaBM〉（2016年9月20日最終閲覧））。制作はS. Buis，写真（Photo．おそらく撮影）はP. Beljensとあり，いずれも神言会の神父である。1時間50分，無声映画。フランス語とオランダ語の字幕がついている。最初の字幕に1923年の出来事とある。撮影当時の建物，村の作り，村人の服装，神父や修道女の服装が興味深い。抑圧的軍事政権を敷いた第二代スハルト大統領が退陣し，民主化と地方分権化が推進された2000年ごろに，『リア・ラゴ』の舞台となったンドナで，地元の慣習に従って婚資のやりとりを正式にして誇らしく結婚をする現代の男女の物語『ソンボとランデ（Sombo no'o Lande）』が，若者たちによって撮影され，VCD（映像ディスク）が短期間販売されていた。そこには，「リア・ラゴに捧ぐ」という献辞が書かれていた。タイトルが現地語で書かれていることと考え合わせると，明らかに自文化とその信仰に対する誇りとかつてのカトリック教会に対する批判が込められているのがわかる。

フローレスの教区庁が置かれるようになった，エンデ中部地域のンドナという村の大変美しい清らかな娘リア・ラゴの父ラゴ・ドアは「異教徒」であり，別の「異教徒」の現地人の差し出す婚資欲しさに，娘を婚出させる交渉に応じた。何も知らない娘は，妹や弟たちと楽しく過ごしていた。娘の顔はあくまでも白く，髪は，束ねられず黒々と波打っていた。しかしながら，異教徒の風習に従って，婚資と交換に結婚させられることを知った娘は，自らの純潔を守り「異教徒」の悪習の犠牲とならないために，教会に駆け込み息絶え，幸せのうちに神に召された。娘の純潔とセクシュアリティを巡る戦いにおいて，父権的な異教徒の風習に勝利するカトリック教会が描かれている。このような民族／人種とジェンダー・セクシュアリティをめぐる構図は，当時の西洋社会においてアピール度の高いものだったのだろう。

　この物語は，CIJ の修道女になりたいと要望する少女たちを巡って戦われた，両親および家族とカトリック宣教団の間の戦いの語りに相似している。言い換えれば，土着信仰が根強い社会において自ら宣教するイメージを，神言会の男性聖職者は概ねこのように人種・ジェンダー・セクシュアリティ化（信仰心をもつ白い顔をした土着の処女の奪回）して抱いていたといえるかもしれない。しかしながら，修道女たちは，ジェンダー・セクシュアリティに関しては立ち位置が異なり，現地の人々との関係も男性聖職者とは異なるため，『リア・ラゴ』に重ねて自らの活動をみるのは難しかったのではないだろうか。

　では当時，オランダ領東インド全体において，さらに，地球規模──といっても当時は，欧米を中心とした限定された規模でしかなかったが──において，人種／民族やジェンダー・セクシュアリティの布置はどのようになっていたのだろうか。それに照らすと修道女はどのように位置づけられたのだろうか。

5　オランダ領東インドにおける，民族／人種とジェンダー・セクシュアリティの変容

　オランダ領東インドにおいても時代が下るにしたがって，植民地における性の管理や植民地支配として，性と人種を巡る境界が明確に設定されるようになった。19世紀になると，オランダ植民地政府は，パドリ戦争（1820）やジャワ

戦争（1825）など，有力者に率いられた現地軍との戦争に勝利し，ジャワにおける強制栽培という具体的な形をとった植民地支配を行うようになった。19世紀末には，オランダによる植民地支配はさらに推し進められることになった。それは，外領における軍事遠征という極端に暴力的な形をとった。外領に対して行われた軍事遠征のなかで最もよく知られているのは，バリに対するものであろう。バリのバドゥン王国は1906年に，クルンクン王国は1908年に，王とその一族郎党が，着飾って敵の銃部隊の前に躍り出て自死を果たすププタンをもって，植民地軍遠征と王国に自ら終止符をうった（Geertz 1980）。フローレス中部に対しても，1907年に，軍事遠征が展開された。襲撃された村では，呪文を唱えてオランダ軍を敗走させたことを讃える，詩詠唱歌が伝えられている。

1901年にオランダ女王によって宣言された「倫理政策」は，キプリングによって唱えられた「白人の責務」と同様のパラドクシカルな様相を呈した。一方においてそれは，強制栽培のような原住民の経済的搾取を封じるものであったが，より持続的な搾取を可能にした。軍事遠征に原住民の文明化および現地支配者の抑圧からの原住民の解放という「倫理的」根拠をあたえ，より着実な植民地支配を正当化してゆくものであった。

また，民族／人種や性差に関しても，19世紀末から20世紀初頭にかけて興味深い変容がオランダ領東インドで起きている。1869年のスエズ運河の開設を契機として，オランダ領東インドにも宗主国からの女性の移動が容易になり，オランダ植民者たちは同じ人種の妻や子どもたちと家族生活をすることが容易になった。しかし，それまでは，軍隊を含め植民者の多くが男性の単身赴任者であり，彼らの約半数が，現地人妻妾を有していた（Marle 1951-2：486；弘末 2013：278）。ヨーロッパの植民者の妻妾となった現地人女性は，現地社会では「ニャイ（ねえさん）」という敬愛に満ちた名称でよばれ，そのようなカップルから生まれる子どもたち同様，植民者社会と現地社会を架橋する存在であった。19世紀末までは，彼女たちの存在は，植民者社会からも現地人社会からも取り立てて話題にされなかったが，19世紀末になるとさまざまな形で衆目を集めるようになった（弘末 2013：278）。その動きの背景には，いくつかの異なる歴史的流れがあるが，いずれも，性差と民族（nation）の境界の近代的設定と関係している[14]。

民族／人種の特権化により，宗教や慣習は特権化された民族カテゴリーの境界を際立たせる属性とされた。1854 年の東インド統治法の改定により，従来の宗教に基づくものから民族／人種に基づくものとなり，オランダ領東インドの住民は，ヨーロッパ人，外来東洋人（華人，アラブ人など），原住民の三つに区分された。植民地統治の法的変化は，19 世紀後半から 20 世紀前半にかけてみられたヨーロッパからの植民者の増加によって，植民地官吏の役職へのヨーロッパ人人材の確保が容易になり，ユーラシアン（欧亜混血者）への需要が低下した。また，現地人エリートのオランダ式教育による教化と植民地官吏としての登用も，植民者社会と現地人社会を架橋するユーラシアンやその母親であるニャイの存在を周辺化する結果となった。オランダ領東インドにおけるこのような変化は，ヨーロッパで 19 世紀後半から始まった性モラル向上運動とも連動していた。このような運動は，いうまでもなく，近代的性差の境界を明確化する流れを形成した。この運動はオランダ領東インドにも波及し，植民地統治は植民者の親密圏の管理に及ぶようになり，1904 年に植民省は，植民地官僚に対してニャイをもつことの自粛を訴え，1913 年にはオランダ軍兵士がニャイをもつことを禁じ，公営売春宿は廃止された。しかしながら，私企業植民男性とニャイとの関係の管理や私営売春の制限はほぼ不可能であった。

19 世紀後半から周辺化されるようになったユーラシアンは，同様に周辺化された華人と共に，部分的ではあるが言論の自由が法的に認められたことに乗じて，演劇，新聞記事，小説という形でニャイを主題化し，それは，オランダ領東インドに関係する多くの人々から，新しいモラルを考えさせるものとして，なおかつ消費の対象として注目された[15]。

植民者，ユーラシアン，華人の間だけではなく，現地人民族主義者の間でも，ニャイは注目されるようになった。オランダ領東インドの民族主義運動を推進した二つの組織，ブディ・ウトモとイスラーム同盟はともにニャイに注目した。ブディ・ウトモは，オランダ式教育組織である原住民医師養成学校の学生たち

---

14) 以下，弘末（2013），ストウラー（Stoler 2010）を参照。
15) ユーラシアンや華人の編者による新聞，ユーラシアンの役者と華人経営者によるコメディスタンブルと呼ばれた新しいタイプの演劇，ユーラシアンの書き手によるニャイを主人公とした小説がそれにあたる。本書第 5 章担当のチャンドラの研究対象である，華人の書き手と華人出版社によるマレー語小説もこれに通底するだろう。

が中心となって，原住民の発展のために，西欧教育の普及とジャワ文化の探求をめざして1908年に創設された。1911年に，原住民ムスリムの相互補助と発展をめざしてイスラーム同盟が創設された。二つの組織は必ずしも対立するものではなかったが，ニャイに関しては，異なる立場をとった。イスラーム同盟は，非イスラーム男性を性的相手とするニャイ，ニャイのパートナー，ニャイを輩出した原住民家族を非難排斥した。それに対し，西欧教育の普及を掲げるブディ・ウトモは，西洋に台頭しつつあった自由恋愛や女性の権利という点から，民族／人種間の恋愛結婚を擁護する傾向にあった。

ニャイに関するいずれからのまなざしも，活字，演劇，映画というメディアを通じて，民族／人種の境界と性差の境界を注目すべき話題として位置づけ，二つの境界の特権化を自明のものとし，ニャイについて語ることは，人種と性愛の問題を社会的アジェンダとして確立していくことになった。

1896年にバタヴィアにおいて出版された，マレー語小説『ニャイ・ダシマ物語（*Tjerita Njai Dasima*）』が人気を博した。作者は，イギリス人のG. Francisとされている。バタヴィアでイギリス人の妻妾となった，西ジャワ・ボゴール出身の美しいダシマは，バタヴィア人ムスリムである悪人の甘言に騙されてその第二夫人になったが，最後にはその醜い男に殺されてしまう，という物語である。初版本の表紙には，『ニャイ・ダシマ物語』というタイトルのほかに，以下のような説明が書かれている。

> バタヴィアで最近起こった，とても素晴らしい物語。男たちの甘言に騙されやすい女性たちみんなにとっての教えになるだろう。若者たちへの教訓。ニャイ・ダシマの肖像入り。

この小説はバタヴィアの華人たちによって1926年に無声映画化された。これらも，民族／人種と性差の社会的アジェンダ化を担った[16]。

---

16) RARE BOOK-BUKU LANGKA〈http://mmzrarebooks.blogspot.jp/2014/08/nyai-dasima-ver-g-francis.html〉（2016年9月20日最終閲覧）参照。フローレスの社会自体は，植民地体制の果てに位置し，このようなアジェンダ化の影響が届いてはいなかったと推測されるが，フローレスにいた修道女たちは，そのネットワークを通じて知っていた可能性が高い。

6 近代と修道女

　以上のようなオランダ領東インドの状況は，当時の世界的状況に連動していた。近代におけるジェンダーと人種の暴力的設定について，竹村和子は次のように述べる。

> 近代国家は，その法秩序を維持するために，大きく二つの軸で暴力を行使してきた。性差と呼ばれる軸と，国境と呼ばれる軸である。前者は性差別と，それをさらに補強するために異性愛主義(ヘテロセクシズム)を生み出し，後者は植民地主義と，それにまつわる人種差別や民族差別，時に集団大虐殺(ジェノサイド)をも生み出してきた。そしてこの二つは絡みあい，富の配分と相俟って，重層的な差別をもたらした（竹村 2008：6-7）。

　日本という脈絡で考えてみると江戸期においては，身分，地理，地域，「家」，性差の水準に関連して複雑に組み立てられていた差異化のシステムが，19世期後半の明治期に，国民国家の境界と優生学的人口管理を支える性差の境界に特権が与えられるシステムへと，社会が再編成される事態が生じた。このような歴史的変容は，それより幾分か時代的に先んじて，ヨーロッパ世界においてもおこっていった。そのような世界史的脈絡の中で，国民／民族（nation）の危機が叫ばれ，女性解放の思想が主張されるようになった。すべての事態は歴史の脈絡の外側にはあり得ないということをふまえると，独立運動や女性解放運動は，新しい状況のなかで生じた抑圧からの解放をめざすという点において妥当なものであるが，同時に，国民国家による境界と性差による境界の特権化とセットになったものであり，ある意味では，それらの特権化を批判によって逆説的に支え，他のあり方や視点を封じてしまうというパラドクシカルな結果を引き起こした。

　19世紀末から20世紀はじめにかけて，近代的な恋愛，家族愛，女性解放，民族解放，民主主義，社会主義を人間の解放として主張すること，すなわち「声」をあげることが世界的にみられるようになった。アジアにおいては，近代的国民国家として独立／統合を果たしていくことは喫緊の課題とされるよう

になっていった。そのような歴史的脈絡において修道女たちは，非西洋世界に病院や学校など，生活様式に関する西洋近代化をもたらした。同時に彼女たち自身は，「貞潔」「清貧」「従順」という信念のもと，「キリストの花嫁」として近代的恋愛とは無関係に，近代的家族愛とも一線を画し，近代の主体を成立させる私的所有を極力避け，何からも独立すべきとする近代的自我に与しないことによって，上述の近代的主張と一線を画し，「声」をあげることがなかった。また，近代におけるアイデンティティの拠り所として特権化されている民族や国民国家の境界を問題としない。修道女たちは，近代に同調／共鳴しない存在であった[17]。そしてそれは，民族／人種とジェンダー・セクシュアリティの機制が地球全体に浸透していった20世紀から現代にいたるまで引き継がれている。

　近代においてカトリックに対抗する三つの潮流が勃興した。プロテスタンティズム，科学主義，啓蒙思想に代表される人間中心主義である（Hann 2014：S186）[18]。カトリックは，近代史という脈絡でみると次のような攻撃を受けてきた。16世紀から始まる，資本主義的自我と親和性の高いプロテスタントによる明示的な攻撃。18世紀フランス革命以後の政教分離に基づくブルジョワ市民的啓蒙主義による攻撃。国民国家の人口管理が基本とした男女二元論と優生学を包摂する科学主義による攻撃。さらに，近代世界において特権化されている国境を問題にしない点においても，カトリックは近代性と齟齬をきたす。これらの影響により，カトリックは組織として打撃を受けるが，19世紀半ば以降カトリックは復興期を迎えた。しかしその一方で，19世紀における国民統合のプロセスの中で，プロテスタント優勢の国民国家では，ドイツの文化闘争（1871-78年）やアメリカにおけるカトリック嫌悪（中山 2004；佐藤 2010；Lathrop & Doane 1894）に典型的に表れているような，カトリックに対する排斥がなされてきた。

　カトリックの中でも，修道女は，「母」であって母でなく，「姉妹」であっ

---

17) 修道女会による違い，修道女会の歴史的変容があったことはいうまでもないが，本章では，基本的な共通性や連続性に注目する。
18) Hannは，これらの潮流に反応して，カトリックの中に「聖なる心臓（The Sacred Heart）」への信仰が生まれたとしている。

て姉妹でなく,「(キリストの) 花嫁」であって花嫁ではないことにより,また,女性だけの独立組織を運営し学校教育や医療などの公的領域で活躍していることによって,近代のジェンダー・イデオロギーを自明視する人々をいらだたせ,彼らの攻撃の対象となってきた (ディドロ 1949;Monk et al. 1836)。19世紀半ばにアメリカにおいて大変な人気を博した,「「脱走修道女」物語 (Escaped Nun's Tales)」と呼ばれる大衆向けパルプ・フィクションはその好例である。いずれも,カトリック修道女院に身を投じたのち脱走した女性による実話の体裁をとる[19]。隠し通路を通って修道女院を訪れる修道士たち,彼らによるレイプ,修道女たちの妊娠,凄惨な嬰児殺し,脱走を試みようとする女たちへの拷問などの語りが,読者の感情を煽った。「脱走修道女」たちは,カトリック伝道者は,ローマ教皇の勅命を受け,修道女院を拠点にプロテスタントの娘たちを誘惑し,最終的には,アメリカという国全体を侵略することにあると語る (中山 2004:1)。「脱走修道女」物語はまったくのフィクションであったにもかかわらず,1834年,それらに煽動されたスコットランド系長老派教会員の労働者たちによって,マサチューセッツ州のウルスラ修道女院が焼き討ちされた (中山 2004:4)。マジョリティであるプロテスタントを自認する人々だけでなく,夫に対してそのセクシュアリティを捧げる「家庭の天使」としての女性というジェンダー・セクシュアリティ・イデオロギーを信奉する人たちによっても,修道女に勝手な他者性が付与され,攻撃が向けられた。

　修道女に対する他者化や攻撃は,19世紀のアメリカに限らず,現代のさまざまなメディアでもみられる[20]。ポピュラーな映画・小説・アニメなどのメディアでステレオタイプ化された修道女像——修道女院の規則に拘束されているために喜びの感情に鈍く,ときには冷徹で,ときには陰惨にもなる。強い規制のためにかえって性的欲望に満ちている,など[21]——が広く流布している

---

19) 以下,中山 (2004),佐藤 (2010) を参照。
20) YouTubeには,現代における「「脱走修道女」の物語」ともいえる,カトリック,特に修道女会糾弾の映像が少なからずアップロードされている。また,最近までの実話に基づくと銘打たれている映画『マグダレンの祈り』(2003) も,「「脱走修道女」の物語」形式を踏襲している。
21) 例えば,映画『天使にラブ・ソングを』(1992),『ブルース・ブラザーズ』(1980),『マグダレンの祈り』(2003),多くのポルノグラフィー,ホラー映画などに表れている修道女像。

ことからすると，私たちは，自らの抱く自明性を対象化することなく，現代においても多くの人々の自明性を支える原理に同調／共鳴しない存在である修道女を，無意識に他者化しているのかもしれない。このような他者化を退け，彼女たちの視点にできるだけ接近し，「何が聖女たちを飛翔させたのか？」という本章の中心的問いを考察したい。

7 何が聖女を飛翔させたのか？

19世紀末から20世紀初めにかけて，風土病など過酷な生活を余儀なくされる異郷であり，地政権力構造の末端であるフローレスへと赴かせ，女子教育のたゆまぬ実践へと修道女たちを促したのは何だったのだろう。彼女たちの「飛翔」を可能にした翼とは何だったのだろうか。彼女たちは，自らの出身地である西洋や，修道女会本部のあるオランダ領東インドの中心地域における民族／人種やジェンダー・セクシュアリティをめぐる歴史的変容について，近代社会による圧力について，少なからず知っていただろう。啓蒙思想などの人間中心的信念，資本主義やそれと親和性の高い近代的自我に対する信念によらないとしたら，修道女たちはどのような信念に導かれていたのだろうか。19世紀末から20世紀初めにかけてフローレスに赴いた修道女たちからの回答は得られないので，国境を越えて活動する現代の修道女たちへのインタビューおよび修道女の献身を支える信念についての諸研究などにより考察する。

❖ 7-1 国境を超える

2012年8月，私は，フローレス島で文化人類学のフィールドワークをするためにバリ島からフローレスに向かう飛行機の搭乗を待っていた。白い修道女服の高齢の女性が，見送ってきたインドネシア男性に深々とお辞儀をするのを見て，日本人に違いないと確信し，日本語で話しかけた。37年間のフローレス島でのフィールドワークへの途上で日本人に会うのはそれが初めてだった。日本人には観光客でさえ出会ったことがない。年齢は70歳を超えているだろう。とても小柄だ。おそらく身長140数センチ，体重は30数キロだろうか。今回が，初めての外国への旅であり移住であるとのことである。インドネ

シア語も英語もできないという。彼女はとても物静かに話す。彼女の修道女会は1920年に，神言会神父によって秋田に創設された。フローレスのCIJ修道女会と姉妹関係にある。すでにフローレス中部の町エンデに，その修道女会の支部が2010年に建設され，フローレス出身の少女が一人，その修道会のメンバー候補として日本に渡る予定である。エンデ支部メンバーは彼女を含め3名。そのうち一名は，インドネシア語が話せるそうだ。支部創設に関しては，CIJ修道女会がいろいろ協力してくれた。その後も，日本からの修道女たちの日常生活に関して，CIJの修道女たちが助けていた。二つの国の二つの修道女会に属する修道女たちの間には和気あいあいとした雰囲気が流れていた。

　協力や助力があったとしても，日本を離れたことのない高齢の人が，インフラも医療も整っていない，マラリアやデング熱などの病気の危険性の高い，言葉も通じないフローレスに移住しようとしているのに驚いて，私は思わずたずねた，「どうしてフローレスに行く決心をされたのですか」。彼女は，やはりもの静かに，かすかな微笑みをみせて答えた，「みこころのままに」。小さな老女の揺るぎなさに圧倒された。

　2015年2月と3月に，関西にある修道女会を訪れて食事や修道女候補の誓願式に参加し，インタビューを行う機会を得た。この修道女会は，13世紀にヨーロッパで創設された修道会を中心とするグループに属し，19世紀末にアジアでの布教のためにヨーロッパに創設された修道女会の日本支部である。

　その修道女の一人（1934年生まれ）は，1984年，それまで日本を出たことがなかったが，支部を創設するために韓国へ渡った。そこで27年間過ごし，その後ベトナムで1年あまり過ごした。彼女の語る修道女としての半生は以下のようだ[22]。

> 私は22歳で修道女になることに興味をもち，この修道院に入会し，25歳で，誓願をたて修道女になった。50歳の時，修道女になって25年の銀祝に，北海道のトラピスト修道院に黙想に行き，そこで韓国の修練女に出会った。そのとき，突然，子どものときに韓国の昔話を読んでとても懐かしく思い

---

[22] 以下に示すのはインタビューの要約である。

「おいで待っているよ」という声を聴いたことがよみがえり,「韓国に行きたい」と声に出した。私はすぐにヨーロッパの修道女会総長様のところに手紙を書いた。私は全く知らなかったが,本部では,韓国に支部を創設するために既に5年前から準備していた。韓国に派遣する2人の修道女のうち1人は決まっていたがもう1人が決まっていなかった。そこに私の手紙が舞い込んだ。総長様から「日本人が韓国に行くのは難しく,私たちには手立てがありません。あなた自身で切り開いてごらんなさい。もし行けるなら,それは主のみ旨が確実ということ」という返事があった。その後3か月間大変な艱難辛苦のなかでも主のみ旨に導かれてビザを取得し,韓国に行くことができた。[略] 1990年に韓国に帰化。27年間を韓国で過ごした。その後1年余りベトナムに宣教準備をするために行った。観光ビザで入国し隠れて暮らした。途中で,圧迫骨折をしたが,隠れて宣教生活をしていたので,医者にはいかなかった。そのほか,中国やタイにも宣教に行った。[略] 一番大切なのは謙虚/従順,恵みによる神体験,信仰と希望と愛に生き抜くこと。神様の御手にゆだね,神様に呼びかけられた使命を最後まで貫けますように。小学校2年のときに「おいで待っているよ」という声を聴いたことと,カトリックもプロテスタントも何も知らない小学校5年生のときに夕日のなかで,「あなたは大きな力に護られている」という声を聴いたのが私の生涯の要約だと思う。

バリからフローレスに向かう途上で会った前述の修道女も高齢であったが,韓国に行ったとき彼女は50歳であり,ベトナムに行ったときは77歳であった。19世紀末に「最初に(フローレスに)到着した(フランシスコ会の修道女)6人のうち4人の修道女は40歳以上で,それ以前にオランダから出たことがなかった。6人の修道女は速やかに現地の生活に適応していったが,6人のうち1人は,結核で1882年に34歳で死亡した」(本章3-2 ☞ pp.208-209)という記述に込められた修道女たちに対するステインブリンク (Steenbrink 2003:11) の驚嘆は,私のそれと共通する。彼は,その著書のアペンディクスに19世紀末にオランダ領東インドに渡った14人の修道女についての簡単な情報を載せている。そのうちの7人に関しては,死亡年齢がわかるようになっている。平均

するとそれは 47 歳であった。この情報も，彼の驚嘆を補うものであるように思われる（Steenbrink 2003：487-8）。

韓国に 27 年間暮らした彼女にとって，韓国やベトナムに行ったことは，自分が計画するということとはまったく異なったものであるという。また，彼女自らの半生の理解の仕方は，独立した近代的主体を中心とした設計主義的な半生の理解とは，継起や契機に関し構造が逆転している。彼女は，前述の修道女と同様に，自らの行動を「主のみ旨」すなわち「みこころ」に従った行動としている。このように受動的な主体のあり方は，自己決定すべきとされる近代的主体と大きく異なっている。

❖ 7-2 「キリストの花嫁」

また彼女は，修道女になってから 5 年後に，修道女会から指輪を受け「キリストの花嫁」になれてとても嬉しかったと語った。そのときの嬉しそうな表情は，修道女会 SSpS（本章 3-4 ☞ p.212）のローマ本部を 2004 年 9 月に訪れたときに会った，スンバ島[23] 出身の若い修道女が，身に着けている指輪を示しながら見せた，静かに湧き上がる幸福そうな様子と符合する（図 7-2, 7-3）。

この「キリストの花嫁」という文言は，多くの一般の人たちの想像と妄想を掻き立ててきた。想像／妄想の一方の極では，「キリストの花嫁」になることは，一般的な社会に満ちている家族愛などの温かい繋がりを断ち切って，厳格

図 7-2　スンバ島出身の修道女さん
　　　　（2004 年 9 月，筆者撮影）

図 7-3　「キリストの花嫁」であることを示す
　　　　SSpS の指輪（2004 年 9 月，筆者撮影）

23) フローレス島近隣の島の一つ。

で感情を欠いた修道女会の規則に従う人間への変身であるとされる[24]。血肉の欠如した精神になるという想像／妄想である。もう一方の極では，「通常」の性的関係を禁じることにより性的欲望が煮えたぎっている肉体，悪魔にとり憑かれやすい肉体になるという妄想である[25]。いずれの極においても，肉体は，精神や理性に対立する肉体を意味する。現実の修道女たちにみられる「キリストの花嫁」としての経験は，上の記述からもわかるように，これらの想像／妄想とは異なる。

「キリストの花嫁」という概念は長い歴史をもつ。ヨーロッパ中世においては，修道士の理想的な信仰経験を示すものとして「花嫁の神秘」が語られていた。12世紀，当時最も影響力のある著作家であった，シトー会のベルナールは，旧約聖書の『雅歌』を基盤に，修道士の各々の霊的体験に訴えかけて，次のように書いた。

> 汝ら自身に問いなさい［略］誰かある者が，キリストの口による宗教的な口づけを一度だけでも感じたならば，その時，そのもの自身の経験がその者の気持ちをさらに動かすのだ［略］（ディンツェルバッハー・ホッグ 2014：133）。

シトー会修道院長の一人である実践神秘主義者ギルバート（1172年没）は，修道士の霊的経験を「魂の花嫁」のものとして次のように述べている。

> 甘い枕は，私にとって，愛するイエス，汝の頭の荊冠であり，甘い寝台は，私にとっての汝の木の十字架である。その中で私は，生まれ，育てられ，創造され，新しく生み出された。私は喜んで汝の受難の祭壇に，私の記憶の住処を調えた（ディンツェルバッハー・ホッグ 2014：134）。

---

[24] この想像／妄想の典型的な例として1956年のキャサリン・ヒュームの小説に基づく，オードリー・ヘップバーン主演の映画『尼僧物語』（1959）を挙げることができる（〈https://en.wikipedia.org/wiki/The_Nun%27s_Story〉（2016年9月20日最終閲覧）参照）。

[25] この妄想の典型的な例として1971年の映画 *The Devils*（邦題『肉体の悪魔』）を挙げることができる（〈https://en.wikipedia.org/wiki/The_Devils_(film)〉（2016年9月20日最終閲覧）参照）。

「魂の花嫁」の経験は，パシオン（passion）の経験であり，パシオンとは甘美な情熱であると同時に受苦の経験である。このような概念を具体的な体験に変えることは，修道会の女性たちに託されていたという（ディンツェルバッハー・ホッグ 2014：134）。13世紀中ごろに，修道会の女性神秘思想家が登場した。ナザレトのベアトレイスは，その著作『聖なる奉仕的恋愛の七つの流儀について』で純潔と，量ることのできない無私の愛の認識を得るためには避けられない歩みのうちに，魂の上昇が実現されると記した（ディンツェルバッハー・ホッグ 2014：138）。神との愛による合一を語る神秘主義は，主として12世紀のシトー会によって西洋の宗教の歴史の中に根づいたとされるが，近代にいたっても，修道女たちによって経験された。

17世紀にカナダ先住民に布教したウルスラ修道女「受肉のマリー」が少女だったころ，「イエスが夢の中にやってきて，彼女に接吻したことがあった。[略] 自分が寛大なキリストの血のなかに潜り込んでゆくのを感じた。[略] 起きているときでも寝ているときでも，神が彼女のところに訪れて，[略] その心が神の心と一つになるのを感じた。[略] 彼女は自分を血が出るまで打ち，苦痛を強めるために傷口に馬巣織の布をあてた。[略] 彼女は霊感を感じると，鞭打ちのできる小部屋などに，そっと隠れてこもった」。彼女は，19世紀末から20世紀初めにフローレスに移住した修道女と同じように，現地先住民の少女と親しく交流し，その言語や文化を学んだ（デーヴィス 2001）。ナチスによる修道院没収に抗したために，アウシュヴィッツ強制収容所に送られた，ドイツ人修道女「聖なる心のイエスの修道女アンゲラ・マリア」は，自らの命を賭して収容所内の人々——ユダヤ人やジプシーの女性たち——を助けた。彼女もまた，修道女として愛する神に身を捧げるという思いを人生の早い時期からもっていたと語られている。1935年，彼女は修道女になった喜びを次のように家族に書き送った。「[略] 数か月前から，私は愛する救世主の傍らで眠っています。[略] なんと素晴らしいことではないでしょうか」（伊藤 2009：55）。アウシュヴィッツ時代の彼女の経験は，パシオン（甘美な情熱と同時に受苦）の経験にほかならなかった。彼女たちは，いずれも，「神＝キリストの花嫁」であることを自らの身体を通じて感得しているが，それは決して多数の一般の人々の想像／妄想とは一致しない。家族などと身体的に離れ，民族／人種の境界を越

えた彼女たちの経験は，苦しみであり，なおかつある種官能的ではあるが，肉欲的ではない喜びに満ちている。

　現代の若い修道女たちにとって，キリストとの関係はどのように感じられているのだろうか。2015年3月，日本のある修道女会で何年間かにわたる誓願プロセスの最中にある若い修道女二人の誓願更新式に参列し，インタビューする機会を得た。二人とも，普通の服を着ていたらどこにでもいそうな娘さんたちだ。誓願更新式は粛々と進んだが，二人は，その後の記念撮影，インタビュー，食事会でも嬉しそうだった。インタビューの中で，修道女は，「何をしていても，教会に行きたくて行きたくて仕方なかったのです」と経験を語った。このような開放的な喜びの様子は，140人ほどのメンバーを擁するスペインの修道女院を映した『修道女であることの喜び』[26]という映像に登場する若い修道女たちの中にもみられる。23歳の修道女は次のように述べた。

> 私の女心は「彼（キリスト）」と恋に落ちました。「彼」はここにいて，私は触れることができます。ここには「彼」への燃え盛る愛があります。わたしは，もうこの愛に抗うことができずここに来ました。[27]

　「キリストの花嫁」であるという修道女の信仰経験は，時代により修道会により個人によりさまざまであろう。12世紀においては，男女にかかわらず，「魂の花嫁」としてのパシオン（甘美な情熱でありなおかつ受苦）の経験は修道者の理想であると考えられた。その理想の現実化は女性に託され，現在に至るまで修道女たちによって引き継がれてきた。パシオンにとって，重要なのは従順であること，受動的であること。パシオンの人生は，設計主義とは無縁であり，年齢もまったく関係がない。19世紀末から20世紀初めにフローレスで女子教育に携わった修道女たちも，「キリストの花嫁」として，パシオンを経験していたであろう。聖女たちを飛翔させたのは，「キリストの花嫁」としてのパシオンを不可欠とする，長い間引き継がれてきた諸修道女会に共通する生の

---

26) *The joy of being Catholic Nuns* 〈https://www.youtube.com/watch?v=X7faVRTG7-g〉（2016年9月20日最終閲覧）参照。

27) 同上。

技法であっただろう。

　本書に共通する問い「読むこと書くことは女たちの翼になったか」について付け加えれば，パシオンの生の技法を下支えする聖書を読み，修道女たちにとって回避できない制度的事象を処理し，女子教育を実践するためにリテラシーは必要だったが，聖女たちはリテラシーを翼として飛翔したわけではない。ヨーロッパ人修道女たちがフローレスに渡った19世紀末から20世紀初めにすでに，民族／人種およびジェンダー・セクシュアリティの境界が明確化されつつあった。これらの分類を正当化する思想と同時にそれに抗する思想が展開され，始まって間もない学校教育で得たリテラシーで，人々は「声」をあげ，設計主義的理想を描くようになった。修道女たちによる女子教育は，「声」をあげて境界を越え，さらに侵犯する女性たち，リテラシーを翼として飛翔する女性たちの育成の礎となった。しかし，そのようなリテラシーを翼とした飛翔は，19世紀末から20世紀初めにフローレスに赴いた修道女たち自身の飛翔とは異なるものであった。

8　おわりに

　ヨーロッパの修道女たちがフローレスに赴き女子教育を始めるようになってから100年以上の時が流れた。当時まったくの無文字社会であったフローレスの人々の識字率，少なくとも50歳以下の人々のそれは，おそらく100%に近いものになっている。現在フローレスでは，高学歴化が急速に進み，大学程度の高等教育を修める女性たちは男性に劣らず増えている。彼女たちは，村から町へ，フローレスから別の島の大きな都市へと高等教育を受けるために境界を越えている。識字率を向上させ，高学歴化をもたらした学校教育の普及は，カトリックなしにはあり得なかった。特に女性の高学歴化と公的職業の保有という，近代的な基準における女性の高地位という点から考えると，19世紀末から20世紀初めにフローレス島で女子教育を開始した修道女たちがその礎を置いたことになる。西洋から飛翔してきた聖女たちはフローレスの少女たちが翼をもつことの発端を形作った。しかしながら，この飛翔と翼は，民族／人種とジェンダー・セクシュアリティに関する近代的権力論批判の視点からは，矛盾

に満ちたものにみえる。「現地の人々の視点から」みるという文化人類学の手法にのっとり，修道女自身の視点から「何が聖女たちを飛翔させたか」を問い，私たちの「近代の眼差し」を逆照射することを本章の目的とした。

　当時フローレスに赴いた修道女たちが置かれた植民地体制と宣教体制はともに父権的であった。父権的体制の中で，オランダ植民地政府は，修道女を宗教者とみなしていなかったために，彼女たちは自由に行動し住民と近しい関係を作ることができた。給与や助成金に関しても，男子修道会や中央の修道女会組織のように優遇されていなかった。そのようなヒエラルキーの末端で，末端であったからこそ，彼女たちは，その活動に協力する者たちと自らの生活を支えるために農業や家畜飼育に携わることによって自立し，教育や社会事業を自律的に展開する可能性を広げた。

　修道女会は従順を旨とする。父権的な制度への従属の中で彼女たちは，その従属性に対して「声」をあげることなく，固有の行動領域の中で盛んに活動していた。中世以降西洋では，男女ともに修道会が教育の中心であり，それは近代の学校教育の範ともなった。フローレスに赴いた彼女たちは，修道女になる過程でリテラシーを修得していたが，「声」をあげるという点ではリテラシーを活用していない。黙々と行動し，少女たちの可能性を広げる教育を実践することにより，結果的に父権的体制への抵抗を生み出すことにもなった。

　究極的には，修道女にとって従順は神に対するものであり，それを明示的に述べる必要を彼女たちは認めてこなかったのではないだろうか。例えば，ナチスドイツの抑圧の中で，アウシュヴィッツで命を懸けて女性たちを助けた「聖なる心のイエスの修道女アンゲラ・マリア」もナチスの断種法に抵抗して断頭台に送られたシスター・マリア・レスティトゥーも，そのリテラシーを活用して「声」をあげなかったように（伊藤 2006, 2009）。フローレスで女子教育を展開した修道女たちの飛翔を可能にさせたのは，ナチスドイツに対する徹底的な抵抗としての飛翔を可能にさせ，現代において高齢の修道女に国境をやすやすと越えさせることを可能にした，情熱であると同時に受苦でもあるパシオンと，それを可能にする，近代的主体とは異なる，受動的な主体のあり方であり，さらにそれを支える，近代的経験を逆転させたような，生の経験の仕方，生の技法であろう。これが，本章が考察の末にたどりついた「何が聖女を飛翔させた

か」という問いに対する回答である。

　また，この考察は，私たちの主体のあり方，経験の仕方が特殊近代的なものであることを照らし出すことになった。19世紀末から20世紀初めにかけて，オランダ領東インドでは，民族／人種およびジェンダー・セクシュアリティの境界が特権化されるようになり，そのような歴史的変化は，国民国家の境界と優生学的人口管理を支える性差の境界に特権が与えられる世界史的な変容と連動していた。そのような世界史的脈絡の中で，国民／民族（nation）の危機が叫ばれ，女性解放の思想が主張されるようになった。すべての事態は歴史の脈絡の外側にはあり得ないということをふまえると，独立運動や女性解放運動は，新しい状況の中で生じた抑圧からの解放をめざすという点において妥当なものであるが，同時に，国民国家による境界と性差による境界の特権化を批判によって逆説的に支え，他のあり方や視点を封じてしまうというパラドクシカルな結果を引き起こした。

　たしかに，カトリックの修道女による教育が，植民地支配や国家権力と同調し，抑圧に結びついた例も少なからずあったかもしれない。しかし，フローレスの例でみる限り，プロテスタント優勢の植民地政府との関係において，クリスチャンが絶対的なマイノリティでしかない日本国家の軍政下において，イスラムが圧倒的マジョリティであるインドネシアという国民国家において，カトリックは常にマイノリティであり，植民地支配や国家権力への抵抗性を潜在的顕在的にもってきた。また，フローレスでは20世紀初めから現在に至るまで，現地の聖職者を育て土着の暮らしを尊重することを旨とする神言会が，カトリック勢力の中で優勢であったことによって，現地文化や社会の自律性は，かなり守られてきたといえる（青木 2002, 2014）。また，既述のように，男性に劣らぬ女性の高学歴化と公的職業の保持率を考えると，カトリック修道女による女子教育は，リテラシーの必要とされる世界的な状況へとアジアの一隅の無文字社会の少女たちを飛翔させる可能性を広げたといえよう。

　アガンベンは，現代の生の困難を切り拓くための方途を修道者の生活の中に探究しようとしている（アガンベン 2014）。同様の視座から，現代の主体や経験のあり方が定着してきた19世紀末から20世紀初めに，フローレスで女子教育に携わった修道女たちの生活に注目することは，現代の自我や社会のあり方

にだけではなく，それについて考えようとする私たちの視点に，新たな可能性をひらいてくれるのではないだろうか。

●引用・参考文献

青木恵理子（2002）．「フローレス島におけるカトリックへの「改宗」と実践」寺田勇文［編］『東南アジアのキリスト教』めこん，pp.261-302.

青木恵理子（2012）．「蘭領東インドにおけるロマンチック・ラブと近代家族―ジャワ女性の解放を希求したカルティニの視点から」『龍谷大学国際社会文化研究所紀要』14, 65-84.

青木恵理子（2014）．「祖先と夢見―東部インドネシア・フローレス島のカトリックの村における伝統宗教の再創発」杉本良男［編］『キリスト教文明とナショナリズム―人類学的比較研究』風響社，pp.33-80.

アガンベン, G. ／上村忠男・太田綾子［訳］（2014）．『いと高き貧しさ―修道院規則と生の形式』みすず書房［原書：2011］

伊藤富雄（2006）．「ナチスによって断頭台へ送られた修道女―シスター・マリア・レスティトゥータ」『立命館経営学』45(2), 31-50.

伊藤富雄（2009）．「「アウシュヴィッツの天使」と呼ばれた修道女アンゲラ・マリア」『立命館経営学』48(2/3), 51-70.

岡光信子（2013）．「南インドの伝統医療「ナーットゥ・マルンドゥ」と―修道会の地域貢献の試み」『宗教と社会貢献』3(2), 27-47.

佐藤清子（2010）．「マリア・モンク『恐怖の暴露』序説―19世紀前半アメリカの反カトリック主義とジェンダー」『東京大学宗教学年報』28, 109-122.

白石　隆（1996）．「インドネシアの近代における「わたし」―カルティニのikとスワルディのsaya」『東南アジア研究』34(1), 5-20.

竹村和子（2008）．「序文」竹村和子［編著］『欲望・暴力のレジーム―揺らぐ表象／格闘する理論』作品社，pp.5-20.

ディドロ, D. ／吉氷　清［訳］（1949）．『修道女の告白』二見書房

ディンツェルバッハー, P. ・ホッグ, J. L. ／朝倉文市［監訳］（2014）．『修道院文化史事典 普及版』八坂書房

デーヴィス, Z. N. ／長谷川まゆ帆・北原　恵・坂本　宏［訳］（2001）．『境界を生きた女たち―ユダヤ商人グリックル，修道女受肉のマリ，博物画家メーリアン』平凡社

富田　仁（1980）．「最初の来日フランス人修道女―メール・マティルド」『文藝論叢』16, 34-39.

長島律子（1984）．「『カルメル会修道女の対話』に見る「歴史への関与」―ベルナノスにおける聖性の冒険」『仏文研究』14, 106-128.

中山麻衣子（2004）．「「脱走修道女」たちの証言―HawthorneのThe Scarlet Letter及びThe Marble Faunにおける女性の表象」『アメリカ文学研究』40, 1-17.

ハックスレー, A.／桑原加代子［訳］(1986).「昼食の時, 聞いた修道女の話」『大手前女子大学論集』20, 51-64.
原 誠 (1995).「日本軍政下のインドネシアのカトリック教会―フロレス島を中心に」『基督教研究』57(1), 25-39.
弘末雅士 (2013).「20世紀前半期のインドネシアにおける現地人妻妾をめぐるイメージと男女関係」弘末雅士［編］『越境者の世界史―奴隷・移住者・混血者』春風社, pp.277-296.
李 雯文 (2003).「教会と国家の間に生きる女性たち―現代中国農村社会におけるカトリック修道女の事例から」『宗教と社会』9, 133-152.
李 雯文 (2005).「時代を生き抜く修道女たち―20世紀中国上海におけるカトリック修道女のライフヒストリー」『人文学報』92, 177-194.
李 雯文 (2007).「揺れ動く信仰共同体―中国西北農村教会におけるポリティックス」『コンタクト・ゾーン』1, 130-142.
Biara Pusat CIJ (2010). *Kenangan 75 Tahun CIJ: Persembahan Syukur Menapaki Jejak sang Juru Selamat.*
Biara Santa Ursula Ende (2007). *Kenangan Penuh Syukur 50 Santa Ursula Ende 1957-2007.*
Francis, G. (1988). *Nyai Dasima* (H. Aveling, trans.). Monash University, Centre of Southeast Asisan Studies.
Gabriella, M. Sr. (2008). *Mulai Saja: Suster Ibu Anfrida, SSpS. Co-Pendiri: Hidup dan Karya.* Tarekat PRR.
Geertz, C. (1980). *Negara: the Theatre State in Nineteenth-century Bali.* Princeton: Princeton University Press.
Ginkel, Henri Fievez de Malines van (1924). *Overzicht van de internationaalrechtelijke betrekkingen van Nederlandsch-Indië (1850-1922).* 's-Gravenhage: n.n.
Hamilton, R. W. (ed.) (1994). *Gift of the Cotton Maiden: Textiles of Flores and the Solor Islands.* Los Angeles: University of California.
Hann, C. (2014). The Heart of the Matter: Christianity, Materiality, and Modernity. *Current Anthropology,* 55(S10), S182-S192.
Komisi Spiritualitas CIJ (2015a). *MGR. Henricus Leven, SVD. Pendiri Kongregasi Pengikut Yesus/Congregatio Imitationes Jesu.* Nusa Indah.
Komisi Spiritualitas CIJ (2015b). *Congregatio Imitationes Jesu/Kongregasi Pengikut Yesus.* Nusa Indah.
Lathrop, G. P., & Doane, W. C. (1894). Hostility to Roman Catholics. *The North American Review,* 158(450), 563-582.
Marle, A. van (1951-2). De Groep der Europeanen in Nederlands-Indië: Iets over ontstaan en Groei, *Inddonesië* 5.
Monk, M., Dwight, T., Slocum, J. J., & Hoyte, W. K. (1836). *The Awful Disclosures of Maria Monk: As Exhibited in a Narrative of Her Sufferings During a Residence of Five Years as a Novice, and Two Years as Black Nun, in the Hotel Dieu Nunnery in*

Montreal. NY: Howe and Bates.
Panti Asuhan Brayat Pinuji (2010). *Profil Yayasan Brayat Pinuji Cabang Detusoko-Ende*. Wisma Santo Fransis. (manuscript)
Panti Asuhan Brayat Pinuji (2013). *Proposal: Bantuan Pemenuhan Kebutuhan Sarana / Presarana. Proposal: Bantuan Pemenuhan Kebutuhan Sarana/Presarana*. Wisma Santo Fransis. (manuscript)
Prior, J. M. (1988). *Church and Marriage in an Indonesian Village: A Study of Customary and Church Marriage among the Ata Lio of Central Flores, Indonesia, as a Paradigm of the Ecclesial Interrelationship between Village and Institutional Catholicism*. Frankfurt am Main: Peter Lang.
Steenbrink, K. (2003). *Catholics in Indonesia, 1808–1942: A documented history, volume I: A modest recovery 1808–1903*. Leiden: KITLV Press.
Steenbrink, K. (2007). *Catholics in Indonesia, 1808–1942: A documented history, volume II: The Spectacular growth of a self-confident minority, 1903–1942*. Leiden: KITLV Press.
Stoler, A. L. (2010). *Carnal Knowledge and Imperial Power: Race and the Intimate in Colonial Rule*. University California Press.

あとがき

　本書は，2013年度・2014年度に，龍谷大学国際社会文化研究所から研究助成を受けて行った共同研究「女が読む，女が書く—19世紀から20世紀初頭のアジアにおける，女性による読書と執筆の社会的越境性／侵犯性に関する，学際的比較研究」（代表：青木恵理子）に基づいている。共同研究のメンバーは，代表者に加え，桑原桃音，エリザベス・チャンドラ，富永泰代であった。2015年3月12日・13日にシンポジウム「女たちの翼—前世紀転換点のアジアにおける女のリテラシーと境界侵犯的活動」を開催し，共同研究をしめくくった。本書の執筆者は，その時の登壇者である。龍谷大学国際社会文化研究所による共同研究および本書出版への助成に対し深謝したい。

　本書は，「女のリテラシーは，境界侵犯的活動をもたらしたか」という共通の問いによって，同時代を生きたアジア各地の多様な社会層に属する女性たちを関連づけ，そのような関連を可能にしている世界的磁場とその変容の様態をある程度照らし出すことができた。しかし同時に，リテラシーあるいは，読むこと・書くことという問いだけでは的確にとらえられない問題も，浮かび上がってきた。第一に，帰属する国家，地域，民族集団，社会層などの違いによって，同時代であっても，経験や活動の方向性が異なるということである。第二に，植民地状況の問題である。この時代には，植民地化されなかった日本やタイを含め，アジアの多くの人々，本書の場合には，多くの女性たちが，西洋的なもの——思想，立ち居振る舞い，容姿，服装，生活様式，文化，社会——に魅せられ期待し，それらを取り入れようとしていた。しかし，その一方で，西洋的なものに抗して，自らの「民族」アイデンティティを確立しようとした。このジレンマにより，人々，特に女性たちの経験や行動は複雑になった。この複雑性をとらえるのは，読むこと・書くことに焦点を当てた研究だけでは困難である。第三に，消費の問題である。本書が対象としている時代に，洋の東西にかかわらず，工場生産品の消費が世界中の都市社会に広がっていった。また，世界的流行となったモダンガールの出現する時代とも重なる。多くの女性たちが，自身のセクシュアリティと自己意識を，資本主義市場（しほんしゅぎしじょう）によって供給される

モノによって，現前化しようとした。このような消費と主体性の関係は，現代社会においてさらに拡大された，大きな問いをはらんでいる。

　本書が，「アジア初期近代における女のリテラシーと境界侵犯的活動」という共通テーマに関して何らかの実りをもたらしていれば，当初の目的は果たしたといえよう。さらに，本共同研究を通じて浮かび上がった上記三つの問題に取り組むための広範な学際的共同研究の発火点になれば幸いである。

　本書の出版にあたって，ナカニシヤ出版編集部の米谷龍幸さんに大変丁寧な作業をしていただいたことを，執筆者を代表して深謝いたします。

青木恵理子

事項索引

あ行

愛による結婚　125
新しい女　15, 17, 23-26

ウルスラ修道女会　206

『オランダの百合（De Hollandsche Lelie）』
　172, 174

か行

カテゴリー化　50
『彼女の敵』　102, 113
家父長制批判　178
家父長的慣習　141
慣習的ジェンダー役割　148

妓生　57-59
強制栽培制度　165
近代家族　i, ii, 21, 23, 61, 98
近代国家　220

『クワーム・パヤバート』　104

結婚の本質　135, 151
幻想の共同体　47

公的な教育　135, 141
婚前閉居　141, 168

さ行

ジェンダー・セクシュアリティ　2, 216
自然主義文学　46
自由恋愛　24
受動的な主体　231
巡回文庫　167
植民地　3, 57, 132, 164, 171, 217
女権主義運動　30

女子教育　200
女性国際平和自由同盟（WILPF）　177
女性雑誌　106
女性相談　40, 43
女性の結婚紐帯　151
女性の自立　178
新家庭　61
人種間の平等性　157
新女性　57, 58
新婦人協会　16, 32
進歩的な親　134

『スントンプーの女性訓』　115, 125

性差と民族の境界　217
青鞜社　15, 19
西洋的近代性の問題　157
西洋の母性主義　35

象の後ろ足　106, 107, 129

た行

代替的な近代性　155
タイ「ブルジョア」　111

チャクチャク・ウォンウォン　102
『長恨』　58, 59, 78, 81

『デ・エホー（De Echo：こだま）』
　172-175, 179
『デ・ロコモティーフ（De Locomotief）』
　166

な行

日本基督教婦人矯風会（矯風会）　16, 19, 20, 22, 33
日本の母性主義　35

ニャイ　*217-219*
人間中心主義　*221*

は行
飛翔　*200*

父権文化　*214*
婦人参政権運動　*27, 33*
仏教的価値　*126*
フランシスコ修道女会　*208*
ブルウントゥン　*150, 151*
フローレス島　*201*

ヘイタウセン・シスター　*208*

母性保護　*31*
翻案小説　*105*

ま行
『マックス・ハーフェラール（*Max Havelaar*）』168, 169, 170
身の上相談欄　*44-46*
民族　*2, 4, 61, 156, 163, 218*

ら行
リテラシー　*42, 108*
良妻賢母主義　*23*
良妻賢母的な規範　*120, 128*

恋愛の自由　*24*

や・ら・わ行
有文字社会　*200*

ロマンティック・ラヴ　*151*

若者世代　*135*

人名索引

A-Z

Beljens, P. *215*
Buis, S. *215*

Chan, F. Y.-W. *132*
Coppel, C. A. *131*
Coté, J. *180*

Doane, W. C. *221*

Feber, G. *166*
Francis, G. *219*

Gaonkar, D. P. *157*
Geertz, C. *217*
Ginkel, Henri Fievez de Malines van *203*
Govaars-Tjia, M. T. N. *133*

Hamilton, R. W. *215*
Hann, C. *221*
Hellwig, T. *131, 132, 137, 141*

Lathrop, G. P. *221*

Marle, A. van. *217*
McCarthy, M. *152*
Meijer, R. P. *167*
Monk, M. *222*

Nio, J. L. *132, 133*

Pierrot, J. *137*
Prior, J. M. *203*

Shiraishi, T. *135*
Sidharta, M. *131, 141*

Sumalee, B. *107, 125*

Termorshuizen, G. *165, 166, 170*

Williams, L. E. *156*

あ行

青木恵理子 *202, 232, 237*
アガンベン, G. *232*
浅田みか子 *21*
アスター（Aster）→クー・トリマ・ニオ
アソークシン, K. *129*
アダムズ（Addams, J.） *177*
アドリアニ（Adriani, N.） *185*
アベンダノン（Abendanon, E. C.） *185*
アベンダノン（Abendanon, J. H.） *133, 164, 166, 185*
アベンダノン夫人（Abendanon, R.） *170, 177, 185*
荒木七治良 *41*
アルント（Arndt, P.） *204*
安 淳煥 *71*
アンダーヤ, B. *137*
アントン（Anton, G. K.） *185*
เอียวศรีวงศ์（イーオシウォン）*103*
尹 玉香 *74, 75, 77, 81, 86, 87, 89*
石坂養平 *30*

尹 心悳 *94, 97*
イスマイル（Ismail, I.） *135*
イソニ *68*
イソリ *68*
市川房枝 *32, 33*
井出文子 *19*
伊藤富雄 *228, 231*
伊藤野枝 *15, 18, 25, 28, 34*
井上和枝 *3, 7, 8, 61, 96*
イプセン, H. *3, 17, 128*
今井小の実 *5, 6, 16, 20, 32, 35, 43, 44*
今田絵里香 *47*

ウィッツ（Wit, A. de.） *167*
ウイラード, F. *22*
ウィルソン（Wilson, W.） *177*
ウェーバー, M. *2*
ウォード, L. *42, 43*
ウン・ホン・セン（Oen Hong Seng〔筆名：マドンナ〕）*137, 138, 145-147, 151, 156*

エーデン（Eeden, F. van.） *167*
江原素六 *24*
エリス, H. *43*

王 大名 *75*
大杉 栄 *18, 25, 28, 34, 41*
オースティン, J. *143*
オードリー・ヘップバーン *227*
オーフィンク夫人（Ovink-

Soer, M. C. E.)　175,
　184-186
オーフィンク夫妻　184
奥むめお　32
小熊英二　3
小倉襄二　22
奥村 博　18, 25, 31
尾竹紅吉　17
오므브（オムブ）　76, 97
オルコット, L. M.　137
オン・ピン・ロク　155

か行

가운（カウン）　76, 77
賀川豊彦　40
加納啓良　164, 165
神近市子　18, 25, 28, 34,
　180
カルタ・ナタ・ナガラ
　（Karta Nata Nagara,
　A）　169
カルティニ（Kartini, R.
　A.〔筆名：ティガ・スダ
　ラ〕）　ii, 11, 12, 163, 164,
　166-173, 175-189, 192
河 奎一　69, 71, 72
河崎夏子　40
ガントレット恒子　22
韓 明完　67

木内錠子　15
キプリング, J. R.　3, 217
木村一郎　75
木村朗子　47
木村涼子　42
玉 梅　77
曲 流生　77, 95
金 一蓮　75, 83
金 基鉉　73, 74
金 季鉉　75, 76, 87, 90

金 桂花　76, 77
金 月仙　75, 79, 80, 83
金 紅蓮　77
金 彩鳳　74, 75, 79, 81
金 山月　73
金 春梅　73
金 雪玉　77
金 東仁　73
金 道尋　74, 76, 77, 89, 95
金 緑珠　75, 77, 85, 87, 91,
　95
金 南泚　75, 77, 87, 95
金 梅軒　74-77, 79, 80
金 宝貝　72, 73, 76
金 祐鎮　97
金 蘭紅　76, 77, 88, 92

クウェー・アイ・ニオ
　（Kwee Ay Nio）　139
クー・トリマ・ニオ（Khoe
　Trima Nio〔筆名：アス
　ター〕）　140-142
クオンドヒ　68, 70
久布白落実　20, 21, 25-29,
　33, 34
クロース（Kloos, W.）
　167
桑原桃音　6, 7, 41, 46, 47,
　51, 180, 237

ケイ, E.　3, 6, 16, 18, 25,
　28-32, 34-36, 42
桂月軒　77
桂 山月　76, 85
嚴 山月　76, 97

小泉順子　4
コー・ハン・シオク（Koo
　Han Siok）　141
呉 虹月　77, 88, 90

孤 竹　77
小橋三四子　19, 20
コレリ, M.　104-106

さ行

サーモン（Salmon, C）
　132, 135, 139, 141, 145
崔 鶴松（曙海）　72-75
サイドマン, S.　29
サオワポン, S.　128, 129
桜井由躬雄　165
佐藤清子　221, 222
佐藤弘章　168
サフォルニン・ロフマン
　（Savornin-Lohman, A.
　de.）　144, 182, 183

シーゲル（Siegel, J. T.）
　135, 151, 157
シーブーラパー　102, 107,
　109
ジェームズ, H.　166
シスター・アンブロシア
　210
朱 耀翰　61
シュライナー（Schreiner,
　O.）　42, 172, 175,
　177-180, 182
春 月　77, 98
徐 載弼　61
徐 智瑛　3, 59, 68
申 暎月　77
新鮮な花　→　ソット, D.
シンヒョンギュ　58

ズーデルマン, H.　17
鈴木明子　52
スタンレイ, L.　180
スットナー（Suttner, B.
　von.）　176, 177

人名索引　　243

ステインブリンク（Steenbrink, K.）　*202-214, 225, 226*
ステッツオン（Stetson, C. P.）　*176*
ステラ　→　ゼーハンデラール
ストウラー（Stoler, A. L.）　*218*
スランカナーン, K.　*128*
スワディー（Suwadee, T. P.）　*106*
スントンプー　*115, 125*

清風　*76*
ゼーハンデラール（Zeehandelaar, E. H.〔通称：ステラ〕）　*169, 177, 180, 181, 185, 188*
尖口生　*77*
全山玉　*76, 77, 93*
宋連玉　*63*
ソスロニングラット（Sosroningrat, R. M. A. A.）　*166*
ゾラ, E.　*166*
ソンジョンフン　*59*
孫禎睦　*63*

た行

ダーンデルス（Daendels, H. W.）　*165*
竹村和子　*220*
田島牧師　*24, 26*
玉田芳史　*4*
ダムクーン, A.　*102, 107, 109*
ダリア（Dahlia）→タン・ラム・ニオ

タン・チェン・ニオ（Tan Tjeng Nio）　*135, 138*
タン・ラム・ニオ（Tan Lam Nio〔筆名：ダリア〕）　*10, 132, 140, 145-159*
チャン・クァン・ニオ（Tjan Kwan Nio）　*137, 145*
チャンドラ（Chandra, E.）　*10, 11, 131, 137, 152, 182, 218, 237*
チャン・レアン・ニオ（Chan L. N.）　*138, 139*
チュラーロンコーン王　→　ラーマ5世
趙東欣　*76*
チョンヘヨン　*58*
チラチャップのLSG　*141*

ツイ・ワイ・ボンス　*75*
土屋健治　*165*
ツルゲーネフ, I.　*76*
鶴見俊輔　*43*

ティエンワン　*106*
ティガ・スダラ　→　カルティニ
정금홍（鄭錦紅）　*74, 76*
鄭琴竹　*70*
ディケンズ, C.　*166*
ディドロ, D.　*222*
鄭柳緑　*76, 96*
ティルトアディスルヨ（Tirtoadisoeryo, R. M.）　*172*
ディンツェルバッハー, P.　*202, 227, 228*
デーヴィス, N. Z.　*1, 2, 228*

テー・リプ・ニオ（The Liep Nio）　*139, 140*
デッケル（Dekker, E. D.〔筆名：ムルタトゥリ〕）　*12, 168-171*
デュマ, A.　*105*
テルモスハウゼン, G.　*170*
田蘭紅　*74, 76, 77, 89*

ドイル, C.　*105*
ドークマイソット〔筆名：新鮮な花〕　*8, 9, 101, 102, 106-108, 111-113, 115, 117, 120, 121, 125-129*
富田仁　*206*
富永泰代　*11, 12, 163, 164, 166-169, 171, 172, 175-178, 181, 184, 185, 187, 188, 190, 193*
富本憲吉　*17*
トムヤンティ　*126, 129*

な行

永積昭　*4, 169*
中野初子　*15, 17*
永嶺重敏　*42*
中山麻衣子　*221, 222*

ニティ　→　イーオシウォン

ネリー・ファン・コル（Kol, N. van.）　*167, 175, 185*

は行

バーグマン, J.　*179, 180*
バーネット（Barnette, S. A.）　*181*
バーネット（Barnette）夫

妻　181
裴花月　77, 94
裴竹葉　75, 84
裴富子　76, 77
ハガード, R.　105
芳賀登　17
原誠　207
パルピ（Paloepie, R.）　137
バルメ（Barmé, S.）　106, 107

비취（翡翠）　76
日地谷＝キルシュネライト, I.　46, 47
白紅黄　75
ヒューツ（Huet, C. B.）　167
ヒューム, C.　227
平塚らいてう　i, 5, 6, 15-18, 20, 23, 25, 27-34, 36
平松秀樹　8, 9, 10, 115, 128
ヒル（Hill, O.）　181
廣岡淺子　27, 28
弘末雅士　4, 217, 218

화산인（ファサニン）　77
흐즈코（フズコ）　75, 97
フラーセル（Glaser, A.）　185
ブラウニング（Browning, R.）　181
ブラウニング夫人（Browning, E. B.）　181
ブリッグス, A.　181
フルウェイ（Verwey, A.）　167
古田元夫　163
フロイト, S.　2, 132
フロヌマン（Groneman, I.）　185

ブンカチョーン, T.　108, 113
碧波　77
ヘンリー, O.　105
ヘンリ・ファン・コル（Kol, H. van.）　166, 185
ボーイ・ボアスベーン（Booy-Boissevain, H. G. de）　185
方玉梅　77, 86
方春海　73
方仁根　73, 74
朴漢英　68
朴錦玉　77, 86
朴瓊花　77
박점홍（朴点紅）　74, 76, 77
朴緑珠　76, 88, 90
ホッグ, J. L.　202, 227, 228
ポットヒーター（Potgieter, E. J.）　167
ホルスト（Horst-De Boer, T.）夫人　173
ホルテル（Gorter, H.）　167
ボレル（Borel, H.）　167
홍도（ホンド）　76, 92
本田和子　47
ホン・レ・ホア（Hong Le Hoa）　141

ま行

マドンナ（Madonna）→ウン・ホン・セン
マルクス, K.　2

ミス・キン（Miss Kin）　140, 142

ムルタトゥリ（Multatuli）→デッケル

メイ（Meij, H. van der）　178, 179
メーリアン, M.　1
メリチ（Merici, A.）　206
メルシエール（Mercier, H.）　180, 181
モーパッサン, G.　105
物集和子　15
モバリーベル（Moberly, E. H. C.）　181
森田草平　18
守屋東　33, 34
モンクット王　3

や行

ヤコブス（Jacobs, A.）　167, 175-177, 179, 180, 182, 183
矢島楫子　19, 20, 25, 27
安井哲　111
保持研子　15, 17
山川菊枝　25, 32
山崎朋子　41-43
山下英愛　63, 64
山田嘉吉　41-43
山田わか　i, ii, 6, 7, 32, 34-35, 40-45, 48-53, 180
山の少女（Gadis Goenoeng）　137, 139, 140
山本信人　131
ヤンセン, A.　203, 212
ヤン・リウ（Yang-lioe）　137, 140, 142, 143

兪吉濬　60

与謝野晶子　*20, 21, 28, 32, 43*
吉川敬子　*110*

ら行

ラーマ5世　*4, 108-111, 121*
ラーマ6世　→　ワチラウット皇太子
ラウ・ギォック・ラン（Lauw Giok Lan）　*134, 135*
リー・オン・モイ（Lie On Moy）　*134*
リー・ケン・ニオ（Lie Keng Nio）　*138*
リー・ジン・ニオ（Lie Djien Nio〔筆名：リーダー夫人〕）　*132, 133, 138, 140, 143, 144, 155, 156, 182, 183*

リーダー夫人（Mrs. Leader）　→　リー・ジン・ニオ
リー・ロアン・リアン・ニオ（Lie Loan Lian Nio）　*138*
リウ・グァット・キァウ・ニオ（Lioe Gwat Kiauw Nio）　*138*
李 錦紅　*77*
李 月香　*75, 77, 81, 85, 88, 92*
李 光洙　*73*
李 仁　*62*
리진순（リジンスン）　*77*
李 能和　*58, 63*
李 雯文　*202*
劉 秉珌　*61, 62*
緑 鴬　*76*
リン・ティティ・ニオ（Lien Titie Nio）　*134*

涙 史　*76*
ルブラン, M.　*105*
レイブ, G.　*1*
レーヴェン神父　*202, 213, 214*
レッシング（Lessing, D.）　*179*
レビット, M.　*19*
ローズ（Rhodes, C.）　*179*
ロシタ（Rosita）　*137*
ロヘム（Loghem, A. J. van.）　*174*

わ行

ワチラウット皇太子（ラーマ6世）　*104, 105, 107*

執筆者紹介（*は編者）

青木恵理子*（あおき えりこ）
龍谷大学社会学部教授
文化人類学専攻
担当：序論・第5章［訳］・第7章

今井小の実（いまい このみ）
関西学院大学人間福祉学部教授
社会福祉学専攻
担当：第1章

桑原桃音（くわばら ももね）
流通科学大学商学部特任講師
社会学専攻
担当：第2章

井上和枝（いのうえ かずえ）
鹿児島国際大学国際文化学部教授
歴史学専攻
担当：第3章

平松秀樹（ひらまつ ひでき）
京都大学東南アジア地域研究研究所連携准教授
文学専攻
担当：第4章

エリザベス・チャンドラ
慶應義塾大学非常勤講師
文学専攻
担当：第5章

富永泰代（とみなが やすよ）
大阪大学非常勤講師
歴史学専攻
担当：第6章

龍谷大学国際社会文化研究所叢書第22巻

女たちの翼
アジア初期近代における女性のリテラシーと境界侵犯的活動

2018年3月31日　初版第1刷発行

編　者　青木恵理子
発行者　中西　良
発行所　株式会社ナカニシヤ出版
〒606-8161　京都市左京区一乗寺木ノ本町15番地
Telephone　075-723-0111
Facsimile　075-723-0095
Website　http://www.nakanishiya.co.jp/
Email　iihon-ippai@nakanishiya.co.jp
郵便振替　01030-0-13128

印刷・製本＝創栄図書印刷／装幀＝白沢　正／
装画＝『人生（*Penghidoepan*）』（1938年10月号）カバーイラスト

Copyright © 2018 by E. Aoki
Printed in Japan.
ISBN978-4-7795-1244-5

本書のコピー、スキャン、デジタル化等の無断複製は著作権法上の例外を除き禁じられています。本書を代行業者等の第三者に依頼してスキャンやデジタル化することはたとえ個人や家庭内での利用であっても著作権法上認められていません。